全国高等院校物流专业应用型人才培养“十三五”规划教材

物流管理专业导论与学业规划

主　编　梁　军　呼格吉勒

中国财富出版社

图书在版编目（CIP）数据

物流管理专业导论与学业规划/梁军，呼格吉勒主编．—北京：中国财富出版社，2017.8（2020.8 重印）

（全国高等院校物流专业应用型人才培养“十三五”规划教材）

ISBN 978-7-5047-6478-2

Ⅰ.①物… Ⅱ.①梁…②呼… Ⅲ.①物流管理—高等学校—教材 Ⅳ.①F252

中国版本图书馆 CIP 数据核字（2017）第 203084 号

策划编辑 张 茜　　**责任编辑** 马 铭
责任印制 梁 凡　　**责任校对** 孙丽丽　　**责任发行** 敬 东

出版发行 中国财富出版社
社　　址 北京市丰台区南四环西路 188 号 5 区 20 楼　　**邮政编码** 100070
电　　话 010-52227588 转 2098（发行部）　010-52227588 转 321（总编室）
010-52227588 转 100（读者服务部）　010-52227588 转 305（质检部）
网　　址 http://www.cfpress.com.cn
经　　销 新华书店
印　　刷 北京九州迅驰传媒文化有限公司
书　　号 ISBN 978-7-5047-6478-2/F·2805
开　　本 787mm×1092mm　1/16　　**版　　次** 2017 年 9 月第 1 版
印　　张 17.25　　**印　　次** 2020 年 8 月第 2 次印刷
字　　数 347 千字　　**定　　价** 46.00 元

前　言

随着市场竞争的日益加剧，企业为了保持持续的竞争优势，需要不断探索降低费用、增加利润的有效途径。但在后工业经济时代，企业降低成本方面的潜力已十分有限。在这种情况下，“物流”作为经济领域的“黑暗大陆”和“第三利润源”，开始受到企业的普遍重视。

2014年国务院《物流业发展中长期规划（2014—2020年）》出台以来，我国物流产业发展加速。“十三五”期间，物流产业有着更为广阔的发展空间。“中国制造2025”的启动、“一带一路”对外开放新格局的形成、资源环境压力的加大和我国社会主义市场经济的加快建设也成为物流产业发展所必须考虑的因素，这些变化都会给我国物流业带来新挑战和新机遇。

物流管理专业导论与学业规划是物流管理专业大一学生的入门课程，本书可作为这门课程的教材。其主要介绍了物流管理专业概况、物流科学的起源和发展、物流在国民经济中的作用、物流的基本理论、物流的基本环节、职业生涯规划、创业管理等内容，详细阐述了“一带一路”、《物流业发展中长期规划（2014—2020年）》等相关内容。从实践角度出发，介绍了物流管理专业调查报告、物流企业调查报告、职业生涯规划书、创业计划书的具体内容和写作方法。本书不仅注重物流专业基础知识、职业规划和创业管理知识的讲解，而且重视实践性教学环节，使学生能够掌握实用的知识和技能，对提高学生的实践能力也有较大的帮助。

本书由梁军、呼格吉勒担任主编。本书共分为七章，宁波工程学院梁军教授编写第一章、第二章、第三章、第六章和第七章，宁波工程学院呼格吉勒博士编写第四章、第五章。在本书编写过程中，得到了编写人员所在高校以及相关高校部门领导和老师的大力支持，在此表示感谢。

在编写过程中，编者参阅了大量同行专家、学者的有关著作、教材和案例，在此对以上专家、学者表示感谢。虽然我们为本书的编写付出了艰辛的努力，但由于水平有限，难免出现疏漏和不当之处，衷心希望广大读者批评指正。

编　者

2017年6月

目　录

第一章　物流管理专业概况

引例

习近平主席考察物流企业

新华网北京2013年11月25日电：据新华社“新华视点”微博报道，国家主席习近平来到中联物流有限责任公司第八分公司了解订单、效益情况，同正在卸货的装卸工一一握手，询问他们的收入、生活情况。习近平主席表示，临沂物流搞得很好，要继续努力，与时俱进，不断探索，多元发展，向现代物流迈进，你们的事业大有可为。

山东临沂商城起步于20世纪80年代。目前共有各类专业批发市场101处，辐射30多个省、市，商品远销20多个国家和地区，日客流量36万人，车流量7万余辆，几乎通达国内所有港口和口岸。2012年商城交易额1772亿元，物流周转额2109亿元，被授予“中国物流之都”称号。

临沂交通便利，货畅其流。习近平主席来到金兰物流基地，听取临沂市推动物流产业发展情况的介绍，视察物流信息中心，考察物流运输企业。习近平主席同司机、货主、管理人员亲切交谈，详细了解物流业运行过程和成本效益情况，问他们还有哪些问题需要政府帮助解决。他表示，党的十八届三中全会的一个重大突破，就是“市场要在资源配置中起决定性作用”。要素配置更要通过市场，同时要更好发挥政府作用。政府不是退出、不作为，而是政府和市场各就其位。习近平主席特别指出，物流业一头连着生产、一头连着消费，在市场经济中的地位越来越凸显。要加快物流标准化、信息化建设，提高流通效率，推动物流业健康发展。

山东金兰物流基地由山东兰田集团和山东金湖水泥集团共同投资组建，占地500亩，是国家公路运输枢纽重点建设项目，2007年开始运营。截至2013年，入住各类业户500余家，从业人员6000余人，有206条运输路线，1800个货运网点。截至2016年，货物吞吐量达1000万吨。

资料来源：http：//news. xinhuanet. com/politics/2013—11/25/c _ 118287224. htm

第一节　物流概述

一、物流的基本概念

我国于 20 世纪 80 年代初从日本引进了物流概念，当时将物流解释为“物资资料或商品的实体运动过程”，是与商品的价值运动过程（简称“商流”）相对应的概念。这种定义或解释在我国理论界与实业界沿袭了一段时间，在物资或商品实体流通上通常使用“商流”概念。

国家标准《物流术语》（GB/T 18354—2006）将“物流（logistics）”定义为：物品从供应地向接收地的实体流动过程。根据实际需要，将运输、储存、装卸、搬运、包装、流通加工、配送、信息处理等基本功能实施有机结合。

物是指物品，即一切可以进行物理性位置移动的物质资料。流指物品发生的物理性运动，即物品产生的位移。物流是物质资料从供应者到需求者的物理性（实物性）流动，是创造时间和空间价值的经济活动。物流的基本过程如图 1－1 所示。

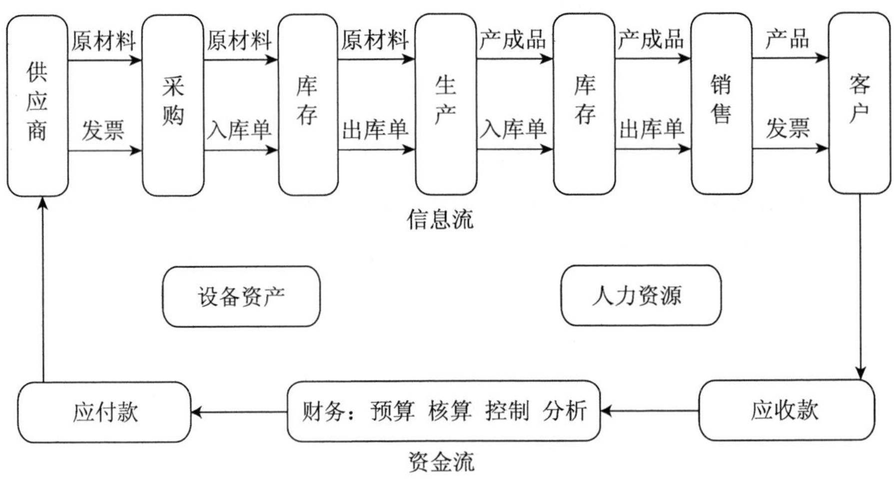

图 1－1　物流的基本过程

二、物流名词的由来

对于中国人而言，物流是一个外来语。与物流有关的外来语主要有两个，一个是实物分销，英文为 Physical Distribution，缩写为 PD，另一个是军事后勤保障，英文为

Logistics Material Handling。

物流一词最早出现在美国。1905 年，美国琼斯·贝克少校在《军队和军需品运输》一书中称“那个与军备的移动和供应相关的战争的艺术的分支就叫物流”，即军事后勤的概念。

1915 年，美国营销学者阿奇·萧在哈佛大学出版社出版的《市场流通中的若干问题》一书中就提到物流（即实物分销）一词，并指出“物流是与创造需求不同的一个问题”。因为在 20 世纪初，西方一些国家已出现生产大量过剩、需求严重不足的经济危机，企业因此提出了销售和物流的问题，此时的物流指的是销售过程中的物流。

1985 年，美国物流管理协会（CLM）对物流的定义进行更新：物流是对货物、服务及相关信息从起源地到消费地的有效率、有效益的流动和储存进行计划、执行与控制，以满足客户需求的过程。该过程包括进向、去向和内部与外部的移动以及以环境保护为目的的物料回收。

1998 年，CLM 从供应链管理的角度对物流定义又进行更新：物流是供应链的一部分，是为了满足客户的需求而对商品、服务及相关信息从原产地到消费地的高效率、高效益的正向和反向流动及储存进行的计划、实施与控制的过程。

2001 年，CLM 对物流定义进行最新的修改：物流是供应链的一部分。它是对商品、服务及相关信息在起源地到消费地之间有效率和有效益的正向和反向移动与储存进行的计划、执行与控制，其目的是满足客户要求。由此美国物流管理协会于 2005 年年初正式更名为美国供应链管理专业协会（CSCMP）。

1981 年，日本日通综合研究所出版的《物流手册》定义物流为：物流是物质资料从供给者向需要者的物理性移动，是创造时间性、场所性价值的经济活动。从物流的范畴来看，包括：包装、装卸、保管、库存管理、流通加工、运输、配送等诸种活动。

1997 年，日本后勤系统协会（JILS）：后勤（即物流）是一种对于原材料、半成品和成品的有效率的流动进行规划、实施和管理的思路，它同时协调供应、生产和销售部门的利益，最终达到满足客户的需求。

三、物流概念的理解

（1）物流是指利用现代信息技术和设备，将物品从供应地向接收地准确的、及时的、安全的、保质保量的、门到门的合理化服务模式和先进的服务流程。物流由商品的运输、配送、仓储、包装、装卸、搬运、流通加工、回收以及相关的物流信息等环节构成。物流活动的具体内容包括以下几个方面：用户服务、需求预测、订单处理、配送、存货控制、运输、仓库管理、工厂和仓库的布局与选址、装卸、搬运、采购、包装、情报信息等。

（2）物流是指为了满足客户的需要，以最低的成本，通过运输、保管、配送等方式，实现原材料、半成品、成品及相关信息由商品的产地到商品的消费地所进行的计划、实施和管理的全过程。

（3）物流中的“物”是指同时具备物质实体特点和可以进行物理性位移的那一部分物质资料。“流”是物理性运动，这种运动有其限定的含义，就是以地球为参照系，相对于地球而发生的物理性运动，称之为位移。“流”的范围可以是地理性的大范围，也可以是在同一地域、同一环境中的小范围位移。“物”和“流”的组合，是建立在自然运动基础上的高级运动形式。所以物流是物质资料从供给者到需求者的物理性运动，主要创造时间价值和空间价值，有时也创造一定加工价值的活动。

（4）物流是供应链过程的一个环节，通过计划、实施和控制商品高效率、高效益的流动和储存，提供相关信息和物流服务，以满足客户的需求，提升行业的竞争能力。如图 1－2 所示。

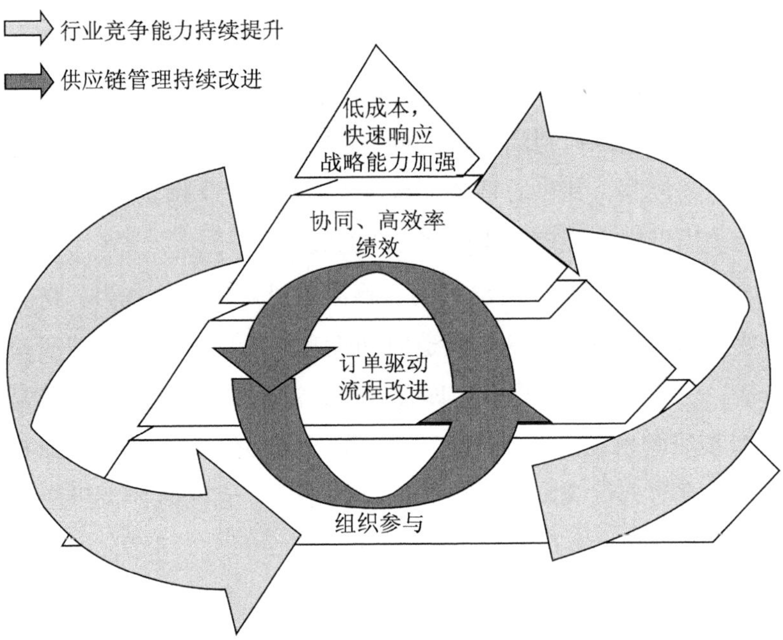

图 1－2　供应链管理的持续改进过程

四、物流的分类

按照不同的标准，物流有不同的分类方法。通常，我们把物流按照以下标准进行划分。

1. 按物流的范畴划分

物流按范畴划分为社会物流和企业物流。

社会物流属于宏观范畴，是指以全社会为范畴、面向广大用户的、超越一家一户的物流。社会物流涉及商品的流通领域所发生的所有物流活动，具有宏观性和广泛性，所以也称之为大物流或宏观物流。伴随商业活动的发生，物流过程通过商品的转移，实现商品的所有权转移，是社会物流的标志。社会物流包括设备制造、运输、仓储、装卸、包装、配送、信息服务等，公共物流和第三方物流贯穿其中。

企业物流是指企业内部的物品实体流动，渗透到各项经营活动之中，属于微观物流的范畴，主要包括生产物流、销售物流、回收物流和废弃物物流等。生产物流是指在生产过程中，从原材料投入生产到在制品、半成品等各道生产程序的加工，直到制成品进入仓库全过程的物流活动。这种物流活动是与整个生产工艺过程相伴的，实际上已成为生产工艺过程的一部分。企业生产过程的物流大体为：原料、零部件、燃料等辅助材料从企业仓库或企业的“门口”开始，进入到生产线的开始端，再进一步随生产加工过程一个环节一个环节的流动，在流动的过程中，原料本身被加工，同时产生一些废料、余料，直到生产加工终结，再流向生产成品仓库，便完成了生产物流过程。销售物流是企业将产品所有权转移给消费者的一系列物流活动。它是企业物流的一个重要环节，以产品离开生产线进入流通领域为起点，以送达用户并经售后服务为终点。通过销售物流的过程，产品实现其价值，企业获得利润。销售物流直接影响着企业盈利的实现程度，而销售过程中与产销紧密关联的订单的处理，又直接影响着销售物流的运作和绩效。回收物流是指对排泄物处理时将其中有再利用价值的部分加以分拣、加工、分解，使其成为有用的物资重新投入生产和消费领域。例如，废旧钢铁投入冶炼炉变成新的钢材，废水净化后被循环使用，废纸被加工成纸浆，这些都称为回收，它们的流动形成回收物流。废弃物物流是指对失去再利用价值的物品，从环境保护的目的出发将其焚烧，或送到指定地点堆埋，对含有放射性物质或有毒物质的工业废物采取特殊处理方法。

2. 按作用领域的不同划分

物流按作用领域的不同划分为生产领域的物流和流通领域的物流。

生产领域的物流贯穿生产的整个过程。生产的全过程，从原材料的采购开始便要求有相应的供应物流活动，即采购生产所需的材料；在生产的各工艺流程之间，需要原材料、半成品的物流过程，即所谓的生产物流；部分余料、可重复利用的物资的回收，就是所谓的回收物流；废弃物的处理则需要废弃物物流。

流通领域的物流主要是指销售物流。在当今买方市场条件下，销售物流活动带有极强的服务性，以满足买方的需求，最终实现销售。在这种市场前提下，商品销售往往以送达用户并经过售后服务才算终止，因此企业销售物流的特点便是通过包装、送货、配送等一系列物流实现销售。

3. 按发展的历史进程划分

物流按发展的历史进程划分为传统物流、综合物流和现代物流。

传统物流的主要服务功能集中在仓储、库存管理和配送上，而有时主要服务功能也集中在仓储和运输方面，以弥补货物在时间和空间上的变化。

综合物流不仅提供运输服务，还包括许多协调工作，是对整个供应链的管理，如对运输、仓储等部门的管理，对一些分销商的管理还包括订单处理、采购等服务内容。由于综合物流将很多精力放在供应链管理上，责任更大，管理也更复杂，与传统物流有明显的区别。

现代物流是为了满足消费者需要而进行的从起点到终点的原材料采购、中间过程库存、最终产品销售和相关信息有效流动的计划、实现和管理控制的过程。它强调了从起点到终点的过程，提高了物流的标准和要求，是各国物流的发展方向。国际大型物流公司认为现代物流有两个重要功能：能够管理不同货物的流通质量；开发信息和通信系统，通过网络建立商务联系，直接从客户处获得订单。

4. 按提供服务的主体不同划分

物流按提供服务的主体不同划分为外包（代理）物流和生产企业内部物流。

外包（代理）物流也叫第三方物流（Third Party Logistics，3PL)，是指由供方、需方之外的第三方去完成物流服务的运作。工商企业将整体物流业务以合同方式委托给专业的、独立的第三方物流企业承担，并由其提供供应链一体化的解决方案和实际操作。第三方就是物流交易双方的部分或全部物流功能的外部服务提供者，是基于企业与其客户之间的第三者。

生产企业内部物流是指一个生产企业从原材料进厂后，经过多道工序加工成零件，然后零件组装成部件，最后组装成成品所形成的企业内部物资的流动。

5. 按物流的流向不同划分

物流按流向不同划分为采购物流和销售物流。

采购物流是企业从生产资料供应商进货所引发的产品流动，即企业从市场采购的过程。

销售物流是从企业到消费者之间的产品流动，即企业将产品送达市场并完成与消费者交换的过程。

五、物流产业

随着世界经济的快速发展和现代科学技术的进步，物流产业作为国民经济中一个新兴的服务产业，正在全球范围内迅速发展。在国际上，物流产业被认为是国民经济发展的动脉和基础产业，其发展程度成为衡量一国现代化程度和综合国力的重要标志之一，被喻为促进经济发展的“加速器”。

物流产业是物流资源产业化而形成的一种复合型或聚合型产业。物流资源包括运输、仓储、装卸、搬运、包装、流通加工、配送、信息平台等。这些物流资源分散在多个领域，包括制造业、农业、流通业等。把产业化的物流资源加以整合，就形成了一种新的服务业，即物流服务业。物流服务业是一种复合型产业，也叫聚合型产业，因为所有产业的物流资源不是简单的累加，而是一种整合，可以起到 1＋1＞2 的功效。

1. 物流基础产业

物流基础产业是指在供应链的整体服务功能上和供应链的某些环节上，满足物流组织与管理需要的、具有综合或单一功能的场所或组织的统称，主要包括公路、铁路、港口、机场、流通中心以及网络通信基础等。物流基础产业就是提供并完成公路、铁路、航空、港口、码头、机场、大规模的物流中心和网络通信平台等建设任务的产业。

2. 物流装备制造业

物流装备制造业是为国民经济和国防建设提供生产技术装备的制造业，是制造业的核心组成部分，是国民经济发展特别是工业发展的基础。建立起强大的装备制造业，是提升综合国力，实现工业化的根本保证。

现代物流装备制造业是现代物流产业发展的基础，也是机械制造与现代物流产业的融合产业。近年来，我国物流业发展迅猛，为物流装备制造业的发展提供了更好的发展良机。物流装备制造业将以智能化、自动化、成台套化为主攻方向，发展“绿色、智能、超常、融合、服务”型现代物流装备产业，主要包括仓储物流装备、装卸物流装备、包装设备、流通加工设备、集装箱制造设备、智能化系统集成、关键部件及配套等的设计与制造产业。

3. 物流系统业

物流系统业是专门从事物流运作的行业。如运输业、仓储业等。运输涵盖铁路、公路、水运、航空、管道五种运输方式所形成的各类资源。这些资源产业化就形成了运输业、仓储业、装卸搬运业、包装业、流通加工业、配送业、物流信息业，等等。

4. 货主物流业

货主物流业或称企业物流业，是指生产制造类企业自己从事物流业务，从企业物流做起逐步发展成服务于全社会的第三方物流企业。最典型的是海尔物流，海尔物流（Haier Logistics）成立于1999年，依托海尔集团的先进管理理念以及海尔集团的强大资源网络构建海尔物流的核心竞争力，为全球客户提供有竞争力的综合物流集成服务，成为全球性的第三方物流企业。海尔物流的自动化仓库如图1－3所示。

图1－3　海尔物流的自动化仓库

5. 第三方物流业

第三方物流业（3PL）是指生产经营企业为集中精力搞好主业，把原来属于自己处理的物流活动，以合同方式委托给专业物流服务企业，同时通过信息系统与物流企业保持密切联系，以达到对物流全程管理控制的一种物流运作与管理方式，如物流代理服务业等。最常见的3PL服务包括货物集运、选择承运人、货运代理人、海关代理、信息管理、报表管理、仓储、货物咨询、EDI（电子数据传输）能力、运费支付、运费谈判等。由于服务业的方式一般是与企业签订一定期限的物流服务合同，所以有人称第三方物流为“合同契约物流（Contract Logistics）”。

6. 第四方物流业

第四方物流业是1998年美国埃森哲咨询公司率先提出的，是专门为第一方、第二方和第三方物流企业提供物流系统规划设计、物流集成、物流咨询、物流信息系统、物流培训教育、供应链管理等活动。第四方物流并不实际承担具体的物流运作活动。

第二节　物流管理专业的知识体系

一、物流管理专业的培养目标和学生素质要求

物流管理是交叉领域多、影响范围广、理论与实践紧密结合的学科。本专业的设

置以学生掌握工商管理、管理科学与工程学科与物流管理等学科基础知识为目标，学生主要学习经济、会计、贸易、管理、法律、信息资源管理、计算机等方面的基本理论和专门知识，培养具有相关岗位的物流运作与管理、供应链优化与管理、物流规划与设计、物流管理、物流运作等专业核心能力，能在经济管理部门、贸易公司、物流企业从事政策制定、物流运作管理的应用型、复合型、国际化、高素质的应用开发型专门人才。物流管理专业的培养目标定位如图 1－4 所示。

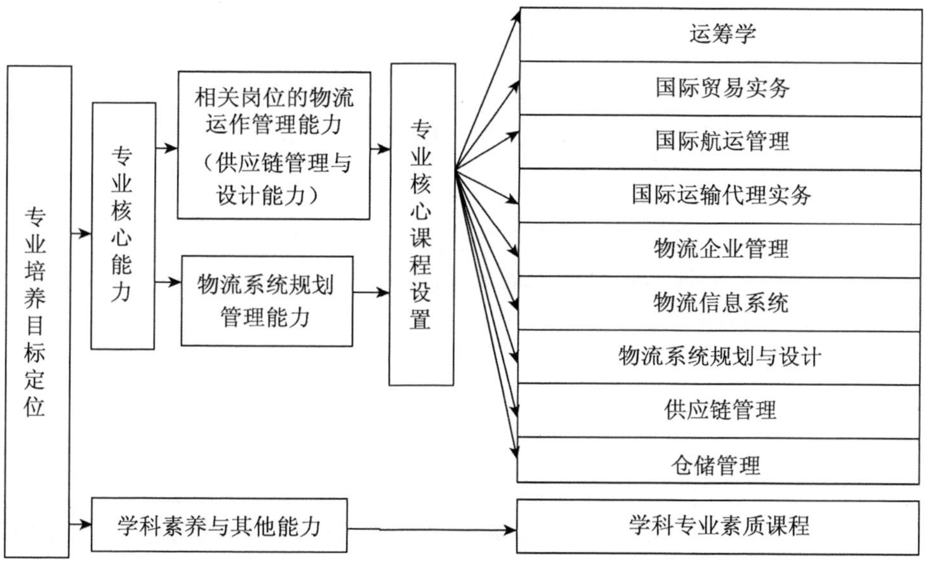

图 1－4　物流管理专业的培养目标定位

毕业生主要面向港航企业、运输型物流企业、仓储型物流企业、综合型物流企业等行业主体及政府相关管理部门，从事船货代理、报关、报检、货物运输组织、仓储管理、采购与配送、物流规划等方面工作；也可以报考相关专业的硕士研究生继续深造。学生毕业时应达到以下素质和能力的要求：

（1）具备良好的政治素质、道德素质、业务素质与身心素质；

（2）掌握文献检索、资料查询方法，具有信息获取的学习能力；

（3）具备基本的交流协作能力、思辨能力、创新意识和创新能力；

（4）具备较好的外语以及计算机应用能力；

（5）具有较好的组织管理能力、组织协调能力，较强的交流沟通、环境适应、团队合作的能力和应岗能力；

（6）具有从事本专业工作所需的相关数学、自然科学知识以及经济管理知识；

（7）了解本专业领域技术标准，相关行业的政策、法律和法规；

(8) 掌握本专业的基础理论知识，了解本专业的发展现状和趋势；

(9) 具备较好的港口物流运作与管理、供应链优化与设计专业核心能力。

学生的素质结构与培养途径、能力结构与培养途径如表 1-1 与表 1-2 所示，综合素质培养的要求和学分如表 1-3 所示。

表 1-1　　素质结构与培养途径

素质名称	培养途径
政治素质	通过开设毛泽东思想和中国特色社会主义理论体系概论、马克思主义基本原理、形势与政策等政治修养类课程，开办业余党校等活动实现
道德素质	通过开设思想道德修养与法律基础、伦理学、就业指导等道德修养类课程，开展劳动、校园文化等活动实现
业务素质	通过专业核心课程和相关知识教育，专业核心技能、方法和能力的培养实现
身心素质	通过开设大学生心理健康、体育等身心修养类课程，通过军训、各类体育运动及其他校园活动实现

表 1-2　　能力结构与培养途径

<table>
<tr><th colspan="3">能力名称</th><th>培养途径</th></tr>
<tr><td rowspan="4">基本能力</td><td colspan="2">学习能力</td><td>通过开设学习方法论等学习理论类课程，入学教育，课内外教学实践以及开设计算机与信息技术、文献检索等获取信息类课程实现</td></tr>
<tr><td colspan="2">交流协作能力</td><td>通过开设大学语文、大学英语、公共关系学、管理学等课程，参加实习、社会实践、军训、劳动、校园文化等活动实现</td></tr>
<tr><td colspan="2">思辨能力</td><td>通过开设逻辑学、高等数学、思想政治理论课等课程以及组织开展辩论比赛等课内外教学活动实现</td></tr>
<tr><td colspan="2">基本创新能力</td><td>通过开设创造学、科研方法论等课程，设立学生科技创新基金，开展学生科技竞赛等活动实现</td></tr>
<tr><td rowspan="2">专业能力</td><td rowspan="2">核心能力</td><td>物流运作与管理能力</td><td>具备从事企业物流、国际物流、货运代理等物流运作与管理的能力。通过开设国际贸易实务、运输与配送管理、货物运输代理实务、报关与报检实务、物流企业管理、物流企业认识实习、运输与配送管理课程设计、物流企业管理课程设计等理论课程与实践环节实现</td></tr>
<tr><td>供应链优化与设计能力</td><td>具备对物流结点、物流生产企业、流通企业的物流系统进行规划、设计与实施的能力。通过开设供应链管理、仓储管理、物流系统规划与设计、生产运作管理及物流企业行业参观、物流企业认识实习等理论课程与实践环节实现</td></tr>
</table>

续　表

能力名称			培养途径
专业能力	其他能力	外语应用能力	通过开设大学英语、物流专业英语、外贸英文函电等课程实现
		计算机应用能力	通过开设计算机与信息技术、管理信息系统等课程实现
		组织协调能力	通过开设管理学、公共关系等课程及各类团队组织活动实现

表 1－3　　综合素质培养的要求和学分（课外进行，至少修满 4 学分）

序号	项目名称	具体要求		学分
1	社会实践活动	被评为校级社会实践活动先进个人，或获得校级实践活动优秀成果奖，集体被评为校级优秀社会实践活动团队		1
		被团市委评为社会实践活动先进个人，获得实践活动优秀成果奖，集体被团市委评为优秀社会实践活动团队		2
		被团省委评为社会实践活动先进个人，获得实践活动优秀成果奖，集体被团省委评为优秀社会实践活动团队		3
2	英语及计算机全国等级考试	全国大学英语考试	获四级证书者（成绩在国家及格线以上）	2
			获六级证书者（成绩在国家及格线以上）	3
		全国或本省计算机等级考试	获一级证书者	1
			获二级及以上证书者	2
		国家软件技术资格（水平）考试	获程序员等初级证书者	2
			获软件设计师等中级证书者	3
			获系统分析师等高级证书者	4
3	各类竞赛	校级	获一等奖者	2
			获二等奖者	1
			参加及获三等奖者	0.5
		市级	获一等奖者	3
			获二等奖者	2
			参加及获三等奖者	1
		省级	获一等奖者	5
			获二等奖者	4
			参加及获三等奖者	3
		国家级	获一等奖者	7
			获二等奖者	6
			参加及获三等奖者	5

续 表

序号	项目名称	具体要求		学分
4	论文、科研项目	公开发表	每篇论文/项目	3
5	证书	各物流类技能证书	每本证书	1～2
6	其他文章（通讯报道、小说、诗歌等）	院报	每篇文章	0.5
		市级报刊	每篇文章	1
		省级报刊	每篇文章	2
		国家级报刊	每篇文章	3
7	出国	—	出国学习一年及以上	4
8	开放性实验	每个开放性实验		0.5
9	毕业综合技能考试	全部通过（第7学期进行）		2
10	其他	经学校认定	每项	2

说明：①参加体育类竞赛获第一、第二名者与一等奖同，获第三至第五名者与二等奖同，获第六至第八名者与三等奖同。②计算机专业的同学参加计算机等级考试不获学分，外语类专业的学生考级为本专业语种等级。③各类技能证书所认学分必须由各学院报教务处认定。④难度相近的等级考试证书不重复计分。

二、物流管理专业的主干学科

主干学科是指由培养目标所决定并为获得能力结构所必须具备的专业理论与技能体系。物流管理专业的主干学科是工商管理、管理科学与工程。

工商管理学科是一门以社会微观经济组织为研究对象，系统地研究其管理活动的普遍规律和应用方法的学科。具体地说，工商管理学科以企业或经济组织的管理问题为研究对象，以经济学和行为科学为主要理论基础，以统计学、运筹学等数理分析方法和案例分析方法等为主要研究手段，探讨和研究企业或经济组织各项管理行为和管理决策的形成过程、特征和相互关系，以及企业作为一个整体与外部环境之间的相互联系，并从中探索、归纳和总结出旨在获得成效，提高效率的一般理论、规律和方法。

工商管理学科的研究目的是为企业或经济组织的管理决策和管理实践活动提供管理理论指导和科学依据，培养各类专业管理人才，提高企业经营管理效率，推动企业持续发展，从而促进社会经济的发展。

工商管理是研究工商企业经济管理基本理论和一般方法的学科，主要包括企业的经营战略制定和内部行为管理两个方面。工商管理的应用性很强，它的目标是依据管理学、经济学的基本理论，通过运用现代管理的方法和手段来进行有效的企业管理和经营决策，保证企业的生存和发展。

管理科学与工程是综合运用系统科学、管理科学、数学、经济和行为科学及工程方法，结合信息技术研究解决社会、经济、工程等方面的管理问题的一门学科。这一学科是我国管理学门类中唯一按一级学科招生的学科，覆盖面广，包含了资源优化管理、公共工程组织与管理、不确定性决策研究和项目管理等众多研究领域，是国内外研究的热点。

管理科学与工程学科从定性分析趋向定量化研究，从宏观研究逐步深入到微观研究，侧重于研究同现代生产经营、科技、经济和社会发展相适应的管理理论、方法与工具，应用现代科学方法与科技成就来阐明和揭示管理活动的规律，以提高管理的效率。该学科的发展趋势是以管理科学为基础，以多学科知识为支撑，利用现代化手段和技术，解决管理中的科学决策及风险研究，管理实践中的理论和方法研究，管理的绩效研究，管理的战略研究等。

三、知识结构与课程学分设置

合理的知识结构，就是既有精深的专门知识，又有广博的知识面，具有事业发展实际需要的最合理、最优化的知识体系。建立起合理的知识结构，培养科学的思维方式，提高适应岗位要求的实用技能，以适应将来在社会上从事职业岗位的要求。知识结构是指一个人经过专门学习培训后所拥有的知识体系的构成情况与结合方式。合理的知识结构是担任现代社会职业岗位的必要条件，是人才成长的基础。现代社会的职业岗位，所需要的是知识结构合理、能根据当今社会发展和职业的具体要求，将自己所学到的各类知识，科学地组合起来的，适应社会要求的人才。物流管理专业人才的知识结构主要有以下三个方面。

(1) 理解、掌握马克思主义哲学、政治经济学、毛泽东思想和中国特色社会主义理论。

(2) 掌握物流管理的基本理论、基本知识。具体要掌握物流运作与管理知识，国际贸易和通关知识，财务和成本管理知识，外语知识，安全管理知识，法律知识等。

(3) 具备物流管理应用程序的操作能力，具备物流信息组织、分析研究、传播与开发利用的基本能力，能进行物流系统分析、设计和规划，具有物流管理的基本能力，了解物流管理发展的最新动态。

物流管理专业的知识结构与课程学分设置如表 1 - 4 所示，物流管理专业总学分及学时基本要求与分配如表 1 - 5 所示。

表 1－4　　物流管理专业的知识结构与课程学分设置

<table>
<tr><th>课程类别</th><th>课程性质</th><th>学分数</th><th>占总比例（%）</th></tr>
<tr><td rowspan="3">通识课程
（公共文化课程）</td><td>核心必修</td><td>22</td><td rowspan="3">35.37</td></tr>
<tr><td>一般必修</td><td>18（含综合素质 4）</td></tr>
<tr><td>通识选修</td><td>18（校选课）</td></tr>
<tr><td rowspan="2">专业基础课程
（含集中实践）</td><td>核心必修</td><td>8.5</td><td rowspan="2">13.72</td></tr>
<tr><td>一般必修</td><td>14</td></tr>
<tr><td rowspan="3">专业课程
（含集中实践）</td><td>核心必修</td><td>13</td><td rowspan="3">50.91</td></tr>
<tr><td>一般必修</td><td>34</td></tr>
<tr><td>专业选修</td><td>36.5</td></tr>
<tr><td colspan="2">毕业最低学分（学时）合计</td><td>164</td><td>100</td></tr>
</table>

表 1－5　　物流管理专业总学分及学时基本要求与分配

<table>
<tr><th>课程类别</th><th>课程性质</th><th>学分数</th><th>占总学分比例（%）</th><th>计划学时/周</th></tr>
<tr><td rowspan="3">通识课程</td><td>核心必修</td><td>22</td><td rowspan="3">35.37</td><td>352</td></tr>
<tr><td>一般必修</td><td>18</td><td>302</td></tr>
<tr><td>通识选修</td><td>18</td><td>232</td></tr>
<tr><td rowspan="2">专业基础课程</td><td>核心必修</td><td>8.5</td><td rowspan="2">13.72</td><td>144</td></tr>
<tr><td>一般必修</td><td>14</td><td>224</td></tr>
<tr><td rowspan="2">专业课程</td><td>核心必修</td><td>13</td><td rowspan="2">30.18</td><td>208</td></tr>
<tr><td>专业选修</td><td>36.5</td><td>584</td></tr>
<tr><td>实践教学环节</td><td>一般必修</td><td>34</td><td>20.73</td><td>34 周</td></tr>
<tr><td colspan="2">核心必修课学分（学时）小计</td><td>43.5</td><td>26.53</td><td>704</td></tr>
<tr><td colspan="2">一般必修课学分（学时）小计</td><td>66</td><td>40.24</td><td>526＋34 周</td></tr>
<tr><td colspan="2">选修课学分（学时）小计</td><td>54.5</td><td>33.23</td><td>816</td></tr>
<tr><td colspan="2">毕业最低学分（学时）合计</td><td>164</td><td>100</td><td>2046＋34 周</td></tr>
</table>

四、主干课程体系

主干课是为实现培养目标和达到知识和能力结构必须开设的主要课程。物流管理专业的主干课程包括：大学英语、高等数学、运筹学、经济学、交通运输学、国际贸易理论与实务、物流信息技术、物流管理信息系统、采购与供应管理、运输管理、仓储与配送管理、供应链管理、生产与运作管理、国际运输代理实务、国际物流学、港口物流管理、国际航运管理、国际多式联运、物流系统规划与设计、成功学、创新学、素质拓展训练等。有些主干课程可列为核心课程，更加突出这些课程的重要性。物流管理专业的核心课程分布如表 1－6 所示。

表 1－6　　物流管理专业的核心课程分布

学年	学期	课程名称			备注
一	1	大学英语Ⅰ	高等数学 AⅠ	—	—
	2	大学英语Ⅱ	高等数学 AⅡ	—	—
二	1	运筹学	毛泽东思想和中国特色社会主义理论体系概论		—
	2	国际贸易实务	管理信息系统	—	—
三	1	国际航运管理	国际运输代理实务	多式联运组织与管理	—
	2	港口物流管理	报关与报检实务	—	—

五、专业实践教学体系

实践教学是巩固理论知识和加深对理论认识的有效途径，是培养具有创新意识的高素质物流管理人员的重要环节，是理论联系实际、培养学生掌握科学方法和提高动手能力的重要平台，有利于学生素养的提高和正确价值观的形成。物流管理专业的实践教学体系如图 1－5 所示。

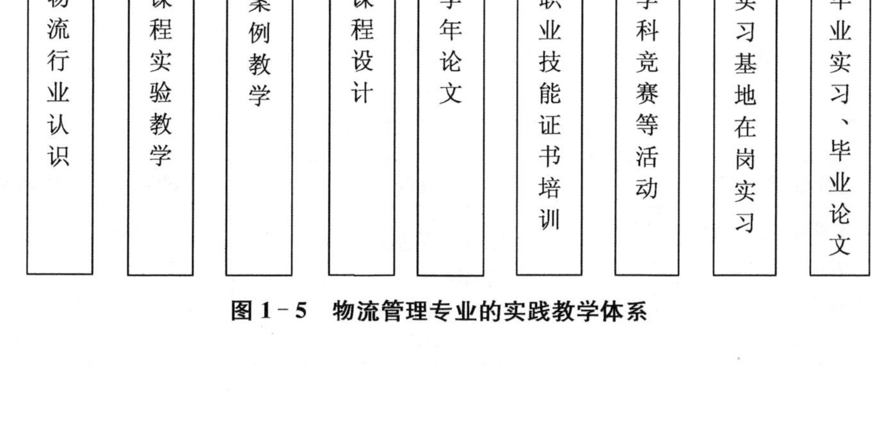

图 1－5　物流管理专业的实践教学体系

1. 实践教学体系构建的基本原则

(1) 特色性原则。特色是专业生存和发展的原动力，为此，确立以素质教育为核心，技术应用能力培养为主线，应变能力培养为关键，产学研结合为途径，与时俱进的人才教育培养模式，这是实践教学体系构建中遵循的特色性原则。

(2) 实用型原则。实践教学体系的构建，要充分体现专业岗位的要求，与专业岗位群发展紧密相关。以此为原则组成一个层次分明、分工明确的实践教学体系。如实验、实训教学平台可分为基础实验技能训练平台、专业岗位技能训练平台、专业岗位实践平台三大步进行构建。

(3) 混合型原则。混合型体现在理论教学和实践教学的混合、教室与实验室的混合、学校与企业的混合等方面，淡化理论教学与实践教学、教室与实验室、学校与企业的界限，对实践教学设施进行重新整合，形成一体化混合型实践教学模式。

2. 实践教学体系构建的方法

(1) 以竞赛带动实践教学。在实践教学中，培养学生主动探索、主动学习的能力尤为重要。通过参加各类专业竞赛给学生提供了较大的自主学习的时间和空间，易于调动学生学习的主观能动性，培养他们的学习兴趣和创造性思维能力。通过构建开放式实验室，使学生熟练掌握实验、实训技能，达到竞赛所要求的技能。

(2) 实践教学与岗位技能培训相结合。通过校外实训基地培养学生的实践技能，推进“三个相结合”，即课堂、实验实训场所、企业环境相结合，学生、教师、物流管理人员相结合，教学、科研、项目相结合。以提高岗位技能为抓手，促进实践教学质量的提高。

(3) 产学研合作。通过承接物流企业的项目，让部分学生参与项目的研究活动，使学生在学习期间就能接触到物流行业的新技术、新技能、锻炼其处理生产现场实际问题的能力，提高质量意识和品质意识，培养学生综合应用能力，同时也促进了实践教学的发展。

物流管理专业的独立实践环节如表 1－7 所示。

表 1－7　　物流管理专业的独立实践环节

实践教学平台	实践课程	计划学分	计划学时/周
基础实验教学平台（包括外语、计算机应用能力训练、物理实验、体育锻炼和基础课程实验等）	计算机与信息技术Ⅰ、计算机与信息技术Ⅱ	3.5	80 学时
	体育	4	128 学时

续　表

实践教学平台	实践课程	计划学分	计划学时/周
工程基础训练平台（包括金工实习、电子实习、认识实习等和专业技能训练、课程设计和相应的考证等）	行业参观与调研	2	2周
	物流企业管理课程设计	1	1周
	货运代理实务操作	1	1周
	运输与配送管理课程设计	1	1周
	物流企业认识实习	1	1周
综合运用实践平台（指毕业实习、综合设计或学年论文、毕业设计或论文、学生科技创新项目和科学研究训练等）	毕业实习	6	6周
	学年论文Ⅰ	2	2周
	学年论文Ⅱ	2	2周
	毕业设计（论文）	8	8周
素质拓展与社会实践平台（包括军训、社会实践、社团活动和参加各种知识技能竞赛等）	军事理论与训练	2	2周
	创新社会实践	4	课外
	综合素质	4	课外
实践环节学分（时）合计		39.5学分	208学时+26周
占总学分比例		23.9%	

第三节　物流管理专业现状

一、物流管理专业开设情况

我国大学本科的物流管理专业开设于1993年。1992年，北京工商大学向教育部提议，将仓储运输管理专业改为物流管理专业，教育部责成北京工商大学召开设立物流管理专业的专家论证会，在会上专家们一致同意这项提议，教育部批复同意，并在1993年修订专业目录时，物流管理专业取代了仓储运输管理专业，物流管理专业第一次正式出现在我国的专业目录中，北京工商大学成为全国首个开设物流管理专业的本科院校，1993年正式招收物流管理专业本科生。

随着国内商品流通和国际贸易的不断扩大，物流业取得了长足的发展。除各流通部门专业性的物流企业不断增加外，在生产部门也开始重视物流问题，并设置了物流研究室、物流技术部等，还发展了一些国有和个体物流企业。在交通运输方面，新建了铁路、公路、港口、码头，增加了车辆，改进了技术，提高了车速，部分区段实现了电气化、高速化，开展了集装箱运输、散装运输和联合运输等，物流业本身也逐步打破部门、地区的界限，向社会化、专业化、现代化的方向发展。社会主义市场经济为我国物流业的发展带来了机遇和挑战。一方面，对一些老储运企业进行改革、改造、重组等，以适应新的形势发展需要；另一方面，也积极建设一些现代物流企业，以迎接国外物流企业的挑战。国有的物流企业在迅速发展，非公有制的物流企业迅速增加，外资和中外合资的物流企业也逐渐增多。物流业的快速发展，需要大量的物流专业人才，1993 年以后，国内高校陆续开设物流管理专业，以适应社会对物流人才的需求。具不完全统计，截至 2016 年 7 月，全国的 1236 所本科院校中，开设物流管理专业的有 424 所，约占本科院校的 34%。已开设物流管理专业的本科院校一览表如表 1-8 所示。

表 1-8　　已开设物流管理专业的本科院校一览表

序号	省市区	数量（所）	高校名称
1	北京市	11	清华大学、北京化工大学、中央财经大学、对外经济贸易大学、首都经济贸易大学、北京工商大学、北京农学院、北京物资学院、首钢工学院、北京石油化工学院、北京城市学院
2	天津市	11	南开大学、天津师范大学、天津财经大学、天津科技大学、中国民航大学、天津商业大学、天津职业技术师范大学、天津农学院、天津理工大学中环信息学院、天津商业大学宝德学院、南开大学滨海学院
3	河北省	17	石家庄铁道大学、河北农业大学、河北经贸大学、河北北方学院、石家庄经济学院、北华航天工业学院、唐山师范学院、唐山学院、廊坊师范学院、河北科技师范学院、邢台学院、河北金融学院、保定学院、河北经贸大学经济管理学院、燕京理工学院、石家庄城市经济职业学院、北京交通大学海滨学院
4	山西省	8	山西大同大学、太原理工大学、山西财经大学、山西农业大学、运城学院、山西财经大学华商学院、山西大学商务学院、山西农业大学信息学院
5	内蒙古自治区	5	内蒙古大学、内蒙古农业大学、内蒙古工业大学、内蒙古财经大学、赤峰学院
6	辽宁省	20	营口理工学院、辽宁政法职业学院、东北财经大学、大连海事大学、沈阳工业大学、大连工业大学、沈阳师范大学、辽宁中医药大学、大连交通大学、沈阳航空航天大学、渤海大学、沈阳理工大学、沈阳工程学院、辽宁对外经贸学院、沈阳工学院、辽宁理工学院、大连理工大学城市学院、大连东软信息学院、大连财经学院、辽宁石油化工大学
7	吉林省	12	东北师范大学、白城师范学院、吉林大学、吉林财经大学、北华大学、吉林建筑大学、长春大学、吉林工程技术师范学院、吉林工商学院、长春工业大学人文信息学院、长春大学旅游学院、长春财经学院

续　表

序号	省市区	数量（所）	高校名称
8	黑龙江省	13	齐齐哈尔大学、黑龙江省农垦管理干部学院、哈尔滨师范大学、黑龙江八一农垦大学、哈尔滨商业大学、佳木斯大学、牡丹江医学院、绥化学院、黑河学院、黑龙江工程学院昆仑旅游学院、黑龙江东方学院、黑龙江财经学院、哈尔滨广厦学院
9	上海市	14	华东理工大学、上海海洋大学、上海海事大学、上海电力学院、上海电机学院、上海杉达学院、上海师范大学天华学院、上海建桥学院、上海工程技术大学、上海对外经贸大学、上海第二工业大学、上海金融学院、上海海关学院、上海商学院
10	江苏省	30	常熟理工学院、三江学院、泰州学院、南京航空航天大学金城学院、江苏师范大学科文学院、常州大学、苏州大学、南京财经大学、江苏科技大学、南京审计大学、苏州科技学院、常州工学院、淮海工学院、盐城工学院、南京晓庄学院、金陵科技学院、苏州科技学院天平学院、苏州大学应用技术学院、江苏科技大学苏州理工学院、江苏大学京江学院、常州大学怀德学院、南京邮电大学通达学院、南京财经大学红山学院、南京审计大学金审学院、南京信息工程大学滨江学院、东南大学成贤学院、南通大学、南京邮电大学、南京信息工程大学、江苏师范大学
11	浙江省	23	浙江大学、浙江工商大学、浙江科技学院、浙江越秀外国语学院、杭州电子科技大学、浙江财经大学、宁波大学、浙江海洋学院、湖州师范学院、嘉兴学院、宁波工程学院、浙江万里学院、衢州学院、绍兴文理学院元培学院、湖州师范学院求真学院、浙江财经大学东方学院、浙江大学宁波理工学院、杭州电子科技大学信息工程学院、宁波大红鹰学院、宁波大学科学技术学院、上海财经大学浙江学院、浙江工商大学杭州商学院、浙江树人学院
12	安徽省	20	合肥工业大学、安徽师范大学、安徽大学、安徽财经大学、安徽工程大学、淮北师范大学、阜阳师范学院、安庆师范学院、皖西学院、安徽科技学院、合肥学院、铜陵学院、池州学院、宿州学院、安徽文达信息工程学院、安徽新华学院、安徽师范大学皖江学院、安徽大学江淮学院、安徽三联学院、安徽财经大学商学院
13	福建省	18	福州大学、福建农林大学、华侨大学、集美大学、泉州师范学院、厦门理工学院、福建工程学院、宁德师范学院、武夷学院、三明学院、福建江夏学院、集美大学诚毅学院、闽南理工学院、福建师范大学协和学院、福建农林大学东方学院、福州大学至诚学院、厦门大学嘉庚学院、仰恩大学
14	江西省	15	南昌大学、江西财经大学、江西理工大学、东华理工大学、景德镇陶瓷学院、华东交通大学、赣南师范学院、九江学院、江西科技师范大学、宜春学院、南昌工程学院、江西财经大学现代经济管理学院、江西农业大学南昌商学院、南昌大学科学技术学院、华东交通大学理工学院

续 表

序号	省市区	数量（所）	高校名称
15	山东省	19	潍坊学院、山东管理学院、青岛农业大学、中国海洋大学、山东师范大学、青岛大学、青岛科技大学、山东财经大学、青岛理工大学、聊城大学、临沂大学、山东工商学院、泰山学院、菏泽学院、山东大学威海分校、青岛滨海学院、烟台南山学院、潍坊科技学院、山东英才学院
16	河南省	25	河南大学、信阳农林学院、安阳工学院、河南工程学院、郑州科技学院、郑州工业应用技术学院、河南工业和信息化职业学院、郑州大学、河南工业大学、郑州轻工业学院、商丘师范学院、南阳师范学院、河南财经政法大学、洛阳师范学院、郑州航空工业管理学院、安阳师范学院、新乡学院、郑州升达经贸管理学院、河南科技学院新科学院、河南理工大学万方科技学院、安阳师范学院人文管理学院、中原工学院信息商务学院、商丘学院、黄河科技学院、郑州财税金融职业学院
17	湖北省	36	汉口学院、湖北大学知行学院、长江大学、华中科技大学、中南财经政法大学、武汉科技大学、武汉纺织大学、湖北中医药大学、三峡大学、武汉轻工大学、湖北文理学院、江汉大学、湖北汽车工业学院、湖北经济学院、武汉商学院、湖北第二师范学院、荆楚理工学院、湖北商贸学院、武汉学院、襄阳职业技术学院、湖北经济学院法商学院、湖北汽车工业学院科技学院、湖北师范学院文理学院、湖北工程学院新技术学院、湖北工业大学工程技术学院、武汉纺织大学外经贸学院、武汉科技大学城市学院、武汉理工大学华夏学院、武汉大学珞珈学院、武汉设计工程学院、三峡大学科技学院、武汉东湖学院、武汉工商学院、武昌理工学院、武汉生物工程学院、武汉工程科技学院
18	湖南省	17	湖南财政经济学院、湖南应用技术学院、衡阳师范学院南岳学院、湖南三一工业职业技术学院、中南林业科技大学、湖南科技大学、长沙学院、衡阳师范学院、湖南工程学院、湖南商学院、湘南学院、湖南工学院、怀化学院、湖南女子学院、湖南涉外经济学院、湖南工程学院应用技术学院、湖南商学院北津学院
19	广东省	25	华南农业大学珠江学院、广东理工学院、深圳大学、暨南大学、广州大学、广东工业大学、广东外语外贸大学、广东财经大学、惠州学院、广东金融学院、广东技术师范学院、电子科技大学中山学院、广东白云学院、广东技术师范学院天河学院、广东外语外贸大学南国商学院、广东培正学院、广州商学院、吉林大学珠海学院、北京理工大学珠海学院、广东工业大学华立学院、东莞理工学院城市学院、中山大学新华学院、广州大学华软软件学院、北京师范大学珠海分校、中山大学南方学院
20	广西壮族自治区	11	梧州学院、广西师范大学、广西民族大学、桂林理工大学、桂林电子科技大学、广西师范学院、广西科技大学、广西财经学院、广西民族师范学院、钦州学院、广西民族大学相思湖学院
21	海南省	4	琼州学院、海南大学、海口经济学院、三亚学院

续　表

序号	省市区	数量（所）	高校名称
22	重庆市	12	西南大学、重庆大学、重庆邮电大学、重庆工商大学、重庆交通大学、四川外国语大学、重庆理工大学、重庆第二师范学院、重庆科技学院、重庆工商大学融智学院、重庆人文科技学院、重庆师范大学涉外商贸学院
23	四川省	16	四川文理学院、成都师范学院、四川电子机械职业技术学院、西南交通大学、西南财经大学、成都理工大学、西南石油大学、西南科技大学、成都理工大学工程技术学院、成都信息工程大学银杏酒店管理学院、四川大学锦城学院、西华大学、成都信息工程大学、绵阳师范学院、宜宾学院、攀枝花学院
24	贵州省	6	遵义师范学院、贵阳学院、贵州财经大学、贵州大学、黔南民族师范学院、贵州财经大学商务学院
25	云南省	8	云南大学、云南财经大学、云南中医学院、红河学院、文山学院、昆明理工大学津桥学院、云南师范大学商学院、云南师范大学文理学院
26	陕西省	15	长安大学、西安工业大学、西安财经学院、西安邮电大学、陕西理工学院、渭南师范学院、陕西国际商贸学院、西安翻译学院、西安欧亚学院、西安思源学院、西安外事学院、西安培华学院、西安交通大学城市学院、西京学院、延安大学西安创新学院
27	甘肃省	6	兰州工业学院、兰州交通大学、甘肃政法学院、兰州财经大学、兰州财经大学长青学院、兰州财经大学陇桥学院
28	宁夏回族自治区	3	宁夏大学、北方民族大学、宁夏大学新华学院
29	新疆维吾尔自治区	4	石河子大学、塔里木大学、新疆财经大学、新疆农业大学科学技术学院

二、物流管理专业介绍

国家标准《物流术语》（GB/T 18354—2006）将“物流管理（logistics management）”定义为：为达到既定的目标，对物流的全过程进行计划、组织、协调与控制。

物流管理就是在社会再生产过程中，根据物质资料实体流动的规律，应用管理的基本原理和科学方法，对物流活动进行计划、组织、指挥、协调、控制和监督，使各项物流活动实现最佳的协调与配合，以降低物流成本，提高物流效率和经济效益。现代物流管理是建立在系统论、信息论和控制论的基础上的一门科学。

1. 物流管理专业简介

物流管理专业为适应社会主义市场经济需要，培养学生具有扎实的管理学基础、经济学和信息技术基础知识，较高的英语水平和计算机基础技能，具有在掌握工科基础知识的前提下，熟悉法规，掌握现代物流管理理论、信息系统的手段、方法，具备物流管理、规划、设计等较强实务运作能力，成为高级现代物流管理人才。本专业学生主要学习经济、会计、贸易、管理、法律、信息资源管理、计算机等方面的基本理论和专门知识，培养具有一定的物流规划与设计、物流管理、物流业运作等能力，能在经济管理部门、贸易公司、物流企业从事政策制定，物流业运作管理应用型、复合型、国际化的物流管理人才。物流管理专业的专业代码是120601，修业年限是四年，授予管理学学士学位。

物流管理专业的优势主要体现在以下几个方面：

（1）宏观方面。主要是从国家政策方面考虑，物流业超过房地产业跻身国家10大产业振兴规划，可见发展物流业已上升到政策面层次。这既是物流业在社会发展中重要程度的体现，同时也反映出我国物流业与发达国家存在的差距，需要宏观方面的政策支持。

（2）行业方面。现实中，大多数人认为物流等于运输或储存，但这是错误的观念。当然把物流等同于快递，更是错上加错。但由此反映出我国物流业仅仅停留在行业发展的初级阶段。因此选择物流管理专业需要做好吃苦受累的准备。但也要看到积极的一面，正是因为我国物流业发展空间依然较大，才有上升和前进的动力。我国的一些物流企业通过探索已经发展起来了，如海尔物流、美的物流、宝供物流等。

（3）学生自身方面。三百六十行，行行出状元。任何行业都不缺人，但缺人才，所以关键的还是学物流管理专业的学生自身要保持良好的心态，将专业需要学习的知识掌握通透，力求精良。

2. 物流管理专业的就业方向

（1）物流行业背景。随着世界经济的高速发展和全球化趋势的日益突出，现代物流理论和技术已在发达国家得到了空前的应用和发展，并产生了巨大的经济效益和社会效益。面对我国物流行业的实际情况，引进和发展现代物流理论和技术，培养现代物流经营管理的高级人才，已成为当务之急。物流是一个新生职业，目前就业行情看好，各大城市人才缺乏，物流管理专业的人才市场缺口很大。过去商品从生产到销售需经过好几个批发商，从运输、仓储到管理，从一级批发商到二级、三级批发商，物流效率极其低下。现在通过物流信息平台的操作，就能通过物流公司配货，大大减少中间环节，降低企业成本，所以物流专业很有发展前途。

（2）物流管理专业的就业现状。随着中国社会主义市场经济体系建立、世界经济一体化进程的加快和科学技术的飞速发展，物流产业作为国民经济中的一个新兴的产业部门，将成为本世纪重要产业和国民经济新的增长点。目前，许多市场意识敏锐的企业，已把物流作为提高市场竞争力和提升企业核心竞争力的重要手段，把现代物流理念、先进的物流技术和现代物流模式引入国家、地方经济建设和企业经营和管理之中。目前我国的现代物流综合性人才严重匮乏，企业尤其是流通企业更缺乏物流管理、物流系统运筹、物流运作等现代物流人才，人才的缺乏阻碍了经济的发展和经济效益的提高。物流管理专业在所有专业中就业排名第42位；在管理类专业中，就业排名第9位。据有关部门统计，2016年物流管理专业毕业生第一年的平均薪资为3900元。

(3) 物流管理专业的就业前景。随着社会、经济、技术的高速发展，各种基础设施的不断完善，全球经济一体化趋势和市场竞争程度日益增加，对物流管理专业提出了更高的要求，赋予了新的内涵。现代物流指的是将信息、运输、仓储、库存、装卸搬运以及包装等物流活动综合起来的一种新型的集成式管理，即在传统物流的基础上，引入高科技手段，运用计算机进行信息联网，并对物流信息进行科学管理，从而使物流速度加快，准确率提高，库存减少，成本降低，质量提高，为顾客提供最好的服务。现在世界做专业物流比较著名的公司有：美国联合包裹（UPS）、荷兰邮政、德国邮政（DHL）和美国联邦快递（FedEx）。我国现代物流业的前景非常看好，据中国物流与采购联合会统计，全国已有30多个省与市作出了物流业发展规划并出台了必要的产业政策，国务院制定了《物流业发展中长期规划（2014—2020年）》，提出了物流业发展的产业政策初步意见。

由于有政策的扶持，物流企业与企业物流开始步入快车道。到现在为止，我国已经形成公有制物流企业、民营物流企业与外资（含中外合资）物流企业三足鼎立的局面，公认的物流领军企业已经走向国际。80%企业物流已开始外包，外包的比例与外包的领域将逐步扩大，涌现出包括海尔物流、宝供物流、招商局物流在内的一大批优秀物流企业。

物流总值的高速增长，表明我国经济增长对物流的需求越来越大，经济发展对物流的依赖程度也越来越高。随着电子商务的普及，物流市场潜力和发展前景十分广阔。

物流管理专业的就业前景广泛，毕业生适合在各级经济管理部门、工商企业中从事物流管理工作，和与物流相关的铁路、航空、港口等部门的物流管理工作与技术工作。

3. 物流管理专业学生的就业岗位

以大型物流中心为例，物流管理专业毕业生的就业岗位主要有以下十种。

(1) 订单处理作业。物流中心的交易起始于客户的咨询、业务部门的报表，而后有订单的接收，业务部门查询出货日的存货状况、装卸货能力、流通加工负荷、包装能力、配送负荷等信息来答复客户，而当订单无法依客户的要求交货时，业务部门应加以协调。

由于物流中心一般都不是随货立即收取货款，而是在一段时间后予以结账，因此在订单资料处理的同时，业务人员需依据公司对该客户的授信状况查核是否已超出其授信额度。此外在特定时段，业务人员要统计该时段的订货数量，并予以调货、分配出货程序及数量。退货资料的处理也在此阶段予以处理。另外业务部门必须制定报表，按要求的计算方式做报表，掌握客户订购的最小批量、订货方式或订购结账截止日，做好历史资料的管理工作。

（2）采购作业。自交易订单接受之后，物流中心要通过供货厂商或制造厂商订购商品，采购作业的内容包括商品数量统计、查询供货厂商交易条件，根据订货数量及供货厂商所提供的订购批量，提出采购单，采购单发出之后则进行订货的跟踪运作。

（3）进货入库作业。当采购单发出之后，在采购人员进货跟踪催促的同时，入库管理员即可依据采购单上预定的入库日期，进行入库作业排程、入库站台排程。在商品入库当日，做好入库资料查核和货品检验工作，主要查核入库货品是否与采购单内容一致，当品项或数量不符时即做适当的修正或处理，并将入库资料登录建档。入库管理员可按一定方式指定卸货及存放。对于客户退回的商品，也应经过退货品检验、分类处理后登录入库。

一般商品入库存放有两种方式，一种方式为商品入库上架，即储放在货架上，需求时再出库。商品入库上架，由管理人员按照仓库区域规划管理原则或商品生命周期等因素来指定储放位置，或在商品入库之后登录其储放位置，便于存货管理或出货查询。另一种方式为直接出库，管理人员按照出货要求，将货品送往指定的出货码头或暂时存放地点。在入库搬运的过程中，由管理人员选用搬运工具、调派工作人员、并做好工作时间安排。

（4）库存管理作业。库存管理作业包含仓库区的管理及库存数量控制。仓库区的管理包括货品在仓库区域内的摆放方式、仓库区域的分布规划；货品进出仓库的控制一般遵循先进先出原则；进出货方式的制定包括货品所用的搬运工具和搬运方式、仓储区储位的调整及变动、设备的使用与保管维修等。库存数量的控制包括按照一般货品出库数量、入库时间等来制定采购数量及采购时点，并采用采购时点预警系统；库存盘点包括在一定期间清查库存数、修正库存账册并制作盘亏报表。

（5）补货及拣货作业。根据客户订单资料的统计，即可知道货品的实际需求量。在出库时，当库存数量足以满足出库需求量时，可根据据需求数打印出库拣货单，做好拣货区域的规划布置、工具的选用及人员调派。拣货区还应注意货架上商品的补充，保证后续的拣货作业得以流畅而不至于缺货，这个过程为补货作业，包含补货量及补货时点的制定、补货作业排程、补货作业人员调派等。

（6）流通加工作业。商品由物流中心送出之前可在物流中心做流通加工处理，在物流中心的各项作业中，流通加工可提高货品的附加值。流通加工作业包含对商品的分类、过磅、拆箱、重新包装、贴标签及商品的组合包装。流通加工过程中包括包装材料及设备的管理、组合包装规则的制定、包装工具的选用、作业的排程、作业人员的调派等内容。

（7）出货作业。货品拣取或经过流通加工作业后，即可执行商品的出货作业。出货作业主要内容包含根据客户订单资料打印出货单、制定出货排程、打印出货批次报表、出货商品上的标签及出货检核表。由出库管理人员决定出货方式、选用集货工具、调派作业人员，并确定送货车辆的大小与数量。

（8）配送作业。配送作业是将货品装车并实施配送，配送作业必须事先规划配送区域的划分或配送路线的安排，由配送路径的先后次序来决定商品装车的顺序，并在商品配送途中进行商品的追踪及控制、配送途中意外状况的处理。

（9）会计作业。商品出库后销售部门根据出货资料制作应收账单，并将账单转入会计部门作为收款凭据。商品采购入库后，由收货部门制作入库商品统计表，作为给供货厂商付款的依据。由会计部门制作各项财务报表以供营运政策制定及营运管理的参考。

（10）营运管理及绩效管理作业。运作良好的物流中心，高层管理者要根据各种考核评估的结果进行效率和效益管理，并制订良好的营运决策及方针。营运管理和绩效管理，可根据每个工作人员或中层管理人员提供的各种资讯与报表来进行。物流管理流程包括出货销售的统计资料、客户对配送服务的评价报告、配送商品次数及所用时间的报告、配送商品的失误率、仓库缺货率分析、库存损失率报告、机具设备损坏及维修报告、燃料耗材等使用量分析、外雇人员、机具、设备成本分析、退货商品统计报表、作业人力的使用率分析等。

物流管理专业学生毕业后的就业范围非常广泛，企业和其他社会部门提供的就业岗位也特别多。除上述的大型物流中心外，运输企业、货运代理企业、船务代理企业、报关行、港口、机场、货运站、物流信息中心及制造类企业都需要大量的物流人才。从事的工作主要有：运输调度作业、货运输代理作业、船务代理作业、跟单作业、报关作业、报检作业、港口管理作业、空运代理作业、物流信息管理、制造类企业的生产物流管理等。

实践课程　物流管理专业调查报告

调查内容：任意查找三所本科院校物流管理专业的培养计划，从专业概况、主要课程、培养目标、就业方向四方面同我校比较，指出其异同，并分析我校物流管理专业的优势和特点。

完成时间：一周。

作业形式：交 A4 纸打印稿、电子稿各一份。

要求字数：2000～3000 字。

第二章　物流科学的起源和发展

引例

"一带一路"

"一带一路"（The Belt and Road，B&R）是"丝绸之路经济带"和"21 世纪海上丝绸之路"的简称。"一带一路"将充分依靠中国与有关国家既有的双多边机制，借助既有的、行之有效的区域合作平台，"一带一路"旨在借用古代丝绸之路的历史符号，高举和平发展的旗帜，积极发展与沿线国家的经济合作伙伴关系，共同打造政治互信、经济融合、文化包容的利益共同体、命运共同体和责任共同体。

2015 年 3 月 28 日，国家发展和改革委员会、外交部、商务部联合发布了《推动共建丝绸之路经济带和 21 世纪海上丝绸之路的愿景与行动》。

"一带一路"政策提出后，承包工程项目突破 3000 个。2015 年，我国企业共对"一带一路"相关的 49 个国家进行了直接投资，投资额同比增长 18.2%。2015 年，我国承接"一带一路"相关国家服务外包合同金额 178.3 亿美元，执行金额 121.5 亿美元，同比分别增长 42.6%和 23.45%。

截至 2016 年 6 月底，中欧班列累计开行 1881 列，其中回程班列 502 列，实现进出口贸易总额 170 亿美元。2016 年 6 月起，中欧班列穿上了统一的"制服"，深蓝色的集装箱格外醒目，品牌标志以红、黑为主色调，以奔驰的列车和飘扬的丝绸为造型，成为丝绸之路经济带蓬勃发展最好的代言与象征。

一、"一带一路"的背景

2013 年 9 月 7 日上午，中国国家主席习近平在哈萨克斯坦纳扎尔巴耶夫大学作演讲，提出共同建设"丝绸之路经济带"，提出了"一带一路"的构思。

1. 古代背景

丝绸之路是两汉时期中国古人开创的以洛阳、长安为起点，连接东西方文明的陆上贸易和文化交流通道，同时也是亚欧大陆经济整合战略的体现。

西汉时期，张骞（约公元前164年—公元前114年）于公元前139年—公元前126年间，从长安（今陕西西安）出发，联络大月氏人，共同夹击匈奴。首次开拓丝绸之路，被称为“凿空之旅”。

罗马人征服叙利亚的塞琉西帝国和埃及的托勒密王朝后，通过安息帝国、贵霜帝国和阿克苏姆帝国取得从丝绸之路上传来的中国丝绸，西汉末年，丝绸之路一度断绝。

东汉时期，班超从洛阳出发，再次出使西域，他到达了西域，他的随从到达了罗马。这是东西方文明的第一次对话。也是在东汉，印度僧人沿着丝绸之路到达洛阳，将佛教传入中国，从另一个角度拓展了丝绸之路。

唐代，洛州缑氏（今河南洛阳偃师）人玄奘沿着丝绸之路历时19年到印度求取真经，促进了中华文明与印度文明的交流，写下了《大唐西域记》。

丝绸之路是起始于中国，连接亚洲、非洲和欧洲的古代路上商业贸易路线。从运输方式上分为陆上丝绸之路和海上丝绸之路。丝绸之路是一条东方与西方之间在经济、政治、文化进行交流的主要道路。它最初的作用是运输中国古代出产的丝绸、瓷器等商品。德国地理学家李希霍芬（Ferdinand Freiherr von Richthofen）在19世纪70年代将之命名为“丝绸之路”。

2. 时代背景

当今世界正发生复杂深刻的变化，国际金融危机的深层次影响继续显现，世界经济缓慢复苏、发展分化，国际投资贸易格局和多边投资贸易规则酝酿深刻调整，各国面临的发展问题依然严峻。共建“一带一路”是顺应世界多极化、经济全球化、文化多样化、社会信息化的潮流，秉持开放的区域合作精神，致力于维护全球自由贸易体系和开放型世界经济。共建“一带一路”旨在促进经济要素有序自由流动、资源高效配置和市场深度融合，推动沿线各国实现经济政策协调，开展更大范围、更高水平、更深层次的区域合作，共同打造开放、包容、均衡、普惠的区域经济合作架构。共建“一带一路”符合国际社会的根本利益，彰显人类社会共同理想和美好追求，是国际合作以及全球治理新模式的积极探索，将为世界和平发展增添新的正能量。

共建“一带一路”致力于亚欧非大陆及附近海洋的互联互通，建立和加强沿线各国互联互通伙伴关系，构建全方位、多层次、复合型的互联互通网络，实现沿线各国多元、自主、平衡、可持续的发展。“一带一路”的互联互通项目将推动沿线各国发展战略的对接与耦合，发掘区域内市场的潜力，促进投资和消费，创造需求和就业，增进沿线各国人民的人文交流与文明互鉴，让各国人民相逢相知、互信互敬，共享和谐、安宁、富裕的生活。

当前，中国经济和世界经济高度关联。中国将一以贯之地坚持对外开放的基本国策，构建全方位开放新格局，深度融入世界经济体系。推进“一带一路”建设既是中国扩大和深化对外开放的需要，也是加强和亚欧非及世界各国互利合作的需要，中国愿意在力所能及的范围内承担更多责任和义务，为人类和平发展作出更大的贡献。

3. 中国背景

（1）产能过剩、外汇资产过剩。

（2）中国油气资源、矿产资源对国外的依存度高。

（3）中国的工业和基础设施集中于沿海，如果遇到外部打击，容易失去核心设施。

（4）中国边境地区整体状况处于历史最好时期，邻国与中国加强合作的意愿普遍上升。

二、“一带一路”的启动

1. 启动原则

“一带一路”建设秉承的是共商、共享、共建原则。

2. 启动目的

在通路、通航的基础上通商，形成和平与发展新常态。

3. 启动意义

（1）“一带一路”打开“筑梦”空间。

（2）“一带一路”有利于将政治互信、地缘毗邻、经济互补等优势转化为务实合作、持续增长优势。

（3）通过“一带一路”建设，无论是“东出海”还是“西挺进”，将使中国与周边国家形成“五通”。

（4）“一带一路”战略合作中，经贸合作是基石。遵循和平合作、开放包容、互学互鉴、互利共赢的丝路精神，中国与沿线各国在交通基础设施、贸易与投资、能源合作、区域一体化、人民币国际化等领域，迎来共创共享的新时代。

（5）“一带一路”在平等的文化认同框架下谈合作，是国家的战略性决策，体现的是和平、交流、理解、包容、合作、共赢的精神。

（6）“一带一路”是开放包容的经济合作倡议，不限国别范围，不是一个实体，不搞封闭机制，有意愿的国家和经济体均可参与进来，成为“一带一路”的支持者、建设者和受益者。

4. 启动战略

中国提出两个符合欧亚大陆经济整合的大战略：即“一带一路”战略。

（1）丝绸之路经济带战略。

(2) 21 世纪海上丝绸之路经济带战略。

丝绸之路经济带战略涵盖东南亚经济整合与东北亚经济整合，并最终融合在一起通向欧洲，形成欧亚大陆经济整合的大趋势。21 世纪海上丝绸之路经济带战略从海上连通欧亚非三个大陆，和丝绸之路经济带战略形成一个海上、陆地的闭环。

边境地区作为连接中国与众多邻国的门户和纽带，在“一带一路”建设中具有独特的地位和作用。边境地区的和平稳定是“一带一路”建设向前推进的必要前提和保障。中国已同除印度、不丹外的 12 个陆上邻国解决了边界问题，未划定的中印、中不边界地区也总体保持稳定安宁。中国边境地区整体状况处于历史最好时期，邻国与中国加强合作的意愿普遍上升。

边境地区互联互通，是“一带一路”建设的依托。边境口岸作为通道节点，在中国对外开放中的前沿窗口作用显现。中国开展亚洲公路网、泛亚铁路网规划和建设，与东北亚，中亚、南亚及东南亚国家已开通公路通路 13 条，铁路 8 条。此外，油气管道、跨界桥梁、输电线路、光缆传输系统等基础设施建设取得成果。这些设施建设，为“一带一路”打下物质基础。

三、“一带一路”的三重使命

“一带一路”使中国与丝路沿途国家分享优质产能，它共商项目投资、共建基础设施、共享合作成果，内容包括道路联通、贸易畅通、货币流通、政策沟通、人心相通等“五通”，比马歇尔计划的内涵更加丰富，肩负着三大使命：

1. 探寻经济增长之道

“一带一路”是在后金融危机时代，作为世界经济增长火车头的中国，将自身的产能优势、技术与资金优势、经验与模式优势转化为市场与合作优势，实行全方位开放的一大创新。通过“一带一路”建设共同分享中国改革发展红利、中国发展的经验和教训。中国将着力推动沿线国家间实现合作与对话，建立更加平等均衡的新型全球发展伙伴关系，夯实世界经济长期稳定发展的基础。

2. 实现全球化再平衡

传统全球化由海而起，由海而生，沿海地区、海洋国家先发展起来，陆上国家、内地则较落后，形成巨大的贫富差距。传统全球化由欧洲开辟，由美国发扬光大，形成国际秩序的“西方中心论”，导致东方从属于西方，农村从属于城市，陆地从属于海洋等一系列不平衡不合理效应。如今，“一带一路”正在推动全球再平衡。“一带一路”鼓励向西开放，带动西部开发以及中亚、蒙古等内陆国家和地区的开发，在国际社会推行全球化的包容性发展理念；同时，“一带一路”是中国主动向西推广中国优质产能和比较优势产业，将使沿途、沿岸国家首先获益，也改变了历史上中亚等丝绸之路沿途地带只是作为东西方贸易、文化交流的过道而成为发展“洼地”的面貌。这就超越了欧洲人所开创的全球化造成的贫富差距、地区发展不平衡，推动建立持久和平、普遍安全、共同繁荣的和谐世界。

3. 开创地区新型合作

中国改革开放是当今世界最大的创新，“一带一路”作为全方位对外开放战略，正在以经济走廊理论、经济带理论、21世纪的国际合作理论等创新经济发展理论、区域合作理论、全球化理论。“一带一路”强调共商、共建、共享原则，给21世纪的国际合作带来新的理念。

比如，“经济带”概念就是对地区经济合作模式的创新，其中中俄蒙经济走廊、新亚欧大陆桥、中国—中亚经济走廊、孟中印缅经济走廊、中国—中南半岛经济走廊等经济走廊，以经济增长极辐射周边，超越了传统的经济学理论。

“丝绸之路经济带”概念，不同于历史上所出现的各类“经济区”与“经济联盟”，同以上两者相比，经济带具有灵活性高、适用性广以及可操作性强的特点，各国都是平等的参与者，本着自愿参与，协同推进的原则，发扬古丝绸之路兼容并包的精神。

资料来源：http：//baike. so. com/doc/7487210—7757266. html

第一节 物流的起源

物流随商品生产的出现而产生，随商品生产的发展而发展，所以物流是一种古老的、传统的经济活动。物流活动具有悠久的历史，从人类社会开始有产品的交换行为时就存在物流活动，例如我国隋朝为了南方和北方的物资流通而开挖大运河；郑和下西洋和古丝绸之路的开发也促进了进出口贸易活动的发展，这些活动就是传统的物流活动。传统的物流活动主要为了达到两个目的，即商品地理位置的转移与商品储存时间的延续，即创造空间价值和时间价值。这两个目的必须通过运输与仓储来实现，而在不同的时代，运输与仓储的方式是不一样的。

一、河姆渡文化

河姆渡遗址位于浙江省宁波市余姚河姆渡，河姆渡文化距今7000多年，1973年开始发掘。河姆渡遗址是一处属于新石器时代中期的聚落遗址，总面积约4万平方米。遗址中出土有各种生产工具、生活器具和原始艺术品6700余件，并发现了丰富的水稻栽培和大面积木结构建筑等遗迹，以及驯养的猪、狗、水牛和捕猎的野生动物遗骸，采集的植物果实等遗存。这些都展示出当时这一地区灿烂的原始农业文化。河姆渡遗址和出土的稻谷如图 2－1 所示。

图 2－1　河姆渡遗址和出土的稻谷

河姆渡遗址的“稻作经济”，反映了当时的稻作农业及渔猎采集活动。河姆渡遗址展出的实物有 7000 年前的人工栽培稻谷及照片，稻谷芒刺清晰，颗粒饱满，令人叹为观止。此外展出的还有骨耜、木杵和石磨盘、石球等稻作经济的全套耕作、加工的工具。带炭化饭粒的陶片和以夹炭黑陶为主的釜、钵、盘、豆、盆、罐、盉、鼎、盂等炊、饮、贮器，说明早在 7000 年前中华民族的饮食习惯已基本形成。河姆渡先民发明了农业以后，生活状况有了根本改变，但还是不能满足他们的生活需要，从这里陈列的骨哨、骨箭头、弹丸等渔猎工具，以及酸枣、橡子、芡实、菱角等丰富的果实来看，渔猎和采集仍是河姆渡人不可缺少的经济活动。

河姆渡遗址是“河姆渡文化”的命名地，是长江下游新石器中期文化的首次发现。它的发现，为研究当地新石器时代农耕、畜牧、建筑、纺织、艺术等方面和中国文明的起源提供了珍贵的实物资料，有力地证明了长江流域同黄河流域一样，都是中华民族远古文明的摇篮。

二、跨湖桥文化

跨湖桥遗址位于杭州市萧山区湘湖旅游开发区内，离萧山城区约 4000 米，西南约 3000 米为钱塘江、富春江与浦阳江三江交汇处。跨湖桥遗址是因古湘湖的上、下湘湖泉之间有一座跨湖桥而命名。湘湖成湖于宋代，由于湖底淤泥长期沉积，遗址表土厚达 3～4 米，因而遗址内的文物保存比较完整。

该遗址 2002 年 11 月出土了距今约 8000 年的独木舟及相关遗迹，船史专家认为这是国内外迄今发现最早的独木舟。跨湖桥文化与河姆渡文化、良渚文化、马家浜文化等中国数十个考古文化概念并驾齐驱。跨湖桥博物馆坐落于风景秀丽的湘湖旅游度假区，是一座综合反映跨湖桥遗址考古发掘和研究成果的专题类博物馆，占地 83 亩，建筑面积 6800 平方米，展陈区域由“八千年回首”主题陈列和遗址保护厅组成，建筑总体以船为造型，远远望去，它仿佛沉湎历史的一叶小舟正欲划向远方，体现了跨湖桥文化的精髓——人与自然的互动美景。跨湖桥博物馆和跨湖桥文化遗址发现的中国最早的独木舟如图 2 - 2 所示。

图 2 - 2 跨湖桥博物馆和跨湖桥文化遗址发现的中国最早的独木舟

1990 年至今，跨湖桥遗址经过三次发掘，出土了大量的陶器、骨器、木器、石器，以及人工栽培水稻等文物，经测定，其年代在距今 7000～8000 年。由于跨湖桥遗址的文化面貌非常独特新颖，被评为“2001 年度全国十大考古新发现”。2003 年 5 月，在湘湖的下孙自然村又发现了与跨湖桥文化同类型的遗址——下孙遗址。

三、古丝绸之路

古丝绸之路，简称“丝路”，是指西汉期间，由张骞出使西域开辟的以长安（今陕西西安）为起点，经甘肃、新疆，到中亚、西亚，并联结地中海各国的陆上通道。因为由这条路西运的货物中以丝绸制品的影响最大，故得名丝绸之路。丝绸之路的基本走向定于两汉时期，包括南道、中道、北道三条路线。

丝绸之路是一条具有深远历史意义的国际通道，是连接中国和西方世界的第一座桥梁。通过这条古道，把古老的中国文化、印度文化、波斯文化、阿拉伯文化和古希腊、古罗马文化连接起来，促进了东西方文明的交流。正是通过这条道路，西方的葡萄、核桃（胡桃）、石榴、苜蓿、香料、药材、胡椒、宝石、玻璃、象牙、骏马、狮子，以及音乐、舞蹈、天文历法和基督教、佛教、伊斯兰教等文化，大量传入中国。

同时，中国的丝绸、漆器、竹器、铜铁、火药、金银器、瓷器、桃、梨，以及造纸、打井、炼铜、兴修农田水利和制造火药的技术，也经由这一路线传往西方。

第二节 物流科学的产生和发展

物流科学是一门综合性、应用性、系统性和拓展性很强的科学。20 世纪 70 年代以来，物流科学在世界范围内受到广泛重视并迅速发展。物流学是研究物料流、人员流、信息流和能量流的计划、调节和控制的科学。德国的 R. 尤尼曼提出："物流学（Logistics）是研究对系统（企业、地区、国家、国际）的物料流（material flow）及有关的信息流（information flow）进行规划与管理的科学理论"。物流学是研究生产、流通和消费领域中的物流活动过程及其规律，寻求创造最大时间和空间效益的科学。

物流科学的研究对象主要是物的动态流转过程、物流系统及贯穿流通领域和生产领域的一切物料流及其有关的信息流。物流学的重要性如图 2 - 3 所示。

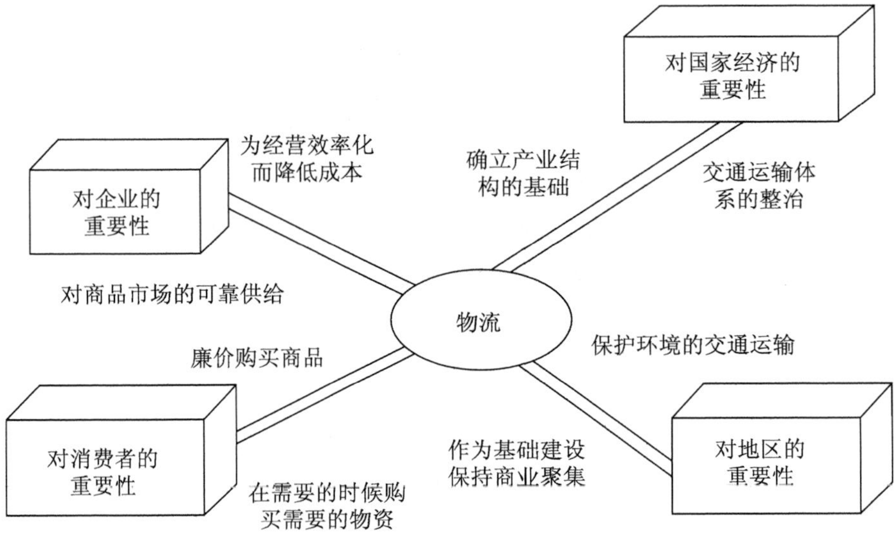

图 2 - 3 物流学的重要性

一、物流科学的发展阶段

1. 早期阶段

（1）1901 年，约翰·格鲁威尔在《农产品流通产业委员会报告》中讨论了农产品流通方面的问题，从理论上开始了对物流的认识。

（2）1915 年，阿奇·萧在《市场流通中的若干问题》一书中就提到物流一词。当时西方有些国家已经出现生产大量过剩，需求严重不足的经济危机，企业因此提出了销售和物流的问题，这时的物流指的是在销售过程中的物流。

（3）20 世纪 20 年代，美国著名的营销专家斐莱德·克拉克在《市场营销的原则》一书中真正把物流活动提升到理论高度进行讨论与研究，Physical Distribution 一词也与物流联系起来。

（4）1935 年，美国销售协会对物流进行了进一步的阐述："物流是包含于销售之中的物质资料和服务在从生产场所到消费场所的流动过程中所伴随的种种经济活动"。

2. 萌芽阶段

（1）在第二次世界大战期间，物流对于盟军的胜利起到了关键的作用，在当时被称为后勤管理（Logistics Management）。

（2）第二次世界大战后，Logistics 的运作方法及理念在企业中广泛采用，进而有商业后勤，流通后勤的提法，这时的后勤包含了生产过程和流通过程中的物流，因而是一个范围更广的物流概念。

3. 综合物流阶段

（1）1962 年，著名管理大师彼德·德鲁克（Peter Druker）在《财富》杂志上发表了题为《经济领域的黑暗大陆》的文章，这篇文章首次提出物流领域的潜力，具有划时代的意义，使企业的决策者对物流的认识也得到了提高，并开始把寻求成本优势和差别化优势的视角转向物流领域，物流成为了企业的"第三利润源"。从此，对企业物流管理领域的研究正式启动。不久，人们又认识到原材料这段物流也同样存在巨大利润节约潜力，并且产品物流与原材料物流可以综合起来，自此大大改进了对物流系统的管理。

（2）日本是在 20 世纪五六十年代引入"物流"这一名称的，全面推动了日本生产经营管理的发展。物流革新思想不仅渗透到了产业界，同时还渗透到了整个日本社会。到了 20 世纪 70 年代，日本物流的发展进入了世界领先行列。

（3）1985 年美国物流管理协会正式将 National Council of Physical Distribution Management 更名为 Council of Logistics Management，标志着现代物流理念的确立。与此同时，随着科学技术的发展、政策的放开、竞争的加剧，现代物流管理思想进一步发展，一体化物流管理的思想逐步形成。

4. 供应链管理阶段

20 世纪 90 年代，美国提出了供应链管理的概念，物流管理逐渐扩大到整个供应链范围。供应链管理是一个将交易关联的企业整合进来的系统，即将供应商、制造商、批发商、零售商和顾客等所有供应链上的关联企业和消费者作为一个整体看待的系统结构。基于供应链的、顺利运行的物流管理使物流业为产品的实物空间位移提供时间和服务质量的保证，从而使物流管理进入了更为高级的阶段。

二、互联网时代物流的特点

互联网时代的到来，使得信息的传播、交流发生了巨大的变化。信息是物流系统的灵魂，互联网技术所推动的信息革命使得物流现代化的发展产生了巨大的飞跃、物流信息化受到空前的重视。物流信息化表现为物流信息的商品化、物流信息收集的数据库化和代码化、物流信息处理的电子化和计算机化、物流信息传递的标准化和实时化、物流信息存储的数字化等。没有物流的信息化，关于物流现代化的任何设想都不可能实现，信息技术及计算机技术在物流中的应用越来越为普遍，物流信息化也是电子商务发展的必然要求。

我国有远见的物流企业都在积极关注互联网技术的发展，积极开发或引进多功能物流信息平台，以求把本企业的业务活动提高到新的水平，并且尽快地融入不断一体化发展的全球物流网络。

互联网时代物流呈现出以下特点。

1. 经营全球化

由于电子商务的出现，加速了全球经济的一体化，致使企业的发展趋向多国化、全球化的模式。

面对全球化竞争更加激烈的趋势，企业的战略对策之一是专注于自己所擅长的经营领域，力争在核心技术方面领先；而本企业不擅长的业务则分离出去，委托给在该领域有特长的、可信赖的合作伙伴。这种趋势为现在第三方物流、第四方物流的发展创造了条件。

这一方面最著名的例子是DELL计算机公司的经营模式，他们只做订货与最终组装，而将零部件的制造和物流系统运作委托给合作伙伴，通过供应链的管理与重组，有效地降低了库存、缩短了生产周期，大大地提高了竞争力。耐克公司也有类似的方法，没有制鞋厂，只做经营与产品设计。又如运输公司把烦琐的收费业务委托给卡片公司去管理等。

企业注重核心技术的趋势使物流业务从生产企业分离，为物流企业带来良好发展机遇；物流企业也必须精心发展自己的业务、提高服务水平，确实保证委托方的利益并建立本企业的信誉。

现在，世界五百强企业已有400多家进入中国市场，今后必将有更多的跨国公司、大企业进入中国的制造业和流通业。进入 WTO 以后，由于和世界经济接轨，中国经济现代化的速度不断加快，对物流业的发展将起到有力的推动作用。许多跨国物流公司为了在中国这个世界未来最大的市场中占领一席之地，已在中国建立办事处或建立了合资企业，这将给中国物流企业的发展带来威胁，但也将加速中国地区物流网络的全球化进程。

2. 系统网络化

物流的网络化是电子商务时代物流活动的主要特征之一。当今世界全球信息资源的共享及网络技术的普及为物流的网络化提供了良好的支持，物流网络化必将迅速发展。

完善的物流网络是现代高效物流系统的基础条件。今后数年，全国性物流系统的基础建设如大型物流中心的建设将会有较快发展，现代化的物流配送系统亦将逐步成熟。

3. 供应链的简约化

供应链是指将产品或服务提供给消费者活动全过程的上、下游企业所构成的网络。无数的供应链构成了极为复杂的社会经济网络体系。在同一供应链中的所有企业都需要上游企业供应原材料或货品，同时也不断地向下游企业供应自己的产品，形成了递阶式的体系，因此这些企业之间具有相互依存的关系。因此市场竞争实际上不是供应链内部上下游企业之间的竞争，而是一个供应链与另一个供应链之间的竞争。

互联网技术为供应链所有环节提供了强大的信息支持，生产者、最终消费者和中间经营者都能够及时地了解供应链的全部动态，也就是说供应链具有了更好的透明度。在供应链中，任何多余的环节、任何不合理的流程与作业都能被及时发现。特别是由于互联网提供的信息支持，供应链中原有的多余环节将被消除。因此，供应链将变得更为紧凑，供应链的这种变化将直接影响到企业的经营与发展战略。

4. 企业规模化

由于在电子商务时代，物流的小批量、多品种以及快速性的特征更为显著，因此配送的难度越来越大，必须达到一定规模才能产生相应的经济效益。为了更快地在规模效益方面领先，企业的兼并、联合趋势加强。当然，在选择合伙人时，弱者将被淘汰出局，从而形成强强联合。企业必须依靠自己先进的经营模式、高质量的服务和强大的实施能力为依托，寻求合适的合作伙伴。与此同时，这类企业也可能有条件被其他优秀的企业选为合作伙伴，在联合中不断得到发展。

中国企业面临的竞争来自内外两方面，物流企业也是如此。一些新型物流公司大多规模偏小。它们需要在竞争中求联合，依据双赢战略选择战略伙伴，以图结成联盟创造规模效益。可以预见，物流企业的强强联合趋势将加强，我国现代化超大型物流企业将出现在社会经济舞台上。

5. 服务一体化

由于物流系统的复杂化和客户对物流服务水平的要求越来越高，第三方物流的发展有了广阔的市场。物流是服务行业，服务水平是竞争力的最重要因素。第三方物流业者最时髦的口号是“提供一体式物流服务”，把用户的物流业务从规划设计到运行管理全部承担下来。在保证成本的条件下，使客户拥有一个高效、通畅的物流体系。

在供应链急剧变化的时代，第三方物流业通过增值服务扩大营业额也是重要的发展手段。加强增值服务是今后物流业发展的一个重要方向，其目的不仅是降低成本，更重要的是提供用户期望以外的增值服务，如配货、配送和各种提高附加值的流通加工服务项目，以及其他按客户的需要提供的服务。

增值服务的内容除一般的装配、改包装之外，还在于范围不断扩大、有特色的增值服务。如德国 FIEGE 公司对服装进行配送，在送达最终用户之前把衣服熨好、进行商业包装或悬挂在衣架上送达商店；又如生产吉他的 FENDER 国际公司委托 UPS 公司对其配送系统进行集约化和系统化整合，UPS 的增值服务可为吉他调好音。

范围扩大的增值服务不仅仅是增加了物流企业的收入，更重要的是由于承担了上游企业和下游企业所分离出来的业务，使自己成为供应链中不可缺少的组成部分，从而稳定了客户群。

在引进国外信息技术和管理模式的基础上，我国的第三方物流服务产业发展速度也将有较大幅度的增长，各种增值服务也将成为第三方物流服务的重要组成内容。

三、物流学科的性质

根据物流学科的研究对象、研究内容可以看出，物流学科属于经济学、管理学、工学和理学等学科互相交叉的新兴学科。此外，物流学科还与其他学科密切相关，如哲学、法学等。就学科整体而言，不能轻率地说物流学科主要属于哪一种。研究侧重点一旦变化，物流学科属性就可能发生变化。

物流学科主要研究物流资源配置优化，物流市场的供给与需求，政府对物流的管理，物流的发展与增长等问题，解决这些问题就是经济学理论在物流中的具体应用。企业的物流系统规划与设计，物流业务的具体运作，物流过程的控制，物流效益的考核及评估等都是管理手段，需要管理学理论的指导。物流系统的分析、设计、建设和管理都涉及大量的工程和技术，因此它涉及工学类的许多专业，如机械、建筑、电子、信息、材料和交通运输等。物流的流体是商品，各种商品的物理、化学和生物特征不完全相同，商品的检验、养护、鉴定和流通加工等作业环节都需要诸如数学、物理和化学等专业的指导。因此，物流学科从宏观管理层面，主要属性是经济学；从企业管理层面，主要属性是管理学；从运作层面，主要属性是工学；从物品管理层面，主要属性是理学。

物流学科的性质，可以从以下几方面加深理解。

（1）物流学科是综合性交叉学科，涉及自然科学、社会科学和工程技术科学，涉及生产、流通和消费领域，我国国民经济的许多部门。物流学科可以看作是管理学科的一个分支，尽管物流学涉及许多工程技术，但也可看作是软科学。

物流科学是融汇了技术科学和经济科学的综合科学，其内容包括相当广泛，如系统科学、管理科学、环境科学、流通科学、运输科学、仓储科学、营销科学、再生科学以及机械、电子等方面的专门技术。物流科学是现代大生产、大流通的必然产物。

（2）物流学科属于应用科学的范畴，其实践性和应用性比较强，其研究大多数是相关学科的研究成果在物流领域中的应用。

（3）物流学科具有系统科学的特征。系统性是物流学的最基本特征，物流科学产生的基础就是发现了各物流环节之间存在着相互关联、相互制约的关系，证明他们是作为统一的有机整体的一部分存在的，这个体系就是物流系统。

四、现代物流的发展趋势

随着全球经济一体化进程的加快，企业面临着尤为激烈的竞争环境，资源在全球范围内的流动和配置大大加强，世界各国更加重视物流发展对于本国经济发展、民生素质和军事实力增强的影响，更加重视物流的现代化，从而使现代物流呈现出一系列新的发展趋势。根据国内外物流发展的新情况，未来物流的发展趋势可以归纳为信息化、网络化、自动化、电子化、共享化、协同化、集成化、智能化、移动化、标准化、柔性化、社会化和全球化。

1. 信息化

现代社会已步入了信息时代，物流信息化是社会信息化的必然要求和重要组成部分。物流信息化表现在：物流信息的商品化，物流信息收集的代码化和商业智能化，物流信息处理的电子化和计算机化，物流信息传递的标准化和实时化，物流信息存贮的数字化和物流业务数据的共享化等。它是现代物流发展的基础，没有信息化，任何先进的技术装备都无法顺畅地使用，信息技术的应用将会彻底改变世界物流的面貌，更多新的信息技术在未来物流作业中将得到普遍采用。

信息化促进了物流功能的改变，使得那些在工业社会里的产品生产中心、商业贸易中心发挥的主导功能发生了转变。传统的物流业以物为对象，聚散的是物；而信息社会是以信息为对象。物流不再仅仅传输产品，同时也在传输信息，例如物流中心的集散功能除针对实物之外，还要完成对各种信息的采集和传输，各种信息被聚集在那里，经过加工、处理、使用，再传播出去供社会使用。总之，信息社会使物流的功能更强大，并形成了对社会经济的综合服务。

2. 网络化

网络化是指物流系统的组织网络和信息网络体系。从组织上来讲，它是供应链成员间的物理联系和业务体系，国际电信联盟（ITU）将射频识别技术（RFID）、传感器技术、纳米技术、智能嵌入技术等列为物联网的关键技术，这种物联网的应用过程需要有高效的物流网络支持。而信息网络是供应链上企业之间的业务运作通过互联网实现信息的传递和共享，并运用电子方式完成操作。例如配送中心向供应商发放订单就可以利用网上的电子订货系统来实现，对下游分销商的送货通知也可通过网上的分销系统，甚至是移动手持设备来实现，等等。

3. 自动化

物流自动化的基础是信息化，核心是机电一体化，其外在表现是无人化，效果是省力化。此外，它还能扩大物流能力、提高劳动生产率、减少物流作业的差错等。物流自动化的技术很多，如射频自动识别、自动化立体仓库、自动存取、自动分拣、自动导向、自动定位和货物自动跟踪等技术。这些技术在经济发达国家已普遍用于物流作业中，在我国，虽然某些技术已被采用，但达到普遍应用的程度还需要相当长的时间。

4. 电子化

电子化是指物流作业中的电子商务。它也是以信息化和网络化为基础。具体表现为：业务流程的步骤实现电子化和无纸化；商务流通的货币实现数字化和电子化；交易商品实现符号化和数字化；业务处理实现全程自动化和透明化；交易场所和市场空间实现虚拟化；消费行为实现个性化；企业或供应链之间实现无边界化；市场结构实现网络化和全球化，等等。物流作为电子商务发展关键性因素之一，是商流、信息流和资金流的基础与载体。电子化使得跨国物流更加频繁，使客户对物流的需求更加强烈。

5. 共享化

供应链管理强调链上成员的协作和社会整体资源的高效利用，以最优的资源最大化地满足整体市场的需求。企业只有在建立共赢伙伴关系的基础上，才能实现业务过程间的高度协作和资源的高效利用，通过资源、信息、技术、知识、业务流程等的共享，才能实现社会资源优化配置和物流业务的优势互补，快速对市场需求作出反应。近年来，一些新型的供应链管理策略，如 VMI、JIT II、CPFR、第四方物流、RSP 与 DI 等都实现了信息、技术、知识、客户和市场等资源的共享化。

6. 协同化

市场需求的瞬息万变、竞争环境的日益激烈都要求企业具有与上下游进行实时业务沟通的协同能力。企业不仅要及时掌握客户的需求，更快地响应、跟踪和满足需求，还要使供应商对自己的需求具有可预见能力，并能把握好供应商的供应能力，使其能为自己提供更好的供给。为了实现物流协同化，合作伙伴需要共享业务信息、集成业务流程，共同进行预测、计划、执行和绩效评估等业务。而只有企业间真正实现了全方位的协同，才能使物流作业的响应速度更快、预见性更好、抵御风险能力更强，降低成本并增加效益。

7. 集成化

物流业务是由多个成员与环节组成的，全球化和协同化的物流运作要求物流业中成员之间的业务衔接更加紧密，因此要对业务信息进行高度集成，实现供应链的整体化和集成化运作，缩短供应链的相对长度，使物流作业更流畅、更高效、更快速，更加接近客户需求。集成化的基础是业务流程的优化和信息系统的集成，二者都需要有完善的信息系统支持，实现系统、信息、业务、流程和资源等要素的集成。同时，集成化也是共享化和协同化的基础，没有集成化，就无法实现共享化和协同化。

8. 智能化

智能化是自动化、信息化的一种高层次应用。物流涉及大量的运筹和决策，例如物流网络的设计优化、运输（搬运）路径和每次运输装载量的选择，多货物的拼装优化、运输工具的排程和调度、库存水平的确定与补货策略的选择、有限资源的调配、配送策略的选择等优化处理，都需要借助智能的优化工具来解决。近年来，专家系统、人工智能、仿真学、运筹学、商务智能、数据挖掘和机器人等相关技术已经有比较成熟的研究成果，并在实际物流业中得到了较好的应用，使智能化已经成为物流发展的一个新趋势，智能化还是实现物联网优化运作的一个不可缺少的前提条件。

9. 移动化

移动化是指物流业务的信息与业务的处理移动化。它是现代移动信息技术发展的必然选择。由于物流作业更多地体现在载体与载物的移动，除了暂时静态的存储环节外全都处于移动状态，因此移动化对物流业具有更加重要和深远的意义。应用现代移动信息技术（通信、计算机、互联网、GPS、GIS、RFID、传感、智能等技术）能够在物流作业中实现移动数据采集、移动信息传输、移动办公、移动跟踪、移动查询、移动业务处理、移动沟通、移动导航控制、移动检测、移动支付、移动服务等，并将这些业务与物体形成闭环的网络系统，在真正意义上实现物联网。它不仅使物流作业降低成本、加速响应、提高效率、增加盈利，而且还使其更加环保、节能和安全。

10. 标准化

标准化是现代物流技术的一个显著特征和发展趋势，也是实现现代物流的根本保证。货物的运输配送、存储保管、装卸搬运、分类包装、流通加工等作业与信息技术的应用，都要求有科学的标准。例如，物流设施、设备及商品包装、信息传输等环节的标准化。只有实现了物流系统各个环节的标准化，才能真正实现物流技术的信息化、自动化、网络化、智能化。特别是在经济贸易全球化的新世纪中，如果没有标准化，就无法实现高效的全球化物流运作，这将阻碍经济全球化的发展进程。

11. 柔性化

柔性化是 20 世纪 90 年代由生产领域提出来的，为了更好地满足消费者的个性化需求，实现多品种、小批量以及灵活易变的生产方式，国际制造业推出柔性制造系统 FMS（Flexible Manufacturing System），实行柔性化生产。随后，柔性化又扩展到了流通领域，根据供应链末端市场的需求组织生产和安排物流活动。物流作业的柔性化是生产领域柔性化的进一步延伸，它可以帮助物流企业更好地适应消费需求的“多品种、小批量、多批次、短周期”趋势，灵活地组织和完成物流作业，为客户提供定制化的物流服务来满足他们的个性化需求。

12. 社会化

物流社会化也是今后物流发展的方向，其最明显的趋势就是物流业出现第三方和第四方物流服务方式。它一方面是为了满足企业物流活动社会化要求所形成的，另一方面又为企业的物流活动提供了社会保障。而第三方、第四方乃至未来发展可能出现的更多服务方式是物流业发展的必然产物，是物流过程产业化和专业化的一种形式。人们推断下阶段的物流将向虚拟物流和第 N 方物流发展，物流管理和其他服务也将逐渐被外包出去。这将使物流业告别“小而全、大而全”的纵向一体化运作模式，转变为新型的横向一体化的物流运作模式。

13. 全球化

为了实现资源和商品在国际间的高效流动与交换，促进区域经济的发展和满足全球资源优化配置的要求，物流运作必须要向全球化的方向发展。在全球化趋势下，物流的目标是为国际贸易和跨国经营提供服务，选择最佳的方式与路径，以最低的费用和最小的风险，保质、保量、准时地将货物从某国的供方运到另一国的需方，使各国物流系统相互“接轨”，它代表物流发展的更高阶段。

我国企业正面临着国内、国际市场更加激烈的竞争，面对资源在全球范围内的流动和配置大大加强，越来越多的外国公司加速进入中国市场，同时一大批中国企业也将真正融入全球产业链中，加剧了中国企业在本土和国际范围内与外商的竞争，这都将对我国的物流业提出更高的要求。在新的环境下，我国的企业必须把握好现代物流的发展趋势，运用先进的管理技术和信息技术，提高物流作业的管理能力和创新能力，提升自己的竞争力。

第三节 物流系统

物流系统（Logistics System）是由两个或两个以上的物流功能单元构成的，以完成物流服务为目的的有机集合体。也就是围绕满足特定物流服务需求，由物流服务需求方、物流服务提供方及其他相关机构形成的一个包含所需物流运作要素的网络。物流系统是“为有效地达成物流目的的一种机制”。

随着计算机科学和自动化技术的发展，物流管理系统也从简单的方式迅速向自动化管理演变，其主要标志是自动物流设备，如自动导引车（Automated Guided Vehicle，AGV）、自动存储提取系统（Automated Storage/Retrieve System，AS/RS）、空中单轨自动车（Rail Automated Vehicle，SKY—RAV）、堆垛机（stacker crane）等，以及计算机管理与物流控制系统。物流系统和企业物流系统如图 2-4 与图 2-5 所示。

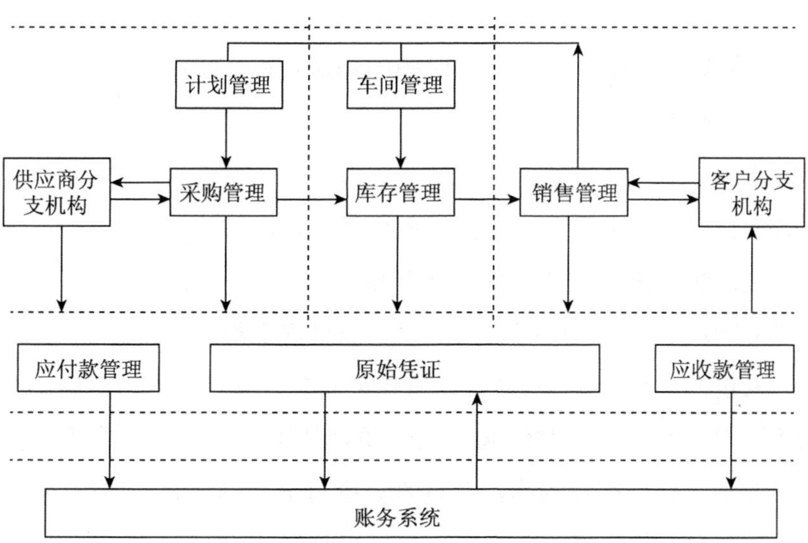

图 2-4 物流系统

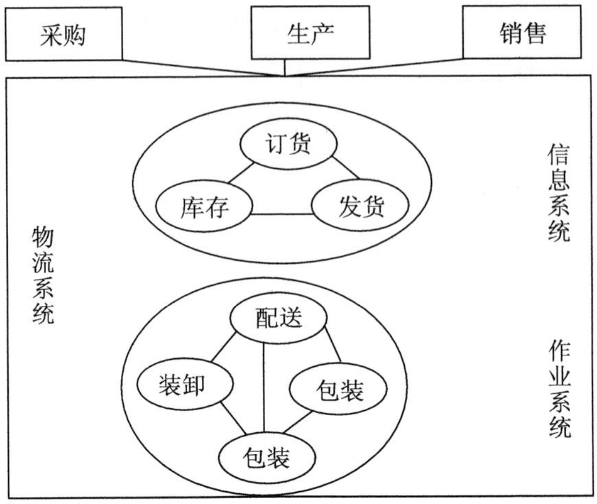

图 2-5　企业物流系统

为了物流系统能够提供更高效的物流服务，物流系统的构成包括物流作业系统和物流信息系统两个分系统。

物流作业系统的功能是：在运输、保管、搬运、包装和流通加工等作业中使用各种先进技术，并使生产据点、物流据点、配送路线和运输手段等要素网络化，以提高物流活动的效率。

物流信息系统的功能是：在保证订货、进货、库存、出货和配送等信息畅通的基础上，使通信据点、通信线路和通信手段网络化，以提高物流作业系统的效率。

一、物流系统的特征

物流系统具有以下四个基本特征：明确的物流目标、明确的物流资源、明确的物流组织、统一的系统设计。

1. 明确的物流目标

物流系统的目标必须明确。每个物流系统都有自己的不同目标，不存在两个完全一样的物流系统。物流需求构成了物流系统的业务内容，它由物流服务需求方提出，物流服务提供方同意，双方达成明确的协议。如果这个物流系统存在物流业务转包和分包的情况，发包方和承包方也应该围绕具体的转包或分包业务内容确定明确的目标。物流系统的主要目标在于追求时间和空间效益，具体包括：将商品按照规定的时间、数量送达到目的地；合理配置到物流集散地，维持适当的库存；实现装卸、保管、包装等物流作业的高效化和规范化；实现从下订单到交货全过程信息的顺畅流动；维持合适的物流成本等。

2. 明确的物流资源

物流系统必须具备明确的运作资源，并且供给要随着需求的变化而变化。物流系统需要的运作资源是物流系统的服务供给能力。物流系统是需求和供给双方形成的一个整体，虽然一个物流系统是在市场竞争中由供需双方按多边、三边、双边或单边治理模式建立起来的，需求应该是特定的，但事实上需求并不是恒定不变的。在买方市场情况下，需求的变化很快，即使需求不变，由谁来满足这个需求也是充满变数的，因此，供给必须跟随需求的变化而变化。

物流系统的资源主要指实际使用的资源。物流系统一般包括人力资源、财力资源、物力资源、信息资源等。物流系统的资源可被分为两类：可用的物流资源与实际使用的物流资源。

3. 明确的物流组织

物流系统靠物流组织将物流资源应用到日常的运作中，满足客户的物流服务需求。物流组织是物流系统运作的基础，物流服务需求方要求物流服务提供方建立固定的组织网络，物流服务提供方必须根据需要建立能够覆盖物流服务需求方市场的组织网络。根据服务客户数量的不同，物流服务提供方的组织网络有两种类型：一套网络服务于多个客户；一套网络服务于一个客户。一个特定的物流系统的物流组织必须包括两个方面：机构和管理。

（1）机构。根据客户需要确定物流组织网络的覆盖范围（需要在哪些城市设置分支机构为客户服务）、机构设置、人员配备、作业流程、作业标准等。

（2）管理。物流组织需要根据客户的特定物流需求进行物流系统总体设计、资源开发、业务外包、过程监控、系统集成、制定管理制度等。

4. 统一的系统设计

统一的物流系统设计是物流系统集成的依据。物流系统是人工系统，不是自动形成的，也不能自动形成，而需要经过设计和集成。物流系统的规划可以由不同的主体完成，物流服务需求方（货主）、物流服务提供方（物流公司）、专业咨询公司等都可以提出这样的规划。为了降低物流总成本、提高物流服务水平，物流服务需求方一般要统一规划和设计一定区域内的物流系统，然后，按照规划和设计，寻找第三方物流运作商进行具体的物流运作。

二、物流系统的模式

物流系统一般具有输入、处理（转化）、输出、限制（制约）和反馈等功能，其具体内容因物流系统的性质不同而有所区别。

1. 输入

输入包括原材料、设备、劳力、能源等。就是通过提供资源、能源、设备、劳力等手段对某一系统发生作用，统称为外部环境对物流系统的输入。

2. 处理（转化）

处理（转化）是指物流本身的转化过程。从输入到输出之间所进行的生产、供应、销售、服务等活动中的物流业务活动称为物流系统的处理或转化。具体内容有：物流设施设备的建设；物流业务活动，如运输、储存、包装、装卸、搬运等；信息处理及管理工作。

3. 输出

物流系统的输出是指物流系统与其本身所具有的各种手段和功能，对环境的输入进行各种处理后所提供的物流服务。具体内容有：产品位置与场所的转移；各种劳务，如合同的履行及其他服务等；能源与信息。

4. 限制（制约）

外部环境对物流系统施加一定的约束，称为外部环境对物流系统的限制和干扰。具体有：资源条件、能源限制、资金与生产能力的限制、价格影响、需求变化、仓库容量、装卸与运输的能力及政策的变化等。

5. 反馈

物流系统在把输入转化为输出的过程中，由于受系统各种因素的限制，不能按原计划实现，需要把输出结果返回给输入，进行调整，即使按原计划实现，也要把信息返回，以对工作作出评价，这称为信息反馈。信息反馈的活动包括：各种物流活动分析报告，各种统计报告数据，典型调查，国内外市场信息与有关动态等。物流系统的基本模式如图 2-6 所示。

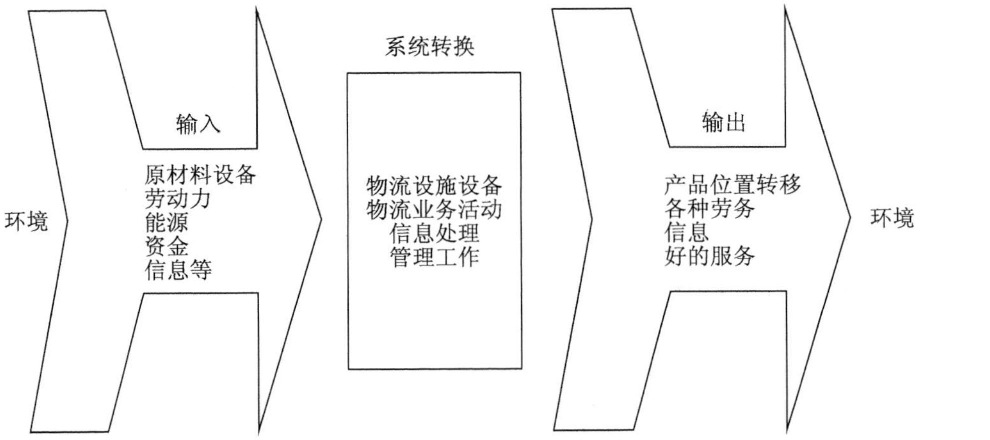

图 2-6　物流系统的基本模式

三、物流系统优化的 10 项基本原则

对于大多数的企业来说，物流系统优化是其降低供应链运营总成本的最有效的措施。但是，物流系统优化过程不仅要投入大量的资源，而且是一项需要付出巨大努力、克服困难和精心管理的过程。

美国领先的货运计划解决方案供应商 Velant 公司的总裁和 CEO 拉特利夫（Don Ratliff）博士集 30 余年为企业提供货运决策优化解决方案的经验，在美国物流管理协会（CLM）年会上提出了“物流优化的 10 项基本原则”，并认为通过物流决策和运营过程的优化，企业可以获得降低物流成本 10%～40%的商业机会。这种成本的节约必然会转化为企业投资回报率的提高。

1. 目标（Objectives）

设定的目标必须是定量的和可测评的。制定目标是确定我们预期愿望的一种方法，要优化某个事情或过程，就必须确定怎样才能知道目标对象已经被优化了。使用定量的目标，计算机就可以判断一个物流计划是否比另一个更好。企业管理层就可以知道优化的过程是否能够提供一个可接受的投资回报率（Return On Investment）。

2. 模型（Models）

模型必须如实地反映实际的物流过程。建立模型是把物流运营要求和限制条件翻译成计算机能够理解和处理的某种东西的方法。例如，我们需要一个模型来反映货物是如何通过组合装上卡车的。一个非常简单的模型，不能充分地反映实际的物流情况。如果使用简单的重量或体积模型，许多计算机认为合适的载荷将无法实际装车，而实际上更好的装载方案会由于计算机认为不合适而被放弃。所以，如果模型不能如实地反映装载的过程，则由优化系统给出的装车解决方案要么无法实际执行，要么在经济上不合算。

3. 数据（Data）

数据必须准确、及时和全面。数据驱动了物流系统的优化过程，如果数据不准确，或有关数据不能够及时地输入系统优化模型，则由此产生的物流方案就是值得怀疑的。对必须产生可操作的物流方案的物流优化过程来说，数据也必须全面和充分。例如，如果卡车的体积限制了载荷的话，使用每次发货的重量数据就是不充分的。

4. 集成（Integration）

系统集成必须全面支持数据的自动传递。因为对物流系统优化来说，要同时考虑大量的数据，所以，系统的集成是非常重要的。比如，要优化每天从仓库向门店送货的过程就需要考虑订货、客户、卡车、驾驶员和道路条件等数据。人工输入数据的方

法，哪怕是只输入很少量的数据，也会由于太花时间和太容易出错而不能对系统优化形成支持。

5. 表述（Delivery）

系统优化方案必须以一种便于执行、管理和控制的形式来表述。由物流优化技术给出的解决方案，除非现场操作人员能够执行，管理人员能够确认预期的投资回报已经实现，否则就是不成功的。现场操作要求指令简单明了，要容易理解和执行。管理人员则要求有关优化方案及其实施效果在时间和资产利用等方面的关键标杆信息更综合、更集中。

6. 算法（Algorithms）

算法必须灵活地利用独特的问题结构。不同物流优化技术之间最大的差别就在于算法的不同（借助于计算机的过程处理方法通常能够找到最佳物流方案）。关于物流问题的一个无可辩驳的事实是每一种物流优化技术都具有某种特点。为了在合理的时间段内给出物流优化解决方案就必须借助于优化的算法来进一步开发优化技术。因此，关键的问题是：①这些不同物流优化技术的特定的问题结构必须被每一个设计物流优化系统的分析人员认可和理解；②所使用的优化算法应该具有某种弹性，使得它们能够被“调整”到可以利用这些特定问题结构的状态。物流优化问题存在着大量的可能解决方案（如对于 40 票零担货运的发货来说，存在着 1 万亿种可能的装载组合）。如果不能充分利用特定的问题结构来计算，则意味着要么算法将根据某些不可靠的近似计算给出一个方案，要么就是计算的时间极长（也许是无限长）。

7. 计算（Computing）

计算平台必须具有足够的容量在可接受的时间段内给出优化方案。因为任何一个现实的物流问题都存在着大量可能的解决方案，所以，任何一个具有一定规模的问题都需要相当的计算能力支持。这样的计算能力应该使得优化技术既能够找到最佳物流方案，也能够在合理的时间内给出最佳方案。显然，对在日常执行环境中运行的优化技术来说，它必须在几分钟或几小时内给出物流优化方案（而不是花几天的计算时间）。采取动用众多计算机同时计算的强大的集群服务和并行结构的优化算法，可以比使用单体 PC 机或基于工作站技术的算法更快地给出更好的物流优化解决方案。

8. 人员（People）

负责物流系统优化的人员必须具备支持建模、数据收集和优化方案所需的领导和技术专长。优化技术是“火箭科学”，希望火箭发射后能够良好地运行而没有“火箭科学家”来保持它的状态是不可能的。这些专家必须确保数据和模型的正确，必须确保技术系统在按照设计的状态工作。现实的情况是，如果缺乏具有适当技术专长和领导经验的人的组织管理，复杂的数据模型和软件系统要正常运行并获得必要的支持是不可能的。没有他们大量的工作，物流优化系统就难以达到预期的目标。

9. 过程（Process）

商务过程必须支持优化并具有持续的改进能力。物流优化需要应对大量的在运营过程中出现的问题。物流目标、规则和过程的改变是系统的常态。所以，不仅要求系统化的数据监测方法、模型结构和算法等能够适应变化，而且要求他们能够捕捉机遇并促使系统变革。如果不能在实际的商务运行过程中对物流优化技术实施监测、支持和持续的改进，就必然导致优化技术的潜力不能充分地发挥，或者只能使其成为“摆设”。

10. 回报（ROI）

投资回报必须是可以证实的，必须考虑技术、人员和操作的总成本。要证实物流系统优化的投资回报率，必须把握两件事情：一是准确地估计全部的优化成本；二是将优化技术给出的解决方案逐条与标杆替代方案进行比较。

在计算成本的时候，企业对使用物流优化技术的运营成本存在着一定程度的低估现象，尤其是在企业购买的是“供业余爱好者自己开发使用”的基于 PC 的软件包的情况下。这时要求企业拥有一支训练有素的使用者团队和开发支持人员在实际运行的过程中调试技术系统。在这种情况下，有效使用物流优化技术的实际年度运营成本极少有低于技术采购初始成本的现象（如软件使用许可费、工具费等）。如果物流优化解决方案的总成本在第二年是下降的，则很可能该解决方案的质量也会成比例的下降。

在计算回报的时候，要确定物流优化技术系统的使用效果，必须做三件事：一是在实施优化方案之前根据关键绩效指标（Key Performance Indicators）测定基准状态；二是将实施物流优化技术解决方案以后的结果与基准状态进行比较；三是对物流优化技术系统的绩效进行定期的评审。

要准确地计算投资回报率必须采用良好的方法来确定基准状态，必须对所投入的技术和人力成本有透彻的了解，必须测评实际改进的程度，还必须持续地监测系统的行为绩效。但是，因为绩效数据很少直接可得，而且监测过程需要不间断的实施，所以，几乎没有哪个公司能够真正了解其物流优化解决方案的实际效果。

第四节　现代物流学的研究对象和内容

一、现代物流学的研究对象

现代物流学的研究对象是物流系统。物流系统包括的元素很多，要素只是其中重要的部分。如果把物流作为一种具有经济目的的“流”来分析，则可以发现这个“流”必须同时具备一些重要的组成元素，这就是物流的流动要素。流动要素是物流系统的组成部分，一个组成部分可以从多个侧面来分析，只要分析的角度不同就会出现不同的要素组合，因此物流系统还有其他的要素组合。比如，从物流经济的角度分析，物流系统有资源要素；从物流网络的角度分析，物流系统有网络要素；从物流系统的功能角度分析，有物流功能要素。

1. 物流系统的流动要素

从物流学角度看，物流作为“流”，与电流、水流、气流应有很多相似的特征。在经济领域，物流作为“流”，与信息流、商流、资金流有更加密切的联系和更加相似的特征，因为这四种流都是供应链的组成部分，并且相互影响、相互作用，不可分割。

根据物流的特征，从“流”的角度看，任何物流系统、任何一个具体的物流业务可以分解为 7 个流动要素，即流体、载体、流向、流量、流程、流速和流效。这种分类将物流的具体特征抽象化，不管是什么流体、载体，也不管是由什么机构组织物流，都可以按照这七个方面对它们进行分析、归纳。

（1）流体（Object of Flow），流体指物流的对象，即物流中的“物”，一般它指物质实体，有时也指无形对象，如服务和信息，以及军队运输中的“人”。

流体具有自然属性和社会属性。自然属性是指其物理、化学、生物的属性，物流的任务之一是保护好流体，使其自然属性不受损坏，因而需要对流体进行检验、养护，在物流过程中需要根据物质实体的自然属性合理安排运输、保管、装卸等物流作业。社会属性是指流体所体现的价值属性，以及生产者、采购者、物流作业者与销售者之间的各种关系，有些关系国计民生的重要商品作为物流的流体还肩负着国家宏观调控的重要使命，因此在物流过程中需要保护流体的社会属性不受任何影响。

流体的价值特性可用价值密度来反映。流体的价值密度是指单位流体所含的价值，其中，单位流体可以根据需要区分为单位重量（如每吨）、单位体积（如每立方米）、单位数量（如每个）；价值可以是出厂价，也可以是销售价，一般以商品出厂价作为计算价值的基准，按重量、体积和数量分别计算出商品的重量价值密度、体积价值密度和数量价值密度，其中数量价值密度就是单价。

（2）载体（Carrier），即承载“物”的设备，指流体借以流动的设施和设备，如汽车、道路等。载体分成设施和设备两类。

设施（Infrastructure）指铁路、公路、水路、港口、车站、机场等基础设施，它们大多是固定的、需要高额投资的、使用年限较长的，同时对物流的发展也是战略性的。

设备（Equipment）指以设施为基础，直接承载并运送流体的车辆、船舶、飞机、装卸搬运设备等，它们大多可以移动，使用年限相对较短，而且必须依附于固定设施才能发挥作用。

物流载体的状况，尤其是物流基础设施直接决定物流的质量、效率和效益，也决定着物流系统中物流网络的形成与运行，基础设施的建设情况非常影响物流的发展。

（3）流向（Direction of Flow），流向指流体从起点到终点的流动方向，即“物”转移的方向。物流是矢量，流向有两类，即正向和反向。

起点是供应链的上游，终点是同一供应链的下游或者是沿着下游的方向的流向就是“正向物流”。正向是物流的主要流向，从流向的计划性角度分类可以将流向分为以下四种。

①自然流向。指由自然资源分布、工厂布局、产销关系等因素所决定的商品的流向。这表明一种自然的客观需要，即商品要从资源富有地流向资源贫瘠地、由产地流向销地。

②计划流向。根据流体经营者的商品经营计划而形成的商品流向，即商品从供应地流向需要地。

③市场流向。指根据市场供求规律由市场确定的商品流向。

④实际流向。指在物流过程中实际发生的流向。

起点是供应链的下游，终点是同一供应链的上游或者是沿着上游的方向的流向就是“反向物流”。根据反向物流的目的和原因可将其分成以下几类：①发货错误；②收货错误；③贸易壁垒；④用户退货；⑤商品维修；⑥产品召回；⑦库存改制；⑧包装回收；⑨废物处理；⑩托盘周转；⑪车辆回空。以上各种原因都可导致反向物流，是不可避免的。

通过对流向的研究，准确掌握流向的变化规律，合理配置物流资源、合理规划物流流向，从而达到降低物流成本、加快物流速度的目的。

（4）流量（Amount of Flow），流量指通过载体的流体在一定流向上的数量表现，即物流的数量表现，或物流的数量、重量和体积。流量与流向是不可分割的，每一种流向都有一种流量与之对应。因此，流量的分类可参照流向的分类，分为四种，即自然流量、计划流量、市场流量和实际流量。另外，根据流量本身的特点，可以将流量具体分为两类：第一类是实际流量，即实际发生的物流流量。又可分为以下几种：①按照流体统计的流量；②按照载体统计的流量；③按照流向统计的流量；④按照发运人统计的流量；⑤按照承运人统计的流量。第二类是理论流量，即从物流系统合理化角度来看应该发生的物流流量，也可按照与实际流量相对应的五个方面来分类。

从物流管理角度来看，理想状况的物流应该是在所有流向上的流量都均匀分布，这样，物流资源利用率最高，组织管理最容易。

(5) 流程 (Distance of Flow)，流程指通过载体的流体在一定流向上行驶路径的数量表现，即物流路径的数量表现，亦称物流经过的里程。

流程与流向、流量一起构成了物流向量的三个数量特征，流程与流量的乘积还是物流的重要量纲，比如吨千米。流程的分类与流向和流量的分类基本类似，这里不再赘述。

(6) 流速 (Speed of Flow)，流速是指单位时间流体转移的空间的距离，即流体流动的速度。流速由两部分决定，一是流体转移的空间距离，即流程；二是进行这种转移所用的时间。流速就是流程除以时间所得到的值。流体在转移过程中总是处于两种状态：一为运输过程中，二为储存过程中，流速衡量的就是这两种状况。由于第二种状态需要花费时间，但是并不发生空间转移，因此，第二种状态的存在是导致流速降低的原因，而第一种状态采用的具体运作方式（比如不同的运输工具、不同运输网络布局、不同的装卸搬运方式和工具等）也会对单位时间内流体转移的空间距离产生影响。因此，要提高物流的速度，就必须从决定流速的两个方面着手进行合理规划。

(7) 流效 (Effectiveness and Efficiency of Flow)，流效即物流的效率 (Efficiency) 和效益 (Effectiveness)，即流体流动的效率和效益、成本与服务等。

物流效率是指单位人力、资本、时间等要素的投入所完成的物流量的大小。可用物流的反应速度、订货处理周期 (Order Cycle Time)、劳动生产率、物流集成度、物流组织化程度、第三方物流的比重等一系列定量和定性指标来衡量。物流效益是指单位人力、资本、时间等要素的投入所完成的物流收益的大小。可用成本、收益、服务水平等定量和定性指标来衡量。物流效率和效益的高低与物流系统的集成、物流设施设备、物流技术、物流组织、物流管理、物流运作状况等众多因素有密切关系。

物流系统的7个流动要素之间存在着一定的联系。流体的自然属性决定了载体的类型和规模，流体的社会属性决定了流向和流量，载体对流向和流量有制约作用，载体的状况对流体的自然属性和社会属性均会产生影响，流体、载体、流向、流量、流程等决定流速，其他物流六要素的具体运作决定了流效。

流体、载体、流向、流量、流程、流速更多地考核物流的“自然属性”，包括设施设备的要素、技术的要素等；流效则更多地考核物流的“社会属性”，包括人的要素、组织的要素、资金的要素、信息的要素等。

物流 7 个流动要素中的每个要素，都需要根据物流系统整体目标进行集成和优化。任何一个要素的目标由物流系统整体来确定，各要素达到的目标互相配合，使整体目标最优，因此需要进行系统的整体集成和优化。所谓整体集成和优化就是不从要素本身出发而从系统整体出发来确定要素的目标，这样有的要素自身的目标就要服从于其他要素的目标，但集成后的物流系统的总目标是最优的。

2. 资源要素

唐纳德·鲍尔索克斯在《物流管理：供应链过程的一体化》中从物流系统的功能角度出发，认为物流资源包括信息、预测、存货、运输、仓库、搬运和包装，其中最重要的物流资源是运输资源和储存资源。

（1）运输资源。从流动要素的角度分析，运输资源就是物流的载体，包括两类。

第一类载体是运输基础设施。它们固定在某个地点或者线路上，比如铁路、公路、机场、港口等，其中有的连续分布在线路上，如铁路、公路、专用通信线路，有的则间断地分布在线路上，如雷达、信号灯和码头等。

第二类载体是运行设备。它们是独立的设备，以基础设施为运行条件并与之相配套，有的固定在一个地点或者区域，如港口的集装箱装卸搬运车（既是运输设备也是装卸设备），有的则是走行设备，即运输工具，如汽车、火车、轮船、飞机等。管道运输具有特殊性，它的基础设施和走行设备合而为一。

（2）储存资源。储存资源也分为两类，第一类是基础设施，第二类是利用这些基础设施进行具体储存运作的设备。

一个物流系统通常需要的仓储基础设施包括仓库、货场、站台、堆场等，其中按内部运作温度分，仓库还可分为普通仓库、冷藏仓库和冷冻仓库等。这是固定于一定地点的设施，配送中心和物流中心都需要有这样的设施。仓库中的货架、托盘、叉车、分拣机、巷道机等则是以这些基础设施为基础进行具体仓储业务运作的设备。

除了运输资源和仓储资源两种主要资源以外，物流系统资源要素还包括包装资源、装卸资源、流通加工资源和物流信息处理资源。由于一个完善的物流系统需要的资源要素十分庞大，因此物流系统资源不能依靠一个主体，比如国家来配置，对于铁路、公路、水路、航路、管道等需要大量投资才能形成的物流系统资源，应该同时依靠市场来配置。

3. 网络要素

物流系统是网络要素的有机结合体。物流系统的网络由两个基本要素组成，一个是节点要素（Node），另一个是线路要素。即仓库、物流中心、车站、码头、空港等物流据点以及连接这些据点的运输线路构成了物流系统网络。

（1）点。在物流过程中供流动的商品储存、停留以便进行相关后续物流作业的场所称为点，如工厂、商店、仓库、配送中心、车站、码头等，也称节点，点是物流基础设施比较集中的地方。根据点所具备的功能可以将点分为以下三类。

①单一功能点。这类点的主要特点是只具有某一种功能，或者以某种功能为主，比如专门进行储存、运输等单一作业，或者以其中一项为主，以其他功能为辅；需要的基础设施比较单一和简单，但规模不一定小；在物流过程中处于起点或者终点。如工厂的原材料仓库，不具备商品发运条件的储备型仓库，仅承担货物中转、拼箱、组配的铁路站台，仅供停泊船只的码头等就是这样的点。

②复合功能点。这类点的主要特点是具有两种以上主要物流功能；具备配套的基础设施；一般处于物流过程的中间。这类点多以周转型仓库、港口、车站、集装箱堆场等形式存在。其规模可小可大，如商店后面的一个小周转仓库，或一个年处理 8 万个 20 英尺标准集装箱的大型集装箱堆场。

③枢纽功能点。这类点的特点是物流功能齐全；具备庞大、配套的基础设施以及附属设施；庞大的吞吐能力；对整个物流网络起着决定性和战略性的控制作用，一旦该点形成，以后很难改变；一般处于物流过程的中间。比如辐射亚太地区市场的大型物流中心、辐射全国市场的配送中心、一个城市的物流基地、全国或区域铁路枢纽、航空枢纽等就是这样的点。

（2）线。连接物流网络中的节点的路线称为线，或者称为连线。物流网络中的线具有如下特点。

①方向性。一般在同一条路线上有两个方向的物流同时存在，但正向多于反向，反向应该尽量避免。

②有限性。点是靠线连接起来的，一条线总有起点和终点。

③多样性。线是一种抽象的表述，公路、铁路、水路、航路、管道等都是线的具体存在形式。

④连通性。不同类型的线必须通过载体的转换才能连通，并且任何不同的线之间

都是可以连通的，线间转换一般在点上进行。

⑤选择性。两点间具有多种线路进行选择，既可以在不同的载体之间进行选择，又可在同一载体的不同路径之间进行选择，物流系统理论要求两点间的物流流程最短，因此，需要进行路线和载体的规划。

⑥层次性。物流网络的线包括干线和支线。不同类型的线（如铁路和公路）都有自己的干线和支线，又可进一步分为不同的等级，如铁路一级干线、公路二级干线等。

根据载体类型可以将物流的线分成以下五类：铁路线、公路线、水路线、航空线、管道线；根据线之间关系可以将物流的线分为两种：干线和支线；根据线上物流的流向可以将物流的线分为上行线和下行线。物流网络是点和线之间通过有机的联系形成的，点和线其实都是孤立的、静止的，但是采用系统的方法将点和线有机结合起来以后形成的物流网络则是充满联系的、动态的。物流系统中的点和线如图 2－7 所示。

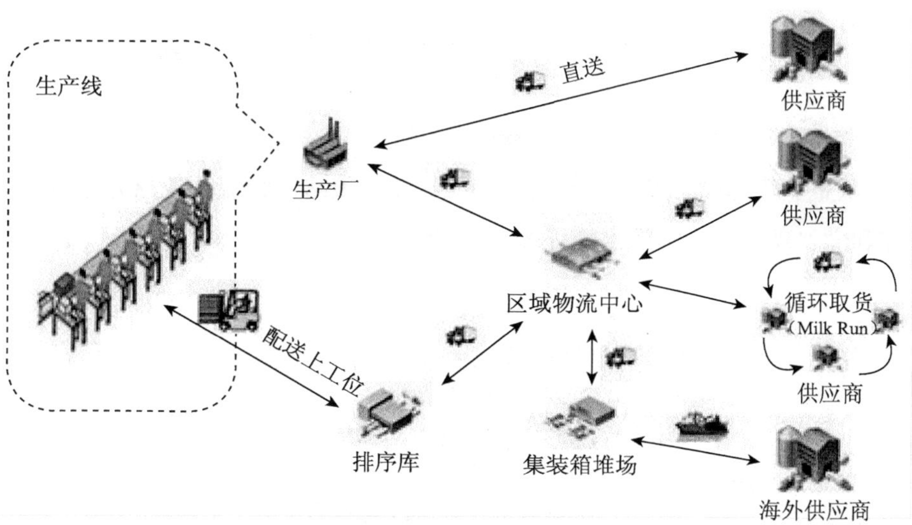

图 2－7　物流系统中的点和线

二、现代物流学的主要内容

现代物流学应用经济分析和现代数学方法，特别是线性规划、运筹学及其分支，如决策论、排队论、模糊数学，以及系统论、信息论、控制论等学科，应用计算机技术，寻求物流过程优化，特别是仓储、运输、配送子系统的过程优化并取得物流大系统优化的理想效果。

从社会经济的不同领域看，现代物流学研究的内容涉及企业、行业、国家、地区、生产、流通、消费等主体与领域。

从不同学科的角度看，现代物流学研究的内容主要包括：

（1）从产业经济学角度：研究物流产业本质内涵、物流产业组织、物流产业的结构、物流产业的政策、物流与相关产业的关系和协调发展等。

（2）从地理学和区域经济学角度：研究物流与区域经济发展的关系，城市物流、物流布局与规划等。

（3）从技术科学角度：研究物流技术、物流设施和设备改进、创新和发明创造、物流标准化技术、物流信息技术、物流技术的应用等。

（4）从统计学角度：研究物流产业核算制度及统计核算指标体系等。

（5）从会计学角度：研究企业物流成本核算方法等。

（6）从环境科学角度：研究环保物流、绿色物流、逆向物流等。

（7）从商品学角度：研究商品储运与包装、商品标准化与物流，重要产品的物流渠道等。

（8）从信息科学和网络经济的角度：研究物流的信息化和网络化、电子商务物流等。

（9）从市场营销角度：研究销售与供应物流。

（10）从企业管理的角度：研究企业物流战略、策略，物流企业核心竞争力等。

研究和学习现代物流学的意义如图 2－8 所示。

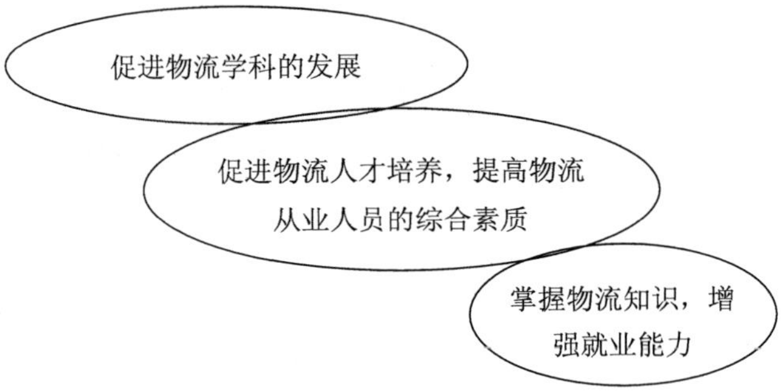

图 2－8　研究和学习现代物流学的意义

案例分析

美的公司的厨具事业部（A）2010 年 12 月 10 日 19：00 打电话给安得物流公司客户代表（B），要求在当晚 21：00 将厨具事业部一车产品（电暖器 500 台，每台

0.8m^3、25kg，计 40m^3、12.5t）通过公路运输送到北京客户处，顺德到北京的公路运输距离约为 2400km。B 接到电话后表示半小时内告知 A 是否能够安排车辆。19：30，B 打电话告知可以派出额定载重量 20t 的卡车一部，但需要等候 1.5 小时，公司从广州调来的卡车才能到达顺德。21：00，B 带车来到 A 的仓库。21：30，电暖器装上卡车，办理好交接手续，盖好苫布，卡车出发。A 公司要求 B 公司追踪此车，并于 3 天内（不迟于 2010 年 12 月 13 日 24：00）将货物交到北京客户手中，且 3 日内 B 必须每隔 8 小时向 A 汇报卡车位置。12 月 13 日 22：30，卡车准时到达北京客户处，并安全卸货。A 和北京客户均很满意，并按合同向 B 支付运费。

思考讨论题：在美的物流系统的运输环节中，其流动要素分别指的是什么？

第三章　物流在国民经济中的作用

引例

物流业发展中长期规划（2014—2020 年）

国务院关于印发物流业发展中长期规划（2014—2020 年）的通知

国发〔2014〕42 号

各省、自治区、直辖市人民政府，国务院各部委、各直属机构：

现将《物流业发展中长期规划（2014—2020 年）》印发给你们，请认真贯彻执行。

国务院

2014 年 9 月 12 日

物流业发展中长期规划（2014—2020 年）

物流业是融合运输、仓储、货代、信息等产业的复合型服务业，是支撑国民经济发展的基础性、战略性产业。加快发展现代物流业，对于促进产业结构调整、转变发展方式、提高国民经济竞争力和建设生态文明具有重要意义。为促进物流业健康发展，根据党的十八大、十八届三中全会精神和《中华人民共和国国民经济和社会发展第十二个五年规划纲要》、《服务业发展“十二五”规划》等，制定本规划。规划期为2014—2020 年。

一、发展现状与面临的形势

（一）发展现状

“十一五”特别是国务院印发《物流业调整和振兴规划》以来，我国物流业保持较快增长，服务能力显著提升，基础设施条件和政策环境明显改善，现代产业体系初步形成，物流业已成为国民经济的重要组成部分。

产业规模快速增长。全国社会物流总额2013年达到197.8万亿元，比2005年增长3.1倍，按可比价格计算，年均增长11.5%。物流业增加值2013年达到3.9万亿元，比2005年增长2.2倍，年均增长11.1%，物流业增加值占国内生产总值的比重由2005年的6.6%提高到2013年的6.8%，占服务业增加值的比重达到14.8%。物流业吸纳就业人数快速增加，从业人员从2005年的1780万人增长到2013年的2890万人，年均增长6.2%。

服务能力显著提升。物流企业资产重组和资源整合步伐进一步加快，形成了一批所有制多元化、服务网络化和管理现代化的物流企业。传统运输业、仓储业加速向现代物流业转型，制造业物流、商贸物流、电子商务物流和国际物流等领域专业化、社会化服务能力显著增强，服务水平不断提升，现代物流服务体系初步建立。

技术装备条件明显改善。信息技术广泛应用，大多数物流企业建立了管理信息系统，物流信息平台建设快速推进。物联网、云计算等现代信息技术开始应用，装卸搬运、分拣包装、加工配送等专用物流装备和智能标签、跟踪追溯、路径优化等技术迅速推广。

基础设施网络日趋完善。截至2013年年底，全国铁路营业里程10.3万千米，其中高速铁路1.1万千米；全国公路总里程达到435.6万千米，其中高速公路10.45万千米；内河航道通航里程12.59万千米，其中三级及以上高等级航道1.02万千米；全国港口拥有万吨级及以上泊位2001个，其中沿海港口1607个、内河港口394个；全国民用运输机场193个。2012年全国营业性库房面积约13亿平方米，各种类型的物流园区754个。

发展环境不断优化。“十二五”规划纲要明确提出“大力发展现代物流业”。国务院印发《物流业调整和振兴规划》，并制定出台了促进物流业健康发展的政策措施。有关部门和地方政府出台了一系列专项规划和配套措施。社会物流统计制度日趋完善，标准化工作有序推进，人才培养工作进一步加强，物流科技、学术理论研究及产学研合作不断深入。

总体上看，我国物流业已步入转型升级的新阶段。但是，物流业发展总体水平还不高，发展方式比较粗放。主要表现为：一是物流成本高、效率低。2013年全社会物流总费用与国内生产总值的比率高达18%，高于发达国家水平1倍左右，也显著高于巴西、印度等发展中国家的水平。二是条块分割严重，阻碍物流业发展的体制机制障碍仍未打破。企业自营物流比重高，物流企业规模小，先进技术难以推广，物流标准难以统一，迂回运输、资源浪费的问题突出。三是基础设施相对滞后，不能满足现代物流发展的要求。现代化仓储、多式联运转运等设施仍显不足，布局合理、功能完善的物流园区体系尚未建立，高效、顺畅、便捷的综合交通运输网络尚不健全，物流基础设施之间不衔接、不配套问题比较突出。四是政策法规体系还不够完善，市场秩序不够规范。已经出台的一些政策措施有待进一步落实，一些地方针对物流企业的乱收费、乱罚款问题突出。信用体系建设滞后，物流业从业人员整体素质有待进一步提升。

（二）面临的形势

当前，经济全球化趋势深入发展，网络信息技术革命带动新技术、新业态不断涌现，物流业发展面临的机遇与挑战并存。伴随全面深化改革，工业化、信息化、新型城镇化和农业现代化进程持续推进，产业结构调整和居民消费升级步伐不断加快，我国物流业发展空间越来越广阔。

物流需求快速增长。农业现代化对大宗农产品物流和鲜活农产品冷链物流的需求不断增长。新型工业化要求加快建立规模化、现代化的制造业物流服务体系。居民消费升级以及新型城镇化步伐加快，迫切需要建立更加完善、便捷、高效、安全的消费品物流配送体系。此外，电子商务、网络消费等新兴业态快速发展，快递物流等需求也将继续快速增长。

新技术、新管理不断出现。信息技术和供应链管理不断发展并在物流业得到广泛运用，为广大生产流通企业提供了越来越低成本、高效率、多样化、精益化的物流服务，推动制造业专注核心业务和商贸业优化内部分工，以新技术、新管理为核心的现代物流体系日益形成。随着城乡居民消费能力的增强和消费方式的逐步转变，全社会物流服务能力和效率持续提升，物流成本进一步降低、流通效率明显提高，物流业市场竞争加剧。

资源环境约束日益加强。随着社会物流规模的快速扩大、能源消耗和环境污染形势的加重、城市交通压力的加大，传统的物流运作模式已难以为继。按照建设生态文明的要求，必须加快运用先进运营管理理念，不断提高信息化、标准化和自动化水平，促进一体化运作和网络化经营，大力发展绿色物流，推动节能减排，切实降低能耗、减少排放、缓解交通压力。

国际竞争日趋激烈。随着国际产业转移步伐不断加快和服务贸易快速发展，全球采购、全球生产和全球销售的物流发展模式正在日益形成，迫切要求我国形成一批深入参与国际分工、具有国际竞争力的跨国物流企业，畅通与主要贸易伙伴、周边国家便捷高效的国际物流大通道，形成具有全球影响力的国际物流中心，以应对日益激烈的全球物流企业竞争。

二、总体要求

（一）指导思想

以邓小平理论、“三个代表”重要思想、科学发展观为指导，深入贯彻党的十八大和十八届二中、三中全会精神，全面落实党中央、国务院各项决策部署，按照加快转变发展方式、建设生态文明的要求，适应信息技术发展的新趋势，以提高物流效率、降低物流成本、减轻资源和环境压力为重点，以市场为导向，以改革开放为动力，以先进技术为支撑，积极营造有利于现代物流业发展的政策环境，着力建立和完善现代物流服务体系，加快提升物流业发展水平，促进产业结构调整和经济提质增效升级，增强国民经济竞争力，为全面建成小康社会提供物流服务保障。

（二）主要原则

市场运作，政府引导。使市场在资源配置中起决定性作用和更好发挥政府作用，强化企业的市场主体地位，积极发挥政府在战略、规划、政策、标准等方面的引导作用。

优化结构，提升水平。加快传统物流业转型升级，建立和完善社会化、专业化的物流服务体系，大力发展第三方物流。形成一批具有较强竞争力的现代物流企业，扭转“小、散、弱”的发展格局，提升产业规模和发展水平。

创新驱动，协同发展。加快关键技术装备的研发应用，提升物流业信息化和智能化水平，创新运作管理模式，提高供应链管理和物流服务水平，形成物流业与制造业、商贸业、金融业协同发展的新优势。

节能减排，绿色环保。鼓励采用节能环保的技术、装备，提高物流运作的组织化、网络化水平，降低物流业的总体能耗和污染物排放水平。

完善标准，提高效率。推动物流业技术标准体系建设，加强一体化运作，实现物流作业各环节、各种物流设施设备以及物流信息的衔接配套，促进物流服务体系高效运转。

深化改革，整合资源。深化物流业管理体制改革，进一步简政放权，打破行业、部门和地区分割，反对垄断和不正当竞争，统筹城市和乡村、国际和国内物流体系建设，建立有利于资源整合和优化配置的体制机制。

（三）发展目标

到2020年，基本建立布局合理、技术先进、便捷高效、绿色环保、安全有序的现代物流服务体系。

物流的社会化、专业化水平进一步提升。物流业增加值年均增长8%左右，物流业增加值占国内生产总值的比重达到7.5%左右。第三方物流比重明显提高。新的物流装备、技术广泛应用。

物流企业竞争力显著增强。一体化运作、网络化经营能力进一步提高，信息化和供应链管理水平明显提升，形成一批具有国际竞争力的大型综合物流企业集团和物流服务品牌。

物流基础设施及运作方式衔接更加顺畅。物流园区网络体系布局更加合理，多式联运、甩挂运输、共同配送等现代物流运作方式保持较快发展，物流集聚发展的效益进一步显现。

物流整体运行效率显著提高。全社会物流总费用与国内生产总值的比率由2013年的18%下降到16%左右，物流业对国民经济的支撑和保障能力进一步增强。

三、发展重点

（一）着力降低物流成本

打破条块分割和地区封锁，减少行政干预，清理和废除妨碍全国统一市场和公平竞争的各种规定和做法，建立统一开放、竞争有序的全国物流服务市场。进一步优化通行环境，加强和规范收费公路管理，保障车辆便捷高效通行，积极采取有力措施，切实加大对公路乱收费、乱罚款的清理整顿力度，减少不必要的收费点，全面推进全国主要高速公路不停车收费系统建设。加快推进联通国内、国际主要经济区域的物流通道建设，大力发展多式联运，努力形成京沪、京广、欧亚大陆桥、中欧铁路大通道、长江黄金水道等若干条货畅其流、经济便捷的跨区域物流大通道。

（二）着力提升物流企业规模化、集约化水平

鼓励物流企业通过参股控股、兼并重组、协作联盟等方式做大做强，形成一批技术水平先进、主营业务突出、核心竞争力强的大型现代物流企业集团，通过规模化经营提高物流服务的一体化、网络化水平，形成大小物流企业共同发展的良好态势。鼓

励运输、仓储等传统物流企业向上下游延伸服务，推进物流业与其他产业互动融合，协同发展。鼓励物流企业与制造企业深化战略合作，建立与新型工业化发展相适应的制造业物流服务体系，形成一批具有全球采购、全球配送能力的供应链服务商。鼓励商贸物流企业提高配送的规模化和协同化水平，加快电子商务物流发展，建立快速便捷的城乡配送物流体系。支持快递业整合资源，与民航、铁路、公路等运输行业联动发展，加快形成一批具有国际竞争力的大型快递企业，构建覆盖城乡的快递物流服务体系。支持航空货运企业兼并重组、做强做大，提高物流综合服务能力。充分发挥邮政的网络、信息和服务优势，深入推动邮政与电子商务企业的战略合作，发展电商小包等新型邮政业务。进一步完善邮政基础设施网络，鼓励各地邮政企业因地制宜地发展农村邮政物流服务，推动农资下乡和农产品进城。

（三）着力加强物流基础设施网络建设

推进综合交通运输体系建设，合理规划布局物流基础设施，完善综合运输通道和交通枢纽节点布局，构建便捷、高效的物流基础设施网络，促进多种运输方式顺畅衔接和高效中转，提升物流体系综合能力。优化航空货运网络布局，加快国内航空货运转运中心、连接国际重要航空货运中心的大型货运枢纽建设。推进“港站一体化”，实现铁路货运站与港口码头无缝衔接。完善物流转运设施，提高货物换装的便捷性和兼容性。加快煤炭外运、“北粮南运”、粮食仓储等重要基础设施建设，解决突出的运输“卡脖子”问题。加强物流园区规划布局，进一步明确功能定位，整合和规范现有园区，节约、集约用地，提高资源利用效率和管理水平。在大中城市和制造业基地周边加强现代化配送中心规划，在城市社区和村镇布局建设共同配送末端网点，优化城市商业区和大型社区物流基础设施的布局建设，形成层级合理、规模适当、需求匹配的物流仓储配送网络。进一步完善应急物流基础设施，积极有效应对突发自然灾害、公共卫生事件以及重大安全事故。

四、主要任务

（一）大力提升物流社会化、专业化水平

鼓励制造企业分离外包物流业务，促进企业内部物流需求社会化。优化制造业、商贸业集聚区物流资源配置，构建中小微企业公共物流服务平台，提供社会化物流服务。着力发展第三方物流，引导传统仓储、运输、国际货代、快递等企业采用现代物流管理理念和技术装备，提高服务能力；支持从制造企业内部剥离出来的物流企业发

挥专业化、精益化服务优势，积极为社会提供公共物流服务。鼓励物流企业功能整合和业务创新，不断提升专业化服务水平，积极发展定制化物流服务，满足日益增长的个性化物流需求。进一步优化物流组织模式，积极发展共同配送、统一配送，提高多式联运比重。

（二）进一步加强物流信息化建设

加强北斗导航、物联网、云计算、大数据、移动互联等先进信息技术在物流领域的应用。加快企业物流信息系统建设，发挥核心物流企业整合能力，打通物流信息链，实现物流信息全程可追踪。加快物流公共信息平台建设，积极推进全社会物流信息资源的开发利用，支持运输配载、跟踪追溯、库存监控等有实际需求、具备可持续发展前景的物流信息平台发展，鼓励各类平台创新运营服务模式。进一步推进交通运输物流公共信息平台发展，整合铁路、公路、水路、民航、邮政、海关、检验检疫等信息资源，促进物流信息与公共服务信息有效对接，鼓励区域间和行业内的物流平台信息共享，实现互联互通。

（三）推进物流技术装备现代化

加强物流核心技术和装备研发，推动关键技术装备产业化，鼓励物流企业采用先进适用技术和装备。加快食品冷链、医药、烟草、机械、汽车、干散货、危险化学品等专业物流装备的研发，提升物流装备的专业化水平。积极发展标准化、厢式化、专业化的公路货运车辆，逐步淘汰栏板式货车。推广铁路重载运输技术装备，积极发展铁路特种、专用货车以及高铁快件等运输技术装备，加强物流安全检测技术与装备的研发和推广应用。吸收引进国际先进物流技术，提高物流技术自主创新能力。

（四）加强物流标准化建设

加紧编制并组织实施物流标准中长期规划，完善物流标准体系。按照重点突出、结构合理、层次分明、科学适用、基本满足发展需要的要求，完善国家物流标准体系框架，加强通用基础类、公共类、服务类及专业类物流标准的制定工作，形成一批对全国物流业发展和服务水平提升有重大促进作用的物流标准。注重物流标准与其他产业标准以及国际物流标准的衔接，科学划分推荐性和强制性物流标准，加大物流标准的实施力度，努力提升物流服务、物流枢纽、物流设施设备的标准化运作水平。调动企业在标准制修订工作中的积极性，推进重点物流企业参与专业领域物流技术标准和管理标准的制定和标准化试点工作。加强物流标准的培训宣传和推广应用。

（五）推进区域物流协调发展

落实国家区域发展整体战略和产业布局调整优化的要求，继续发挥全国性物流节点城市和区域性物流节点城市的辐射带动作用，推动区域物流协调发展。按照建设丝绸之路经济带、海上丝绸之路、长江经济带等重大战略规划要求，加快推进重点物流区域和联通国际国内的物流通道建设，重点打造面向中亚、南亚、西亚的战略物流枢纽及面向东盟的陆海联运、江海联运节点和重要航空港，建立省际和跨国合作机制，促进物流基础设施互联互通和信息资源共享。东部地区要适应居民消费加快升级、制造业转型、内外贸一体化的趋势，进一步提升商贸物流、制造业物流和国际物流的服务能力，探索国际国内物流一体化运作模式。按照推动京津冀协同发展、环渤海区域合作和发展等要求，加快商贸物流业一体化进程。中部地区要发挥承东启西、贯通南北的区位优势，加强与沿海、沿边地区合作，加快陆港、航空口岸建设，构建服务于产业转移、资源输送和南北区域合作的物流通道和枢纽。西部地区要结合推进丝绸之路经济带建设，打造物流通道，改善区域物流条件，积极发展具有特色优势的农产品、矿产品等大宗商品物流产业。东北地区要加快构建东北亚沿边物流带，形成面向俄罗斯、连接东北亚及欧洲的物流大通道，重点推进制造业物流和粮食等大宗资源型商品物流发展。物流节点城市是区域物流发展的重要枢纽，要根据产业特点、发展水平、设施状况、市场需求、功能定位等，加强物流基础设施的规划布局，改善产业发展环境。

（六）积极推动国际物流发展

加强枢纽港口、机场、铁路、公路等各类口岸物流基础设施建设。以重点开发开放试验区为先导，结合发展边境贸易，加强与周边国家和地区的跨境物流体系和走廊建设，加快物流基础设施互联互通，形成一批国际货运枢纽，增强进出口货物集散能力。加强境内外口岸、内陆与沿海、沿边口岸的战略合作，推动海关特殊监管区域、国际陆港、口岸等协调发展，提高国际物流便利化水平。建立口岸物流联检联动机制，进一步提高通关效率。积极构建服务于全球贸易和营销网络、跨境电子商务的物流支撑体系，为国内企业“走出去”和开展全球业务提供物流服务保障。支持优势物流企业加强联合，构建国际物流服务网络，打造具有国际竞争力的跨国物流企业。

（七）大力发展绿色物流

优化运输结构，合理配置各类运输方式，提高铁路和水路运输比重，促进节能减排。大力发展甩挂运输、共同配送、统一配送等先进的物流组织模式，提高储运工具的信息化水平，减少返空、迂回运输。鼓励采用低能耗、低排放运输工具和节能型绿色仓储设施，推广集装单元化技术。借鉴国际先进经验，完善能耗和排放监测、检测认证制度，加快建立绿色物流评估标准和认证体系。加强危险品水运管理，最大限度减少环境事故。鼓励包装重复使用和回收再利用，提高托盘等标准化器具和包装物的循环利用水平，构建低环境负荷的循环物流系统。大力发展回收物流，鼓励生产者、再生资源回收利用企业联合开展废旧产品回收。推广应用铁路散堆装货物运输抑尘技术。

五、重点工程

（一）多式联运工程

加快多式联运设施建设，构建能力匹配的集疏运通道，配备现代化的中转设施，建立多式联运信息平台。完善港口的铁路、公路集疏运设施，提升临港铁路场站和港站后方通道能力。推进铁路专用线建设，发挥铁路集装箱中心站作用，推进内陆城市和港口的集装箱场站建设。构建与铁路、机场和公路货运站能力匹配的公路集疏运网络系统。发展海铁联运、铁水联运、公铁联运、陆空联运，加快推进大宗散货水铁联运、集装箱多式联运，积极发展干支直达和江海直达等船舶运输组织方式，探索构建以半挂车为标准荷载单元的铁路驮背运输、水路滚装运输等多式联运体系。

（二）物流园区工程

在严格符合土地利用总体规划、城市总体规划的前提下，按照节约、集约用地的原则，在重要的物流节点城市加快整合与合理布局物流园区，推进物流园区水、电、路、通信设施和多式联运设施建设，加快现代化立体仓库和信息平台建设，完善周边公路、铁路配套，推广使用甩挂运输等先进运输方式和智能化管理技术，完善物流园区管理体制，提升管理和服务水平。结合区位特点和物流需求，发展货运枢纽型、生产服务型、商贸服务型、口岸服务型和综合服务型物流园区，以及农产品、农资、钢铁、煤炭、汽车、医药、出版物、冷链、危险货物运输、快递等专业类物流园区，发挥物流园区的示范带动作用。

（三）农产品物流工程

加大粮食仓储设施建设和维修改造力度，满足粮食收储需要。引进先进粮食仓储设备和技术，切实改善粮食仓储条件。积极推进粮食现代物流设施建设，发展粮食储、运、装、卸“四散化”和多式联运，开通从东北入关的铁路散粮列车和散粮集装箱班列，加强粮食产区的收纳和发放设施、南方销区的铁路和港口散粮接卸设施建设，解决“北粮南运”运输“卡脖子”问题。推进棉花运输装卸机械化、仓储现代化、管理信息化，加强主要产销区的物流节点及铁路专用线建设，支持企业开展纺织配棉配送服务。加强“南糖北运”及产地的运输、仓储等物流设施建设。加强鲜活农产品冷链物流设施建设，支持“南菜北运”和大宗鲜活农产品产地预冷、初加工、冷藏保鲜、冷链运输等设施设备建设，形成重点品种农产品物流集散中心，提升批发市场等重要节点的冷链设施水平，完善冷链物流网络。

（四）制造业物流与供应链管理工程

支持建设与制造业企业紧密配套、有效衔接的仓储配送设施和物流信息平台，鼓励各类产业聚集区域和功能区配套建设公共外仓，引进第三方物流企业。鼓励传统运输、仓储企业向供应链上下游延伸服务，建设第三方供应链管理平台，为制造业企业提供供应链计划、采购物流、入厂物流、交付物流、回收物流、供应链金融以及信息追溯等集成服务。加快发展具有供应链设计、咨询管理能力的专业物流企业，着力提升面向制造业企业的供应链管理服务水平。

（五）资源型产品物流工程

依托煤炭、石油、铁矿石等重要产品的生产基地和市场，加快资源型产品物流集散中心和物流通道建设。推进晋陕蒙（西）宁甘、内蒙古东部、新疆等煤炭外运重点通道建设，重点建设环渤海等大型煤炭储配基地和重点煤炭物流节点。统筹油气进口运输通道和国内储运体系建设，加快跨区域、与周边国家和地区紧密连接的油气运输通道建设，加强油气码头建设，鼓励发展油船、液化天然气船，加强铁矿石等重要矿产品港口（口岸）物流设施建设。

（六）城乡物流配送工程

加快完善城乡配送网络体系，统筹规划、合理布局物流园区、配送中心、末端配送网点等三级配送节点，搭建城市配送公共服务平台，积极推进县、乡、村消费品和农资配送网络体系建设。进一步发挥邮政及供销合作社的网络和服务优势，加强农村邮政网点、村邮站、“三农”服务站等邮政终端设施建设，促进农村地区商品的双向流通。推进城市绿色货运配送体系建设，完善城市配送车辆标准和通行管控措施，鼓励节能环保车辆在城市配送中的推广应用。加快现代物流示范城市的配送体系发展，建设服务连锁经营企业和网络销售企业的跨区域配送中心。发展智能物流基础设施，支持农村、社区、学校的物流快递公共取送点建设。鼓励交通、邮政、商贸、供销、出版物销售等开展联盟合作，整合利用现有物流资源，进一步完善存储、转运、停靠、卸货等基础设施，加强服务网络建设，提高共同配送能力。

（七）电子商务物流工程

适应电子商务快速发展需求，编制全国电子商务物流发展规划，结合国家电子商务示范城市、示范基地、物流园区、商业设施等建设，整合配送资源，构建电子商务物流服务平台和配送网络。建成一批区域性仓储配送基地，吸引制造商、电商、快递和零担物流公司、第三方服务公司入驻，提高物流配送效率和专业化服务水平。探索利用高铁资源，发展高铁快件运输。结合推进跨境贸易电子商务试点，完善一批快递转运中心。

（八）物流标准化工程

重点推进物流技术、信息、服务、运输、货代、仓储、粮食等农产品及加工食品、医药、汽车、家电、电子商务、邮政（含快递）、冷链、应急等物流标准的制修订工作，积极着手开展钢铁、机械、煤炭、铁矿石、石油石化、建材、棉花等大宗产品物流标准的研究制订工作。支持仓储和转运设施、运输工具、停靠和卸货站点的标准化建设和改造，制定公路货运标准化电子货单，推广托盘、集装箱、集装袋等标准化设施设备，建立全国托盘共用体系，推进管理软件接口标准化，全面推广甩挂运输试点经验。开展物流服务认证试点工作，推进物流领域检验检测体系建设，支持物流企业开展质量、环境和职业健康安全管理体系认证。

（九）物流信息平台工程

整合现有物流信息服务平台资源，形成跨行业和区域的智能物流信息公共服务平台。加强综合运输信息、物流资源交易、电子口岸和大宗商品交易等平台建设，促进各类平台之间的互联互通和信息共享。鼓励龙头物流企业搭建面向中小物流企业的物流信息服务平台，促进货源、车源和物流服务等信息的高效匹配，有效降低货车空驶率。以统一物品编码体系为依托，建设衔接企业、消费者与政府部门的第三方公共服务平台，提供物流信息标准查询、对接服务。建设智能物流信息平台，形成集物流信息发布、在线交易、数据交换、跟踪追溯、智能分析等功能为一体的物流信息服务中心。加快推进国家交通运输物流公共信息平台建设，依托东北亚物流信息服务网络等已有平台，开展物流信息化国际合作。

（十）物流新技术开发应用工程

支持货物跟踪定位、无线射频识别、可视化技术、移动信息服务、智能交通和位置服务等关键技术攻关，研发推广高性能货物搬运设备和快速分拣技术，加强沿海和内河船型、商用车运输等重要运输技术的研发应用。完善物品编码体系，推动条码和智能标签等标识技术、自动识别技术以及电子数据交换技术的广泛应用。推广物流信息编码、物流信息采集、物流载体跟踪、自动化控制、管理决策支持、信息交换与共享等领域的物流信息技术。鼓励新一代移动通信、道路交通信息通信系统、自动导引车辆、不停车收费系统以及托盘等集装单元化技术普及。推动北斗导航、物联网、云计算、大数据、移动互联等技术在产品可追溯、在线调度管理、全自动物流配送、智能配货等领域的应用。

（十一）再生资源回收物流工程

加快建立再生资源回收物流体系，重点推动包装物、废旧电器电子产品等生活废弃物和报废工程机械、农作物秸秆、消费品加工中产生的边角废料等有使用价值废弃物的回收物流发展。加大废弃物回收物流处理设施的投资力度，加快建设一批回收物流中心，提高回收物品的收集、分拣、加工、搬运、仓储、包装、维修等管理水平，实现废弃物的妥善处置、循环利用、无害环保。

（十二）应急物流工程

建立统一协调、反应迅捷、运行有序、高效可靠的应急物流体系，建设集满足多种应急需要为一体的物流中心，形成一批具有较强应急物流运作能力的骨干物流企业。加强应急仓储、中转、配送设施建设，提升应急物流设施设备的标准化和现代化水平，提高应急物流效率和应急保障能力。建立和完善应急物流信息系统，规范协调调度程序，优化信息流程、业务流程和管理流程，推进应急生产、流通、储备、运输环节的信息化建设和应急信息交换、数据共享。

六、保障措施

（一）深化改革开放

加快推进物流管理体制改革，完善各层级的物流政策综合协调机制，进一步发挥全国现代物流工作部际联席会议作用。按照简政放权、深化行政审批制度改革的要求，建立公平透明的市场准入标准，进一步放宽对物流企业资质的行政许可和审批条件，改进审批管理方式。落实物流企业设立非法人分支机构的相关政策，鼓励物流企业开展跨区域网络化经营。引导企业改革“大而全”“小而全”的物流运作模式，制定支持企业分离外包物流业务和加快发展第三方物流的措施，充分整合利用社会物流资源，提高规模化水平。加强与主要贸易对象国及台港澳等地区的政策协调和物流合作，推动国内物流企业与国际先进物流企业合作交流，支持物流企业“走出去”。做好物流业外资并购安全审查工作，扩大商贸物流、电子商务领域的对外开放。

（二）完善法规制度

尽快从国民经济行业分类、产业统计、工商注册及税目设立等方面明确物流业类别，进一步明确物流业的产业地位。健全物流业法律法规体系，抓紧研究制修订物流业安全监管、交通运输管理和仓储管理等相关法律法规或部门规章，开展综合性法律的立法准备工作，在此基础上择机研究制定物流业促进方面的法律法规。

（三）规范市场秩序

加强对物流市场的监督管理，完善物流企业和从业人员信用记录，纳入国家统一的信用信息平台。增强企业诚信意识，建立跨地区、跨行业的联合惩戒机制，加大对失信行为的惩戒力度。加强物流信息安全管理，禁止泄露转卖客户信息。加强物流服务质量满意度监测，开展安全、诚信、优质服务创建活动。鼓励企业整合资源、加强协作，提高物流市场集中度和集约化运作水平，减少低水平无序竞争。加强对物流业市场竞争行为的监督检查，依法查处不正当竞争和垄断行为。

（四）加强安全监管

加强对物流企业的安全管理，督促物流企业切实履行安全主体责任，严格执行国家强制标准，保证运输装备产品的一致性。加强对物流车辆和设施设备的检验检测，确保车辆安全性符合国家规定、设施设备处于良好状态。禁止超载运输，规范超限运输。危险货物运输要强化企业经理人员安全管理职责和车辆动态监控。加大安全生产经费投入，及时排查整改安全隐患。加大物流业贯彻落实国家信息安全等级保护制度力度，按照国家信息安全等级保护管理规范和技术标准要求同步实施物流信息平台安全建设，提高网络安全保障能力。建立健全物流安全监管信息共享机制，物流信息平台及物流企业信息系统要按照统一技术标准建设共享信息的技术接口。道路、铁路、民航、航运、邮政部门要进一步规范货物收运、收寄流程，进一步落实货物安全检查责任，采取严格的货物安全检查措施并增加开箱检查频次，加大对瞒报货物品名行为的查处力度，严防普通货物中夹带违禁品和危险品。推广使用技术手段对集装箱和货运物品进行探测查验，提高对违禁品和危险品的发现能力。加大宣传教育力度，曝光违法违规托运和夹带违禁品、危险品的典型案件和查处结果，增强公众守法意识。

（五）完善扶持政策

加大土地等政策支持力度，着力降低物流成本。落实和完善支持物流业发展的用地政策，依法供应物流用地，积极支持利用工业企业旧厂房、仓库和存量土地资源建设物流设施或者提供物流服务，涉及原划拨土地使用权转让或者租赁的，应按规定办理土地有偿使用手续。认真落实物流业相关税收优惠政策。研究完善支持物流企业做强做大的扶持政策，培育一批网络化、规模化发展的大型物流企业。严格执行鲜活农产品运输“绿色通道”政策。研究配送车辆进入城区作业的相关政策，完善城市配送车辆通行管控措施。完善物流标准化工作体系，建立相关部门、行业组织和标准技术归口单位的协调沟通机制。

（六）拓宽投资融资渠道

多渠道增加对物流业的投入，鼓励民间资本进入物流领域。引导银行业金融机构加大对物流企业的信贷支持，针对物流企业特点推动金融产品创新，推动发展新型融资方式，为物流业发展提供更便利的融资服务。支持符合条件的物流企业通过发行公司债券、非金融企业债务融资工具、企业债券和上市等多种方式拓宽融资渠道。继续通过政府投资对物流业重点领域和薄弱环节予以支持。

（七）加强统计工作

提高物流业统计工作水平，明确物流业统计的基本概念，强化物流统计理论和方法研究，科学划分物流业统计的行业类别，完善物流业统计制度和评价指标体系，促进物流统计台账和会计核算科目建设，做好社会物流总额和社会物流成本等指标的调查统计工作，及时准确反映物流业的发展规模和运行效率；构建组织体系完善、调查方法科学、技术手段先进、队伍素质优良的现代物流统计体系，推动各省（区、市）全面开展物流统计工作，进一步提高物流统计数据质量和工作水平，为政府宏观管理和企业经营决策提供参考依据。

（八）强化理论研究和人才培养

加强物流领域理论研究，完善我国现代物流业理论体系，积极推进产学研用结合。着力完善物流学科体系和专业人才培养体系，以提高实践能力为重点，按照现代职业教育体系建设要求，探索形成高等学校、中等职业学校与有关部门、科研院所、行业协会和企业联合培养人才的新模式。完善在职人员培训体系，鼓励培养物流业高层次经营管理人才，积极开展职业培训，提高物流业从业人员业务素质。

（九）发挥行业协会作用

要更好地发挥行业协会的桥梁和纽带作用，做好调查研究、技术推广、标准制订和宣传推广、信息统计、咨询服务、人才培养、理论研究、国际合作等方面的工作。鼓励行业协会健全和完善各项行业基础性工作，积极推动行业规范自律和诚信体系建设，推动行业健康发展。

七、组织实施

各地区、各部门要充分认识促进物流业健康发展的重大意义，采取有力措施，确保各项政策落到实处、见到实效。地方各级人民政府要加强组织领导，完善协调机制，结合本地实际抓紧制订具体落实方案，及时将实施过程中出现的新情况、新问题报送发展改革委和交通运输部、商务部等有关部门。国务院各有关部门要加强沟通，密切配合，根据职责分工完善各项配套政策措施。发展改革委要加强统筹协调，会同有关部门研究制订促进物流业发展三年行动计划，明确工作安排及时间进度，并做好督促检查和跟踪分析，重大问题及时报告。

资料来源：http：//www. qbj. gov. cn/qbj/1496517/1497125/1522293/index. html

第一节　物流价值的发现

一、物流的功能

虽然物流需求因企业不同而不同，但是不同类型的物流需求之间本身有共同的特性，否则物流功能将较难满足客户需求。根据国内外对物流功能供给和物流需求的实际研究，物流的功能可以分为基本功能和增值服务功能两部分。

1. 物流的基本功能

物流的基本功能，就是指物流活动特有的、区别于其他经济活动的职责和功能。物流基本功能的内容是进行商品实体定向运动，这是物流的共性。不管是哪一种社会形态，只要有商品交换存在，商流和物流就必然会发生。

物流的基本功能是任何一个物流系统都必须具备的功能，它包括以下主要功能：运输、储存、包装、装卸搬运、流通加工、配送和物流信息处理。这些基本功能在第五章将详细叙述。物流的基本功能如图 3－1 所示。

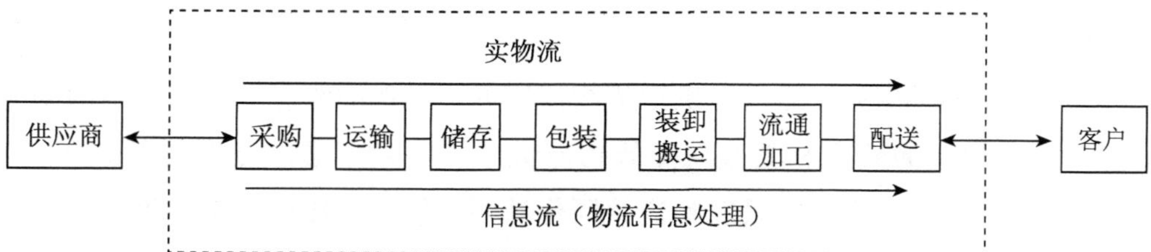

图 3－1　物流的基本功能

2. 物流的增值服务功能

物流增值服务是能够满足客户特定要求，显著增加客户价值，围绕物流需求而展开的创新性的服务。该定义的关键点包括四个方面：①满足客户特定要求；②显著增加客户价值；③围绕物流开展的服务；④增值服务是创新性服务。

物流增值服务是在完成物流基本功能基础上，根据客户需求提供的各种延伸业务活动。在竞争不断加剧的市场环境下，物流企业不但要在传统的运输和仓储服务上有更严格的服务质量；同时，还要大大拓展物流业务，提供尽可能多的增值性服务。

（1）增加便利性的服务。一切能够简化手续、简化操作的服务都是增值性服务，简化是相对于消费者而言的，并不是说服务的内容简化了，而是指为了获得某种服务，以前需要消费者自已做的一些事情，现在由物流服务提供商以各种方式代替消费者做了，从而使消费者获得的这种服务变得简单，而且更加方便，这当然增加了商品或服务的价值。在提供物流服务时，推行一条龙门到门服务、提供完备的操作或作业提示、免费培训、免费维护、省力化设计或安装、代办业务、24 小时营业、自动订货、传递信息和转账、物流全过程追踪等都是对客户有用的增值性服务。

（2）加快反应速度的服务。快速反应是指物流企业面对多品种、小批量的买方市场，不是储备了“产品”，而是准备了各种要素，在客户提出要求时，能以最快速度抽取要素，及时“组装”，提供所需服务或产品。

快速反应已经成为物流发展的动力之一。传统观点和做法将加快反应速度变成单纯对快速运输的一种要求，而现代物流的观点却认为，可以通过两条途径使过程变快，一是提高运输基础设施和设备的效率，比如修建高速公路、铁路提速、制定新的交通管理办法、将汽车本身的行驶速度提高等，这是一种速度的保障，但在需求方对速度的要求越来越高的情况下，它也变成了一种约束，因此必须想其他的办法来提高速度。二是具有重大推广价值的增值性物流服务方案，应该是优化配送中心、物流中心网络，重新设计适合客户的流通渠道，以此来减少物流环节、简化物流过程，提高物流系统的快速反应能力。

（3）降低成本的服务。通过提供增值物流服务，寻找能够降低物流成本的物流解决方案，提高物流的效率和效益，降低物流成本。可以考虑的方案包括以下几种：①采用第三方物流服务商；②采取物流共同化计划；③采用比较适用但投资较少的物流技术和设施设备；④推行物流管理技术，如运筹学中的管理技术，以及单品管理技术、条形码技术和信息技术等。

（4）延伸服务。物流增值服务向上可以延伸到市场调查与预测、采购及订单处理；向下可以延伸到物流咨询、物流系统设计、物流方案的规划与选择、库存控制决策建议、货款回收与结算、教育与培训等。

关于结算功能，物流的结算不仅仅只是物流费用的结算，在涉及代理、配送的情况下，物流服务商还要替货主向收货人结算货款。

关于需求预测功能，物流服务商应该负责根据物流中心商品进货、出货信息来预测未来一段时间内的商品进出库量，进而预测市场对商品的需求，从而指导订货。

关于物流系统设计、咨询功能，第三方物流服务商要充当客户的物流专家，为客户设计物流系统，替客户选择和评价运输网、仓储网及其他物流服务供应商。

关于物流教育与培训功能，物流系统的运作需要客户的支持与理解，通过向客户提供物流培训服务，可以培养其与物流中心经营管理者的认同感，可以提高客户的物流管理水平，并将物流中心经营管理者的要求传达给客户，也便于确立物流作业标准。

以上这些延伸服务最具有增值性，目的是满足客户需求，为客户创造价值，所以也是最难提供的物流服务。目前，能否提供此类增值服务已成为衡量一个物流企业是否真正具有竞争力的标准。

二、物流的价值

生产、物流和消费是社会经济活动的三大组成部分，其中物流是连接生产与消费的必要环节。没有物流，商品价值、货币价值和使用价值都将无法实现，这就是物流的价值所在。物流的价值主要有以下两个方面。

1. 时间价值

时间价值是指“物”从供给者到需要者之间有一段时间差，由于改变这一时间差创造的价值。时间价值有三种表现方式：①缩短时间创造价值；②弥补时间差创造价值；③延长时间差创造价值。

2. 空间价值

空间价值是指“物”从供给者到需求之间有一段空间差。供给者和需求者之间往往处于不同的空间，由于改变这一空间的差别所创造的价值。空间价值有三种表现方式：①从集中生产空间流入分散需求空间创造价值；②从分散生产空间流入集中需求空间创造价值；③从甲地生产流入乙地需求创造空间价值。

三、物流价值的发现和认识

1. 物流的系统功能价值

在第二次世界大战期间，美国在军队中采用了运用托盘、叉车的后勤军事系统，这个系统贯串了军事物资从单元组合（集装）的装卸活动开始，高效连贯地搬运、运输、储存、再运输搬运，直到按指定军事目标到达目的地为止的整个过程，有效地支撑了庞大的战争机器。这就促使人们认识到物流作为一种系统的活动能够实现以往由许多活动才能完成的各项功能，使人们认识到物流系统功能的价值。托盘、叉车如图 3 - 2 所示。

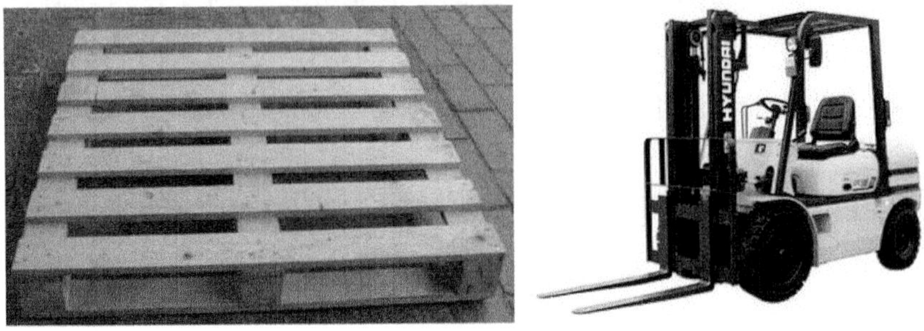

图 3-2　托盘、叉车

2. 物流的经济活动价值

第二次世界大战以后，大量军事技术和军事组织方式转移到民间活动中去，物流系统的思想方法和相关技术、相关管理方式实现了“军转民”，取得了成功。这就使人们认识到，“物流”不仅有非常重要的军事价值，而且也具有非常重要的经济活动价值，可以在经济界广泛地采用，可以为企业增加一些新的管理思想和结构模式。第二次世界大战以后，价值工程、物流等在战争期间形成的形态，都成功地实现了向经济领域的转移，从军事活动的价值转变为经济活动的价值。

3. 物流的利润价值

第二次世界大战以后，主要国家的经济发展面对的是一个“无限的市场”，只要能够快速地、顺利地实现产品向用户转移就能够获取利润。企业界采用物流技术和物流管理方式之后，能够有效地增强企业的活力，提高企业的效率和效益，从而增加企业的利润。在产业革命以后，经济领域对于人力、原材料这两个利润源泉挖掘已经有了一百多年的历史，虽然在现代社会中仍然可以用新的方式来开发这两个利润源泉，但是，寻找新的利润源泉就变得更为迫切。“物流”作为“第三个利润源泉”就是在这种情况下被发现的，是对物流效益价值的发现。

4. 物流的成本价值发现

20 世纪 70 年代初，世界爆发了“第一次石油危机”，实际上是以石油为首的能源、原料、材料、劳动力价格的全面上涨。传统的第一、第二利润源泉已经变成了企业的成本负担，在这种情况下，人们发现，物流领域有非常大的降低成本的空间。当企业和经济界利用物流系统技术和现代物流管理方式之后，有效地弥补了原材料、能源、人力成本上扬的压力，从而使人们认识到，“物流”还具备非常重要的降低成本的价值。物流的这一价值的发现，大大提高了物流在国际上的声誉。石油危机期间，许多经济学家预言的全世界的长期的经济衰退并没有出现，这和经济领域中成功地发掘物流的降低成本价值有相当的关系。

5. 物流的环境价值

物流系统的开发、物流合理化的广泛推行和系统物流管理的普遍实施，在有效地降低成本的同时，能够在合理的、更节约使用物流设备的情况下完成资源配置任务；物流系统化以后，物流装备可以得到全面的、系统的开发，装备的效率大大提高同时能耗大大降低。这些努力汇集起来之后，人们惊喜地发现，“物流”对改善环境、降低污染、实施可持续发展有着重要作用，这就使受现代城市病之苦的许多工业化城市对用“物流”这种系统经济形态来改善分立的、混乱的交通，减少交通阻塞、运输损失、降低污染、改善企业外部供应环境格外重视。

6. 物流对企业发展战略的价值

物流对企业发展战略的价值发现实际上是对物流服务价值的发现。20 世纪七八十年代之后，企业普遍从过去那种狭窄的、近期的、微观的视野，从当前的利益的和当前的成本考虑转向了长期的、战略性的发展的考虑。这个长期的、战略性的发展有两个非常重要的支持因素，一个支持因素是在现代信息技术支撑下建立的稳定的，有效的“供应链”，以增强企业的本体能力；另一个支持因素就是贴近用户的服务，而这个服务是远远超出所谓“售后服务”水平之上的全面贴近用户的服务。在物流领域里面出现了广泛配送方式、流通加工方式以及更进一步的“准时供应系统”“即时供应系统”“零库存系统”等，这些都成功地使企业获得了更长远的战略发展的能力。

7. 物流对国民经济的价值

1997 年东南亚爆发了经济危机，危机过后，人们在分析和总结东南亚各国和各地区的情况时发现，以“物流”为重要支柱产业的新加坡、中国香港有较强的抗御经济危机的能力。例如 1998 年受金融风波影响较大的马来西亚经济增长率为－6.8％，泰国为－8.0％，东盟为－9.4％，与之相比较，中国香港的情况比较好，为－5.1％，而新加坡经济当年实现了 1.5％的正增长。这个发现非常重要，它的重要性在于，物流不仅对于微观企业有非常重要的意义，而且对于国家经济发展也有非常重要意义。物流作为一个产业，在国民经济中地位也非常重要，它能够起到完善结构、提高国民经济总体质量和抗御危机的作用。

四、现代物流价值的提升因素

现代物流价值的提升因素主要有以下几种。

1. 物流社会化

社会分工的发展必然导致物流与生产领域的分离，极大促进了第三方物流（3PL）和公共物流的发展。现代物流中心、配送中心的大量出现，使物流在一定半径之内进行空间上集约，实现合理化物流，从而大量节约流通费用，且可节约大量社会流动资金，实现资金流的合理化，即实现经济效益和社会效益双提高。显然，完善和发展物流中心、批发中心和配送中心是流通社会化的必然趋势。物流社会化运作体系的一种形式如图 3－3 所示。

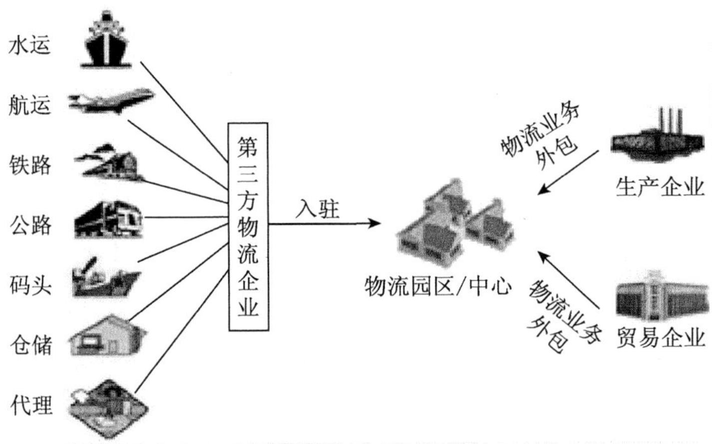

图 3－3　物流社会化运作体系的一种形式

2. 物流信息化

全球经济一体化的趋势使物流向着无国界的方向发展，电子数据交换（EDI）与互联网等信息技术的应用，为物流质量、效率的提升带来了巨大的空间，因而信息化就成为现代物流价值提升的重要因素之一。物流信息化是指商品代码和数据库的建立，运输网络唯一化，销售网络系统化，物流中心管理电子化，电子商务和物品条码技术应用等。物流信息平台的主要功能如图 3－4 所示。

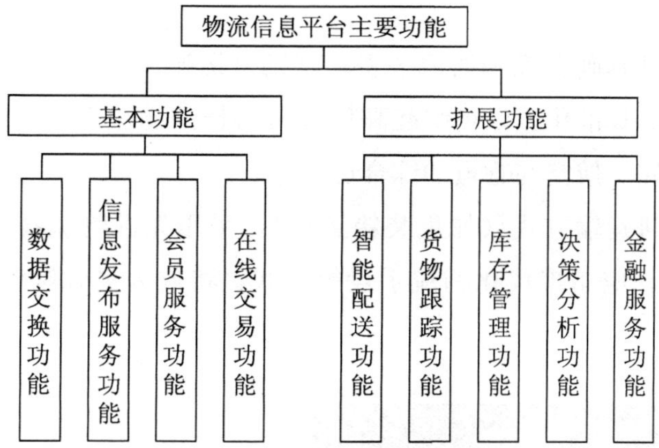

图 3－4　物流信息平台的主要功能

3. 物流系统化

现代物流把社会物流与企业物流有机地结合在一起，产品从采购物流开始，通过生产物流，再进入销售物流，同时，经过包装、运输、仓储、装卸、加工和配送到达用户手中，最后进行回收物流。

可见，现代物流是通过统筹协调、合理规划，控制整个商品的流动，以达到效益最大、成本最小，同时满足客户需求多样化。因此，为了适应“经济一体化”，物流系统成为跨部门、跨行业、跨区域的社会系统，它是国家流通现代化的主要标志，体现着综合国力。综合物流管理可减少流通环节，节约流通费用，实现科学管理，提高效率和效益，进而提高国民经济的质量与效益。物流系统化如图 3－5 所示。

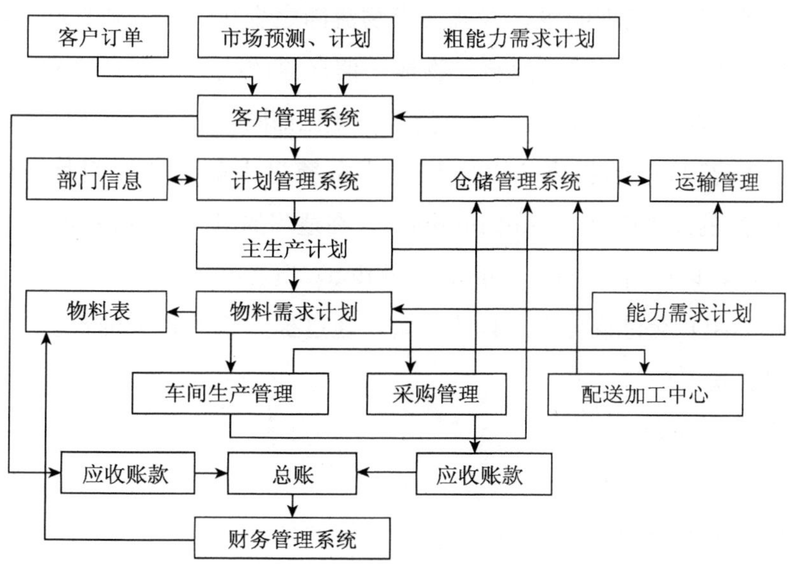

图 3－5　物流系统化

4. 物流现代化

现代物流离不开基础设施和物流装备，特别是运输与仓储，仓储现代化要求高度的机械化、自动化、标准化，以组织起高效人机协作的物流系统，运输现代化要求建立铁路、公路、水路、航空与管道的综合运输体系。

因此，大力改进运输方式（如集装箱运输），采用先进物流技术（如托盘技术），开发新的装卸机械，应用现代化物流手段等方式，将成为提升物流价值的重要因素。如图 3－6 所示。

图 3－6　现代化仓库和集装箱货运站

5. “三流”一体化

按照流通规律，商流、物流、信息流是三流分离的，但在现代社会，不同商品形成了不同的流通方式与营销途径，比如生产资料不仅有直达供货与经销制，而且还有配送制、连锁经营制、代理制等，这就要求物流随之变化。据资料反映，许多国家的物流中心、配送中心已经实现了商流、物流、信息流的统一，而且这种“三流”一体化趋势已逐渐被物流界人士所认可。“三流”一体化如图 3－7 所示。

通过现代物流价值的提升，以实现物流系统追求的“7S”目标：将适当数量（right quantity）的适当产品（right product），在适当的时间（right time）和适当的地点（right place），以适当的条件（right condition）适当的质量（right quality）和适当的成本（right cost）交付给客户。具体来讲，通过提升新的物流的价值，加强物流系统管理就可以实现“7S”。

（1）服务（Service）目标；

（2）快捷（Speed）目标；

（3）节约（Space Saving）目标；

（4）规模优化（Scale Optimization）目标；

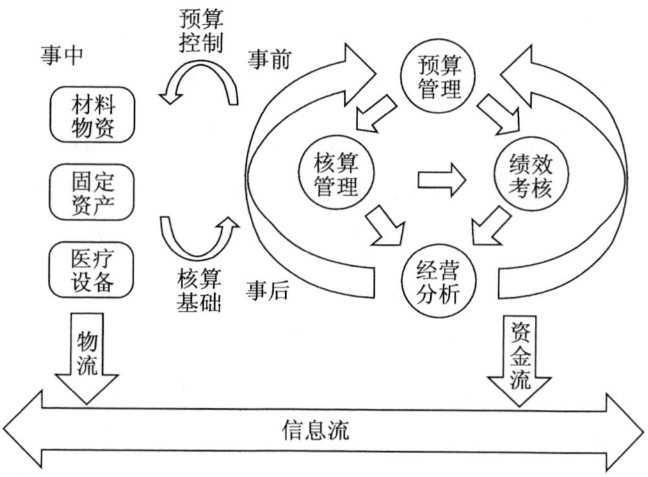

图 3－7　“三流”一体化

（5）库存（Stock Control）目标；

（6）安全性（Safe）目标；

（7）总成本（Sum Cost Minimum）目标。

第二节　物流与经济社会

一、物流在经济社会中的作用

物流的产生和发展是社会再生产的需要，是流通的主要因素。物流在国民经济中占有重要地位，主要表现在以下五个方面。

1. 物流是国民经济的动脉系统，它联结社会生产各个部分，使之成为一个有机整体

任何一个社会（或国家）的经济，都是由众多的产业、部门、企业组成的，这些产业部门和企业又分布在不同的地区、城市和乡村，属于不同的所有者，它们之间相互供应其产品用于对方的生产性消费和职工的生活消费，它们互相依赖而又互相竞争，形成极其错综复杂的关系。物流就是维系这些复杂关系的纽带和血管。马克思对此曾有过如下一段论述：“交换没有造成生产领域之间的差别，而是使不同的生产领域发生关系，并把它们变成社会总生产的多少互相依赖的部门。”“商流”和“物流”一起，把各个生产部门变成社会总生产中互相依赖的部门。

2. 物流是社会不断进行再生产，以创造社会物质财富的前提条件

社会生产的重要特点是它的连续性，这是人类社会得以发展的重要保证。一个社会不能停止消费，同样也不能停止生产。而连续不断的再生产总是以获得必要的生产原材料并使之与劳动力结合而开始的。一个企业的生产要不间断地进行，一方面，必须按照生产需要的数量、质量、品种、规格和时间不间断地供给原料、材料、燃料和工具、设备等生产资料；另一方面，又必须及时地将产成品销售出去。也就是说，必须保证物质资料不间断地流入生产企业，经过一定的加工后又不间断地流出生产企业。同时，在生产企业内部，各种物质资料也需要在各个生产场所和工序间相继传送，使它们经过一步步的深加工后成为价值更高、使用价值更大的新产品。这些厂内物流和厂外物流如果出现故障，生产过程就必然要受到影响，甚至会使生产停滞。

3. 物流是保证商流顺畅进行，实现商品价值和使用价值的物质基础

在商品流通中，物流是伴随着商流而产生的，但它又是商流的物质内容和物质基础。商流的目的在于变换商品的所有权（包括支配权和使用权），而物流才是商品交换过程所要解决的社会物质变换过程的具体体现。我国著名经济学家于光远在祝贺中国物流研究会成立的题词中写道："货币的运动只是实物运动的反映，后者是第一性……""不仅要研究货币流通，还必须研究物资流通，把这两种流通科学地结合起来。"这些论述十分正确，充分说明没有物流过程，也就无法完成商品的流通过程，包含在商品中的价值和使用价值就不能实现。

4. 物流技术的发展是决定商品生产规模和产业结构变化的重要因素

商品生产的发展要求生产社会化、专业化和规范化，但是，没有物流的一定促进，这些要求是难以实现的。物流技术的发展，从根本上改变了产品的生产和消费条件，为经济发展创造了重要前提。而且，随着现代科学技术的发展，物流对生产发展的制约作用就越为明显。

5. 物流的改进是提高微观经济效益和宏观经济效益的重要源泉

这不仅由于物流组织的好坏，直接决定着生产过程是否能够顺利进行，决定着产品的价值和使用价值是否得以实现，还由于物流费用已成为生产成本和流通成本的重要组成部分。根据国外资料，英国工厂每年花去的物流搬运费大约占工厂成本的1/4。据估计，美国每年支出的包装材料费用就超过110亿美元，美国通用电器公司的包装材料费用仅次于它的主要原材料铜和钢的支出，他们把包装看成是发展市场的重要工具。总的来看，在日本和欧美的经济发达国家中，由于劳动生产率的提高，原材料、燃料节约已经取得较大成果，而产品包装、储存、搬运、运输等方面的费用则在生产费用中占越来越大的比重。因此，做好物流已被称为获取利润的第三源泉。特别是随

着科学技术的进步，在工业发达国家通过降低物料消耗而获取利润（即所谓第一利润源泉）和通过节约劳动消耗而增加利润（即所谓第二利润源泉）的潜力已经越来越小，而降低物流费用以取得利润（即所谓第三利润源泉）的潜力却很大。

二、影响物流需求的环境因素

在世界经济一体化的大背景下，物流作为一个体现新的思维模式和管理方式的现代概念，已经受到越来越多的国家的重视，其自身也有了很大的发展。在发达国家，物流已发展到供应链物流管理阶段。在我国，物流概念也日益普及，现代化的物流管理理念无论在微观层面（企业物流）、中观层面（地区性区域物流），还是在宏观层面（社会物流）都被高度重视。但是，不可否认的是，我国的物流水平与发达国家相比还处在较低的水平，与发达国家还有较大的差距，这主要是由我国的总体经济水平所决定的。

1. 产业结构的变化

随着科学技术的进步和社会经济的发展，我国产业结构更趋优化。分产业看，2016 年第三产业增加值增速高于第一、第二产业，而且占 GDP 的比重也超过第二产业，这是结构调整和转型升级的一个重大变化，也是经济缓中趋稳的一道亮丽风景线。第三产业的比重继续提高，服务业增加值速度快于工业。自 2013 年服务业增加值比重第一次超过工业以来，2016 年继续延续了这样的趋势。这就意味着我国经济正在由原来的工业主导型经济向服务主导型经济转变。这种趋势将对经济增长、就业以及其他方面带来深远而持久的影响。目前，我国工业内部结构调整也在加快，新产业、新业态、新产品继续保持较快的增长速度，而且经济全局向中高端迈进的态势非常明显。

20 世纪 70 年代，日本的铁路货运量下降，而公路货运量却大幅上升，二者在货运总量中所占的比例随之改变。对此，日本运通综合研究所进行了一次调查，发现货主在选择运输手段时考虑的因素主要有：运输速度、到达时间的准确性、到达日期的可预测性、机动性、运输的频率、货物的安全性和单位运输量的大小共七个方面。这个结果说明，作为货物运输服务需求者的货主企业将增加的货物运输不是采用铁路运输而是转为采用公路运输的理由是，因为“铁路迟缓”，并且“到达时间不准确、不可预测”，从而导致了铁路运输量下降而公路运输量急剧增长的情况。

类似的情况在我国也曾出现。20 世纪 90 年代中期以后，我国铁路连续出现大幅亏损的局面。究其原因当然有许多，也包括管理不善等人为因素。但是，不可否认的是，速度慢、到达时间不准确和不可预测是主要原因。这种情况引发了我国铁路连续几次的大提速，就足以证明这一点。

2. 消费者需求的多样化、个性化

经济的发展必然带来国民收入水平的提高，在满足了基本的生活需求之后，人们就会追求更高水平的物质产品需求。高水平的物质产品需求不仅是对商品质量的要求，更多的是商品的多样化和个性化的需求。消费者对商品的品类、规格型号、内在质量（包括生鲜食品的新鲜程度）及售后服务等都提出了越来越高的要求。这种情况对采购、进货方式、商品配送等环节产生着深刻的影响，导致订货周期越来越短，配送的时间性要求越来越强。而这些都需要系统化、合理化的物流服务提供支持和保证。

3. 企业经营合理化的趋势

随着经济的发展，市场由卖方市场转变为买方市场，企业为适应市场需求的变化，改变原来的单一品种大批量生产和销售的体系，建立多品种小批量以及按需生产的弹性化生产经营体制，出现经营合理化的趋势。为适应这种趋势，物流的方式也就要发生相应的变革。

4. 物资采购环境的变化

社会主义市场经济体制不断发展和完善，作为市场经营主体的企业，在获得了充分的经营自主权的同时，也必须自行承担经营的风险。在物资市场上供给充足，价格灵活，物资供应方的服务越来越贴近用户的需求等现状，都使物资采购环境发生了根本性的变化。为了适应这种变化，企业开始改变采购管理，努力降低库存水平，从而有效地降低物流成本，使物流真正成为“第三利润源泉”。

5. 企业市场营销政策的影响

激烈的市场竞争，迫使企业努力采取不同于其他企业的差别化营销政策，其中开发新产品首当其冲地成为竞争的焦点。而新产品的开发，也包括产品的外形设计、包装等环节，也就是说，企业不仅要使自己的产品在质量和功能上与众不同，而且在形状和包装上也要与众不同，具有从内到外的鲜明特点，从而巩固或提高市场占有率。这样的营销政策导致物流朝着多品种、小批量的方向发展，同时不可避免地增加了物流管理和物流作业的难度，也使物流的费用加大了。

6. 流通结构的变化

随着国民收入的增加，人们的购买力日益提高。消费者不仅需要选购品种多样、高质量的商品，对购物环境也提出了更高的要求。为了适应这种要求，我国的零售业业态也发生了巨大的变化，超级市场、连锁商店、连锁便利店和廉价商店以及无人超市等新型零售业主体大批出现。从根本上说，零售企业追求规模效益，满足消费者的多样化需求是新型零售业发展的原因，而高效率的物流则是新型零售业发展的重要基础之一。

7. 电子商务的影响

电子商务是运用计算机和现代信息通信技术完成商品交易的活动，一般是指基于互联网的商流活动。电子商务不受时间和空间的限制，极大地扩大了交易的范围，提高了商流的效率，使流通方式发生了革命性的变革，并且在很大程度上影响了企业的运作模式。但是，电子商务解决的只是商流（可以在互联网上传递的数字化商品除外）问题，对于有形商品的物流环节还必须依靠现实的方式，才能实现空间位移。这样就出现了迅速快捷、范围广大的商流电子化与物流之间的适应问题。也就是说，电子商务对物流提出了要求，要求物流能够适应商流电子化，提高反应速度，扩大服务范围，而物流只有通过电子化才能做到这一点。需要指出的是，没有物流的电子化，电子商务就不是真正意义上的电子商务，而只能是电子商流。

三、我国发展现代物流的机遇

2014 年 10 月 4 日国务院下发的《物流业发展中长期规划（2014—2020 年）》中明确要求各级政府支持物流业的发展，必须加快发展现代物流，建立现代物流服务体系，以物流服务促进其他产业发展。

1. 发展物流的重要意义

发展现代物流业是保就业、保增长的需要，是改善我国城乡生产、生活服务的需要，是转变经济发展方式的需要，是建设中国特色社会主义的需要。

2. 发展物流的政策机遇

国务院正式将物流业列入十大产业当中，对于物流业长远发展是重大利好消息，是我国物流业加快发展的重大机遇。

十大产业除物流外，其他九大产业涉及能源、原材料和制造业，只有物流业是生产性服务业。把物流业列入十大产业，只有这样才能形成完整的产业链和供应链，从而促进制造业与物流业互动发展，降低成本，提高效益，从整体上提高我国产业竞争力。

3. 发展物流的需求机遇

国务院出台了一系列“稳增长、调结构、惠民生、防风险，大力推进结构性改革，着力加强供给侧结构性改革”的政策措施，其中物流业也是改革的重要环节。物流业的发展，对于调整结构、转变方式，促进生产、拉动消费，增加就业、完善城乡物流服务体系，提高农民收入都会起到重要作用。

4. 物流产业的潜力机遇

近年来，我国物流业发展很快，但总体水平落后，还不能适应国民经济发展的需要。目前，发达国家社会物流费用与国内生产总值的比率一般为9%～10%，而我国2015年社会物流总费用为10.8万亿元，占GDP的比率为16.0%，可见，我国物流业发展水平与发达国家还存在很大的差距，从而可以说物流业发展潜力很大。

第三节 物流业发展中长期规划重点解读

2014年10月4日，国务院印发《物流业发展中长期规划（2014—2020年）》（以下简称《规划》），规划主要包括发展现状与面临的形势、总体要求、发展重点、主要任务、重点工程、保障措施和组织实施七大部分。

《规划》进一步明确和提升了物流产业的产业高度，指出“物流业是融合运输、仓储、货代、信息等产业的复合型服务业，是支撑国民经济发展的基础性、战略性产业。”物流业作为兼具“复合型”“基础性”“战略性”的产业，它的健康持续发展对于促进产业结构调整、转变发展方式、提高国民经济竞争力和建设生态文明具有重要意义。

《规划》指出“我国物流业已步入转型升级的新阶段”。《规划》分析了我国物流业保持较快增长，物流业已成为国民经济的重要组成部分的现有成果，也直面了物流成本高、效率低，基础设施相对滞后，政策法规体系还不够完善等现状问题。《规划》重点解读如下：

一、发展目标

《规划》中明确了未来十五年物流产业建设与发展的总体目标，即到2020年，基本建立布局合理、技术先进、便捷高效、绿色环保、安全有序的现代物流服务体系。“布局合理、技术先进、便捷高效、绿色环保、安全有序”成为物流行业分阶段分领域的发展目标。具体是：

（1）三个数字：物流业增加值年均增长8%左右，物流业增加值占国内生产总值的比重达到7.5%左右，全社会物流总费用与国内生产总值的比率由2013年的18%下降到16%左右。

（2）四个重点：应用新的物流装备、技术，提高信息化和供应链管理水平；增强物流企业竞争力，形成一批大型物流企业集团和物流服务品；物流园区网络体系布局更加合理，推广多式联运、甩挂运输、共同配送等先进方法；提高物流整体运行效率，引导物流产业集聚。

二、创新驱动

《规划》中反复强调了创新发展，加快关键技术装备的研发应用，提升物流业信息化和智能化水平，创新运作管理模式，提高供应链管理和物流服务水平，形成物流业与制造业、商贸业、金融业协同发展的新优势。创新驱动已经成为我国物流业的重要支撑，领先物流企业通过技术创新、管理创新、模式创新、集成创新、制度创新，打造战略竞争新优势。《规划》将物流资源整合、物流设施与技术、物流信息平台、物流金融服务平台等智慧物流要素的构建、推广应用与整个行业的规模化和协同化结合在一起。

三、降耗增效

《规划》中提出“三个发展重点”：着力降低物流成本；着力提升物流企业规模化、集约化水平；着力加强物流基础设施网络建设。总结起来就是通过技术化、规模化和网络化的手段达到降低物流业的总体能耗水平，提高社会物流服务保障效率。

《规划》提出大力发展绿色物流。指出“优化运输结构，大力发展甩挂运输、共同配送、统一配送等先进的物流组织模式，提高储运工具的信息化水平，减少返空、迂回运输。鼓励采用低能耗、低排放运输工具和节能型绿色仓储设施，推广集装单元化技术。加强危险品水运管理，最大限度减少环境事故。鼓励包装重复使用和回收再利用，提高托盘等标准化器具和包装物的循环利用水平，构建低环境负荷的循环物流系统。大力发展回收物流，鼓励生产者、再生资源回收利用企业联合开展废旧产品回收。”一系列新技术被直接列入未来十五年物流行业发展规划，相关技术细则实施方案会陆续出台。

四、全面统筹

《规划》中对全国物流园区网络体系强调了“科学规划、合理布局、多重保障”，在各层面的侧重点进一步明晰。在区域统筹方面，规划提出“努力形成京沪、京广、欧亚大陆桥、中欧铁路大通道、长江黄金水道等若干条货畅其流、经济便捷的跨区域物流大通道”。“按照建设丝绸之路经济带、海上丝绸之路、长江经济带等重大战略规划要求，加快推进重点物流区域和联通国际国内的物流通道建设，重点打造面向中亚、南亚、西亚的战略物流枢纽及面向东盟的陆海联运、江海联运节点和重要航空港，建立省际和跨国合作机制，促进物流基础设施互联互通和信息资源共享”。在企业统筹层面，规划中提出“鼓励运输、仓储等传统物流企业向上下游延伸服务，鼓励物流企业与制造企业深化战略合作，鼓励商贸物流企业提高配送的规模化和协同化水平，支持快递业整合资源，与民航、铁路、公路等运输行业联动发展，支持航空货运企业兼并重组、做强做大”。在行业统筹层面，规划中提出“加强北斗导航、物联网、云计算、大数据、移动互联等先进信息技术在物流领域的应用。打通物流信息链，实现物流信息全程可追踪。加快物流公共信息平台建设，积极推进全社会物流信息资源的开发利用，支持运输配载、跟踪追溯、库存监控等有实际需求。整合铁路、公路、水路、民航、邮政、海关、检验检疫等信息资源，促进物流信息与公共服务信息有效对接，鼓励区域间和行业内的物流平台信息共享，实现互联互通”。“加快食品冷链、医药、烟草、机械、汽车、干散货、危险化学品等专业物流装备的研发，提升物流装备的专业化水平。积极发展标准化、厢式化、专业化的公路货运车辆，逐步淘汰栏板式货车。推广铁路重载运输技术装备，积极发展铁路特种、专用货车以及高铁快件等运输技术装备”。

五、重点工程

《规划》共列出 12 项重点工程，如图 3－8 所示，这 12 项重点工程按照侧重点不同分为四大类。

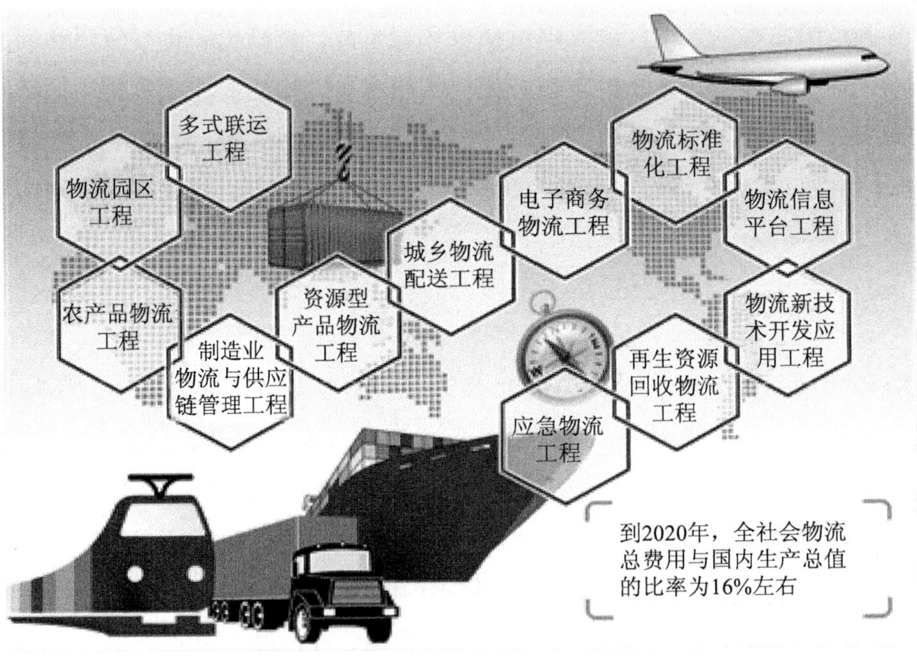

图 3－8　《规划》提出的 12 项重点工程

（1）硬件基础设施包括多式联运工程、物流园区工程、应急物流工程、再生资源回收物流工程 4 项。硬件基础设施重点在于“建设”。

《规划》指出多式联运方面“加快多式联运设施建设，构建能力匹配的集疏运通道，配备现代化的中转设施，建立多式联运信息平台”。物流园区方面“结合区位特点和物流需求，发展货运枢纽型、生产服务型、商贸服务型、口岸服务型和综合服务型物流园区，以及农产品、农资、钢铁、煤炭、汽车、医药、出版物、冷链、危险货物运输、快递等专业类物流园区，发挥物流园区的示范带动作用”。应急物流方面“建立统一协调、反应迅捷、运行有序、高效可靠的应急物流体系，加强应急仓储、中转、配送设施建设，建设集满足多种应急需要为一体的物流中心”。再生资源回收物流方面“加快建立再生资源回收物流体系，加大废弃物回收物流处理设施的投资力度，加快建设一批回收物流中心，实现废弃物的妥善处置、循环利用、无害环保”。

（2）软件基础设施包括物流标准化工程、物流信息平台工程、物流新技术开发应用工程 3 项。软件基础设施重点在于“推进”。

物流标准化方面“重点推进物流技术、信息、服务、运输、货代、仓储、粮食等农产品及加工食品、医药、汽车、家电、电子商务、邮政（含快递）、冷链、应急等物流标准的制修订工作，积极着手开展钢铁、机械、煤炭、铁矿石、石油石化、建材、棉花等大宗产品物流标准的研究制定工作”。物流信息平台工程“加强综合运输信息、物流资源交易、电子口岸和大宗商品交易等平台建设，促进各类平台之间的互联互通和信息共享。加快推进国家交通运输物流公共信息平台建设，开展物流信息化国际合作”。物流新技术开发应用方面“推动北斗导航、物联网、云计算、大数据、移动互联等技术在产品可追溯、在线调度管理、全自动物流配送、智能配货等领域的应用。推广物流信息编码、物流信息采集、物流载体跟踪、自动化控制、管理决策支持、信息交换与共享等领域的物流信息技术”。

（3）民生物流相关工程包括农产品物流工程、城乡物流配送工程、电子商务物流工程 3 项。民生物流相关工程重点在于“基础”。

农产品物流方面“加强鲜活农产品冷链物流设施建设，支持‘南菜北运’和大宗鲜活农产品产地预冷、初加工、冷藏保鲜、冷链运输等设施设备建设，形成重点品种农产品物流集散中心，提升批发市场等重要节点的冷链设施水平，完善冷链物流网络”。城乡物流配送方面“加快现代物流示范城市的配送体系发展，建设服务连锁经营企业和网络销售企业的跨区域配送中心。发展智能物流基础设施，支持农村、社区、学校的物流快递公共取送点建设。搭建城市配送公共服务平台，积极推进县、乡、村消费品和农资配送网络体系建设”。电子商务物流方面“编制全国电子商务物流发展规划，结合国家电子商务示范城市、示范基地、物流园区、商业设施等建设，整合配送资源，构建电子商务物流服务平台和配送网络。建成一批区域性仓储配送基地，吸引制造商、电商、快递和零担物流公司、第三方服务公司入驻，提高物流配送效率和专业化服务水平。探索利用高铁资源，发展高铁快件运输。结合推进跨境贸易电子商务试点，完善一批快递转运中心”。

（4）工业物流相关工程包括资源型产品物流工程、制造业物流与供应链管理工程2项。工业物流相关工程重点在于“协作”。

资源型产品物流方面“依托煤炭、石油、铁矿石等重要产品的生产基地和市场，加快资源型产品物流集散中心和物流通道建设。推进晋陕蒙（西）宁甘、内蒙古东部、新疆等煤炭外运重点通道建设，重点建设环渤海等大型煤炭储配基地和重点煤炭物流节点”。制造业物流与供应链管理工程“支持建设与制造业企业紧密配套、有效衔接的仓储配送设施和物流信息平台，鼓励各类产业聚集区域和功能区配套建设公共外仓，引进第三方物流企业。加快发展具有供应链设计、咨询管理能力的专业物流企业，着力提升面向制造业企业的供应链管理服务水平”。

六、保障措施

规划共列出9项保障措施，包括：①深化改革开放；②完善法规制度；③规范市场秩序；④加强安全监管；⑤完善扶持政策；⑥拓宽投资融资渠道；⑦加强统计工作；⑧强化理论研究和人才培养；⑨发挥行业协会作用。就保障措施而言此次规划的亮点有：

1. 完善物流政策综合协调机制

以国家发展和改革委员会、商务部、中国铁路总公司、交通运输部、工业和信息化部、民航总局、公安部、财政部、海关总署、工商总局、税务总局、质检总局、国家标准委、中国物流与采购联合会、中国交通运输协会共15个部门和单位组建的全国现代物流工作部际联席会议为基础探索“完善各层级的物流政策综合协调机制”。

2. 信息系统的全国统一化

“完善物流企业和从业人员信用记录，纳入国家统一的信用信息平台。建立健全物流安全监管信息共享机制，物流信息平台统一技术标准接口”。

3. 鼓励民间资本进入物流领域

进一步明确鼓励民间资本进入物流领域。支持符合条件的物流企业通过发行公司债券、非金融企业债务融资工具、企业债券和上市等多种方式拓宽融资渠道。“继续通过政府投资对物流业重点领域和薄弱环节予以支持”。

机遇与压力共存，信心与动力同行。自 2009 年国务院《物流业调整和振兴规划》颁布出台是“力挽狂澜”，物流“国八条”“国九条”细化解释后，那么此次规划堪称“高瞻远瞩”，此规划站得更高，想得更远。《规划》编制工作历时两年，数十位专家、数百位物流业相关人员共同参与，是我国未来十五年物流产业发展的“总蓝图”。

此次规划非常强调前瞻性和实操性。前瞻性体现在对物流需求的快速增长，对新技术新装备的应用，对资源环境的关注和对国际竞争的预判四个方面做了充分的研究和制定针对性的对策。实操性体现在将规划细化为七大重要任务和十二个重点工程，从行业顶层设计到底层工程步骤做了详细的部署。《规划》的公布与施行对物流业界既带来了机遇同时也带来了压力，但相信“物流人”获得更多的是动力和信心。

第四章　物流的基本理论

引例

被忽略的硬币两面

由于很多品牌从一开始接触的电子商务就是淘宝商城，而该网站又有较高的人气和固定的物流系统，所以很多企业对电子商务的运营没有深入了解，忽略了电子商务营销和物流两大重要板块，这两大板块恰恰是未来电子商务的竞争点所在。

一、网络营销力度不够

除了淘宝商城自身进行的营销活动，很少能看到哪个家纺品牌主动做电子商务的品牌营销，大部分品牌都是被动接受。例如，“双十一”活动。很多家纺品牌从中受益，增加了人气和销量，但是由于缺乏品牌自身特色的推广，并没有哪个品牌能够从众多品牌中突围，抢占更多客户资源。

打开淘宝商城家纺版，消费者表示面对众多家纺品牌、产品无从选择，最终还是会选择在百货商场经常看到的、知名的品牌。这也是此次淘宝商城促销活动中出现的问题，品牌的消费群体相对固定，线下喜欢这个品牌，依然在此次活动中选择购买该品牌床品。这不完全是因为消费者对品牌的忠诚度高，而是因为消费者没有获取更多的营销信息，比如哪个品牌推出了什么新品，新品的优点是什么？

在线下，每个品牌都知道产品信息尤为重要，想尽各种办法让客户了解产品特点，而到了线上——这个信息流通更快、更方便的平台，大部分家纺企业反而变得“内敛”，信息发布并不多。究其原因，还是品牌对电子商务营销不够了解，没有充分做好品牌的网络推广工作。这也暴露了品牌选择淘宝网作为唯一电子商务渠道的弊端，毕竟淘宝商城仅是一个大型电子交易平台，不具备推广、宣传的功能。因此，家纺品牌更应该主动出击，通过其他相关网站以及自己的电子商务网站，及时向消费者传递出最新的品牌信息。

电子商务本身是一个全新的销售渠道，然而由于新锐品牌没有抓住电子商务的营销要领，错失了营销机会，最终网上商城的品牌排名还是与线下的品牌排名如出一辙，老品牌依然稳坐泰山，新品牌难以“出线”。

电子商务营销的策略方法甚至比实体营销还要广泛，比如网站广告、竞价排名、邮件营销、社区营销、积分反馈等。通过电子商务平台，企业可以很便捷地建立客户信息，如通过简单的意见反馈表就能得知消费人群的特点以及偏好哪款产品，再通过与线下门店联手收集客户信息，然后群发邮件向目标客户进行有针对性的营销。

近日电子商务家纺品牌“觉”引起了网络消费者的关注。这是由一群年轻设计师、管理者打造的专门针对网络销售的品牌。由于其主要针对的消费群体为出生于20世纪80年代、90年代的时尚潮流青年，“觉”在品牌初期推广阶段运用了诸多创新的营销手法，比如让消费者通过填写对品牌的认识与期待申请试用。运营总监贾成伟说：“我们只推出了3款产品进行试用，却在短短几天内收到上千份试用申请，很多80后、90后的消费者通过对产品的直观认识表达了他们的看法，甚至有些人诉说了他们自己的故事，表明他们对品牌的期待”。

上千份的试用申请，直接帮助这个新品牌提高了关注度。贾成伟说：“品牌在创立之初，就坚定了要打破一切束缚的信念。‘觉’品牌强调独立与新鲜元素混合的魅力，风格独特、设计出位、用色大胆、创意新颖，以引领消费者追求自我生活态度为品牌主旨，‘START YOUR DREAM’是我们的目标，也是品牌首次亮相推出的标语”。

二、物流方式不能单一

物流是品牌最容易忽略的一个问题，然而在“双十一”的淘宝促销活动中，物流成为最致命的问题。由于促销期间，淘宝网的订单量非常大，快递公司出现了爆仓现象，买家往往需要等比平时长2～3倍的时间才能拿到产品。这让消费者怨声载道，甚至还有部分消费者退货，给企业造成一定困扰。

博洋家纺吸取了去年的经验教训，做好充足的物流准备，和多个快递公司提前沟通，以保证货物以最快的速度出库并送达。在此次活动中，博洋家纺在物流方面打了漂亮的一仗。

事实上，快是企业对物流最基本的要求。物流还关系到送达产品的质量以及退换货问题。目前，电子商务物流分为两种形式，一种是由快递公司送达货物；另一种是由网站或公司自己的物流人员负责送货。淘宝商城采用的是第一种方法，而像京东、当当网等采用的就是第二种。显然，第二种物流方式更有保证，首先是保证了货品的安全性和完好无损。很多网络消费者反映，有过产品被调包或摔坏等经历，遇到这样的情况，由于无法认定买卖双方的责任，只能不了了之。这样品牌在消费者心中留下不好的印象，影响二次销售。其次，第二种物流方式还提供了更多的结算方式，如货到付款，让消费者能够更加安心地购物。虽然现在热衷于网络购物的人很多，但是愿意在网上直接付款的却很有限，就是因为消费者对产品不放心，害怕拿到产品不满意，而货到付款最能解决这类人群的后顾之忧。最后，由网站自身的物流人员送货还可以解决退换货问题。网购最大的缺陷就是图片有色差、摸不着面料，消费者无法完全把握产品的真实信息，因此消费者在拿到商品后不满意在所难免。作为个人卖家可以不承诺退换货，但是品牌却不能如此，如果通过物流能够很好地解决退换货问题，一定会提升消费者的满意度。

资料来源：http：//www. examw. com/

第一节　物流科学的若干理论认识

物流活动从人类社会产生就已存在，具有久远的历史。随着商品经济的发展，物流活动的形式由简单到复杂，范围由小到大，技术水平由低到高。在物流活动实践不断发展的基础上，必然发展出研究物流的学问。物流的学问不断增添和积累到一定程度，就形成了相对完整和独立的物流学。所谓物流科学就是以物流活动的全过程为对象，研究物品实体流动的概念、理论、规律、技术和方法的学科。

一、商物分离学说

商物分离，是指作为流通的两个组成部分的商业流通和实物流通，各自都按照自己的规律和渠道独立运动。商物分离是社会进步的结果，商物分离是物流科学赖以生存的先决条件。物流科学正是在商物分离的基础上，才得以对物流进行独立的思考，进而形成的科学。

社会进步使流通从生产中分化出来，并没有结束分工和分化的深化和继续。列宁在谈到这个问题时提出“分工不仅把每一种产品的生产，甚至把产品的每一部分的生产都变成专门的工业部门——不仅把产品的生产，甚至把产品制成消费品的各个工序都变成专门的工业部门”。这种分化、分工的深入也表现在流通领域。在流通领域，比专业化流通这种分工形式更重要的分工是流通职能的细化。流通统一体中有不同的运动形式，这一点马克思早有论述，并将之区分为“实际流通”和“所有权转让”，他说：“要使商品实际进行流通，就要有流通工具，而这是货币无能为力的。”“商品的实际流通，在空间上和时间上都不是由货币来实现的。货币只是实现商品的价格，从而把商品的所有权转让给买主，转让给提供交换手段的人。货币使之流通的不是商品，而是商品所有权证书”。

第二次世界大战之后，流通过程中上述两种不同形式出现了更明显的分离，从流通的两种不同形式逐渐变成了两个有一定独立运动能力的不同运动过程，这就是所称的“商物分离”。“商”指“商流”，即商业性交易，实际是商品的价值运动，是商品所有权的转让，流动的是“商品所有权证书”，是通过货币实现的；“物”即“物流”，即马克思讲的“实际流通”，是商品实体的流通。本来，商流和物流是紧密结合在一起的，进行一次交易，商品便易手一次，商品实体便发生一次运动，商流和物流是相伴而生并形影相随的，两者共同运动，只是运动形式不同而已。在现代社会诞生之前，流通大多采用这种形式，时至今日，这种情况仍不少见。商物分离形式如图 4－1 所示，如果物流因本身的特殊性与商流过程分离，那么和商流过程比较，显然要合理得多。物流本身不创造物品的使用价值，但创造价值，物流活动具有服务性。在流通过程中，物流与商流既相区别又有联系。

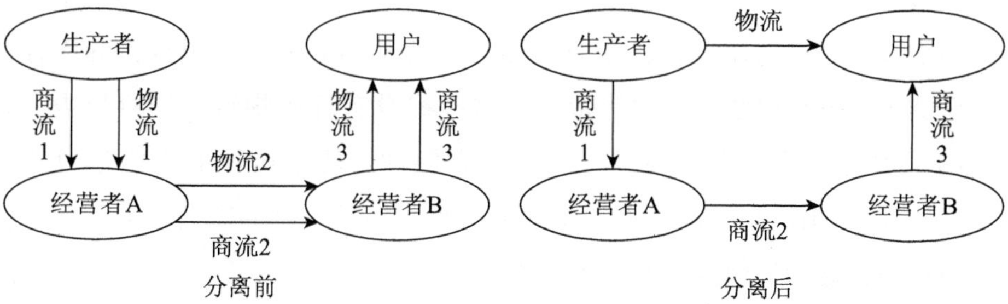

图 4－1　商物分离形式

但是，商物分离也并非是绝对的，在现代科学飞速发展的今天，优势既可以通过分工获得，也可以通过趋同获得。事实上，有一些国家的学者和一些领域的操作者都提出了商流和物流在新的基础上的一体化问题，欧洲的一些国家对物流的理解本来就包含企业的营销活动，即在物流的研究中包含着商流。在企业中，最初是把独立设置的物流部门看成是一种进步，而现在，则是更多地对物流和商流进行综合的战略管理，已不再单独地将它们分离开来进行研究。

二、“黑暗大陆”学说和“物流冰山”学说

1. “黑暗大陆”学说

1962 年，美国著名的管理学权威彼得·德鲁克在《经济的黑暗大陆》一文中指出：

“流通是经济领域里的黑暗大陆”，德鲁克泛指的是流通，但是，由于流通领域中物流活动的模糊性尤其突出，是流通领域中人们认识不清的领域，所以“黑暗大陆”说法现在转向主要针对物流而言。德鲁克提出物流是降低成本的最后领域，强调高度重视物流管理，对实业界和产业界产生了巨大的推动作用。

“黑暗大陆”说法主要是指尚未认识、尚未了解的空间。如果理论研究和实践探索照亮了这块黑暗大陆，那么摆在人们面前的可能是一片不毛之地，也可能是一片宝藏之地。“黑暗大陆”学说是对 20 世纪中经济界存在的愚昧的一种反对和批判，指出在当时资本主义繁荣和发达的状况下，科学技术也好，经济发展也好，都远未有止境；“黑暗大陆”学说也是对物流本身的正确评价，这个领域未知的东西还很多，理论和实践皆不成熟。

2. “物流冰山”学说

“物流冰山”学说是由日本早稻田大学西泽修教授提出的，他在研究物流成本时发现，现行的财务会计制度和会计核算方法都不可能掌握物流费用的真实情况。一般情况下，企业会计科目中，只把支付给外部运输企业、仓库企业的费用列入成本，实际这些费用在整个物流费用中只是很小的一部分。真正的大头是企业内部发生的各种物流费用，如物流基础设施建设费、企业利用自己的车辆运输、利用自己的库存保管货物，由自己的工人进行包装、装卸等费用，这些都没有计入物流费用科目内。人们对物流费用的了解是一片空白，甚至有很大的虚假性，他把这种情况比喻成“物流冰山”。物流是一座冰山，其中沉在水平面以下的是人们看不到的黑色区域，而人们所能看到的，不过是物流的一部分。物流冰山如图 4－2 所示。

图 4－2　物流冰山

西泽修教授通过对物流成本的具体分析，验证了德鲁克的“黑暗大陆”学说。事实证明，物流领域的方方面面对我们而言还是不清楚的，黑暗大陆和冰山下部正是物流尚待开发的领域，这正是物流的潜力所在。

“物流冰山”学说之所以成立，有三个方面的原因。一是物流成本的计算范围太大。包括原材料物流、厂内物流、从工厂到仓库和配送中心的物流、从配送中心到商店的物流等。这么大的范围，涉及的单位非常多，牵涉的面也很广，很容易漏掉其中的某一部分。计算哪部分、漏掉哪部分，物流费用的大小相距甚远。二是运输、保管、包装、装卸，以及信息等各物流环节中，以哪几种环节作为物流成本的计算对象问题。如果只计运输和保管费用，不计其他费用，与运输、保管、装卸、包装以及信息等费用全部计算，两者的费用结果差别相当大。三是选择哪几种费用列入物流成本中的问题。比如，向外部支付的运输费、保管费、装卸费等费用一般都容易列入物流成本，可是本企业内部发生的物流费用，如与物流相关的人工费、物流设施建设费、设备购置费，以及折旧费、维修费、电费、燃料费等是否也列入物流成本中？此类问题都与物流费用的大小直接相关。因而，我们说物流费用确实犹如一座大海里的冰山，露出水面的仅是冰山的一角。

三、“第三利润源”学说

“第三利润源”学说主要出自日本，也是日本早稻田大学西泽修教授提出来的。“第三利润源”是对物流潜力和效益的描述。经过半个世纪的探索，人们已经肯定物流这个“黑暗大陆”是一片富饶之源。从历史发展来看，人类历史上曾经过两个大量提供利润的领域：第一个是资源领域，第二个是人力领域。在资源领域，起初是廉价原材料、燃料的掠夺性获得，其后是依靠科技进步，节约消耗、节约利用、综合利用、回收利用乃至通过使用大量人工合成资源而获取高额利润，习惯上称之为企业的“第一利润源”。在人力领域，起初是廉价劳动，其后则是依靠科技进步提高劳动生产率，降低人力消耗或采用机械化、自动化来降低劳动耗用，从而降低成本、增加利润，习惯上称之为企业的“第二利润源”。在前两个利润源的开发潜力越来越小，利润开拓越来越困难的情况下，物流领域的潜力被人所重视，按时间序列为“第三利润源”。这三个利润源针对生产力的不同要素：第一利润源挖掘的对象是生产力要素中的劳动对象，第二利润源挖掘的对象是生产力要素中的劳动力，第三利润源挖掘的对象是生产力要素中的劳动对象和劳动者的潜力，因而更具全面性。“第一利润源”指的是资源领域，“第二利润源”指的是人力领域，“第三利润源”指的是现代物流。如图 4－3 所示。

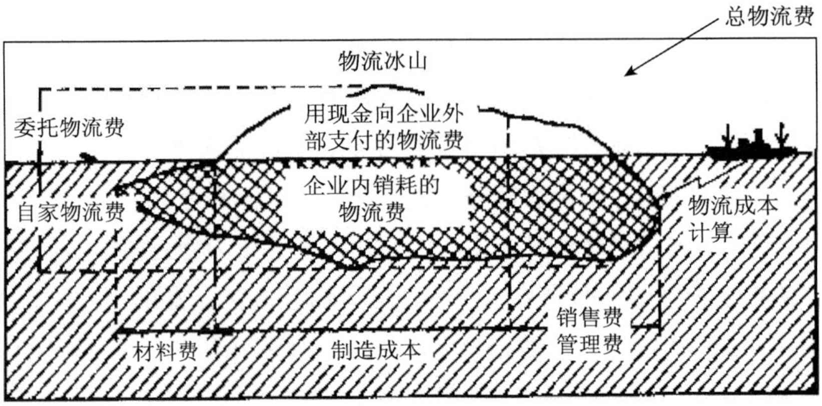

图 4－3　第三利润源与物流冰山学说

对第三利润源学说的最初认识是基于以下几个方面。

（1）物流可以完全从流通中分化出来，自成体系，有目标，可以进行管理，因而能进行独立的总体判断。

（2）物流和其他独立的经济活动一样，它不是总体的成本构成因素，而是单独盈利因素。物流可以成为“利润中心”。

（3）从物流服务角度来说，通过有效的物流服务，可以给接受物流服务的生产企业创造更好的盈利机会，成为生产企业的“第三利润源”。

（4）通过有效的物流活动，可以优化经济系统和降低整个社会的运行成本，提高国民经济的总效益。

四、“效益背反”和物流的整体观念

“效益背反”又称为“二律背反”，效益背反指的是物流系统的若干功能要素之间存在着交替损益的矛盾，即某一个功能要素的优化和利益发生的同时，往往会存在另一个或另几个功能要素的利益损失。这种此涨彼消，此盈彼亏的现象，存在于许多领域。

这一术语表明两个相互排斥而又被认为是同样正确的命题之间的矛盾。“效益背反”是物流领域中很经常、很普遍的现象，“效益背反”是物流领域中内部矛盾的反映和表现，是物流的若干功能要素之间存在着损益矛盾的具体体现。

物流系统的效益背反包括物流成本与物流服务水平的效益背反和物流各功能活动之间的效益背反。如图 4－4 所示。

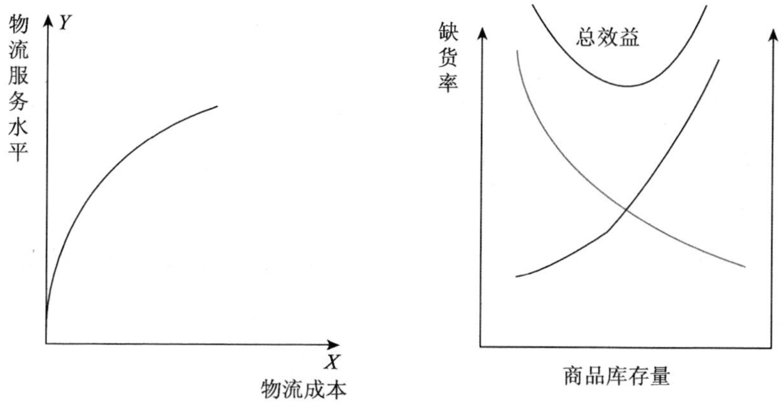

图4－4　物流成本与物流服务水平、物流各功能活动之间的效益背反

1. 物流成本与服务水平的效益背反

高水平的物流服务是由高水平的物流成本控制作保证的。在没有较大技术进步的情况下，物流企业很难做到既提高了物流服务水平，同时也降低了客户的物流成本。一般来讲，提高物流服务水平，物流成本即上升，两者之间存在着效益背反的规律。而且，物流服务水平与物流成本之间并非呈现线性关系。

2. 物流活动的效益背反

现代物流是由运输、仓储、包装、装卸、流通加工、配送及信息处理等物流活动组成的集合。在构成物流系统的各个环节（即活动）之间存在着“效益背反”状态。要想较好地达到某个方面的目的，必然会使另一方面的目的受到一定的损失。也就是一方成本降低，导致另一方成本增大，这便是物流活动的效益背反。

物流系统是以成本为核心，按最低成本的要求，使整个物流系统优化。它强调的是调整各要素之间的矛盾，强调要素之间有机地结合起来。这要求必须从总成本的角度出发，以系统的角度看问题，追求整个物流系统的总成本最低。

企业物流管理肩负着“降低物流成本”和“提高服务水平”两大任务，这是一对相互矛盾的对立关系。整个物流合理化，需要用总成本评价，这反映出企业物流成本管理的效益背反特征及企业物流对整体概念的重要性。美国学者用“物流森林”的结构概念来表述物流的整体观念，指出物流是一种结构。对物流不能只见功能要素而不见结构，即不能“只见树木而不见森林”，物流的总体效果是森林的效果。这可以归纳成一句话：“物流是一片森林，而非一棵棵树木。”对这种总体观念的描述还有许多的提法，诸如物流系统观念、多维结构观念、物流一体化观念、综合物流观念、后勤学和物流的供应链管理等，都是这种思想的另一种提法或同一思想的延伸和发展。

五、其他学说

“成本中心”“利润中心”“服务中心”“战略中心”学说实际上是对物流系统的作用和目的的不同认识、不同观念，派生出的不同的管理方法。

1. 成本中心学说

成本中心的含义，是物流在企业战略管理中，只对企业营销活动的成本起作用，物流是企业成本的重要产生点，因而，解决物流问题，并不主要是通过搞合理化、现代化，主要不在于保障其他活动，而是通过物流管理和物流的一系列活动降低成本。所以，成本中心学说既是指主要成本的产生点，又是指降低成本的关键点。

显然，成本中心学说没有将物流放在主要位置，尤其是没有放在企业发展战略的主角位置，如果改进物流的目标只是在于降低成本，这势必会影响物流本身的战略发展。当然，成本和利润是相关的，成本和企业的生存也密切相关，成本中心也不是只考虑成本，但它代表了人们对物流主体作用和管理目标的认识。以“十二五”时期前某一年我国煤炭行业为例，其运输、仓储、配送、流通加工、包装等物流成本占总成本的62.8%，物流成本较高，降低物流成本是煤炭行业提高效益的重要手段。煤炭行业物流成本分析如图4-5所示。

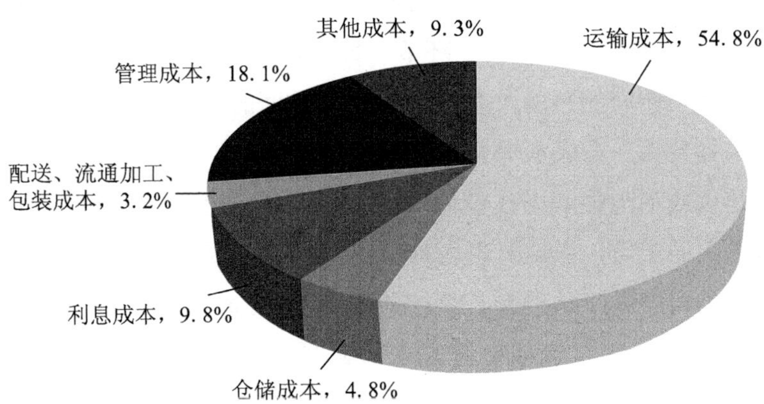

图4-5　煤炭行业物流成本分析

2. 利润中心学说

利润中心的含义，是物流可以为企业提供大量直接和间接的利润，是形成企业经营利润的主要活动。对国民经济而言，物流也是国民经济中创利的主要活动。物流的这一作用被表述为“第三利润源”。物流费用的降低，就意味着利润的提高。2016年我国社会物流总费用构成如图4-6所示。

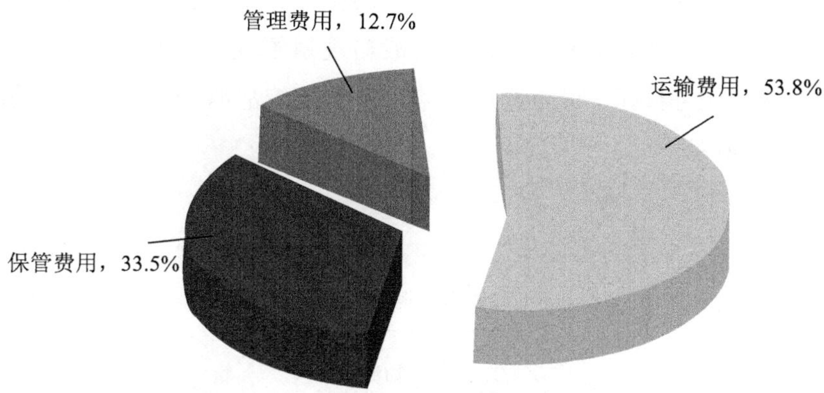

图 4－6　2016 年我国社会物流总费用构成

3. 服务中心学说

服务中心学说代表了美国和欧洲等一些国家的学者对物流的认识，他们认为物流活动最大的作用并不在于为企业降低成本或提高利润，而是在于提高了企业对用户的服务水平，进而提高了企业的竞争力。因此，他们在使用描绘物流的词汇上选择了后勤一词，特别强调其服务保障的职能。通过物流的服务保障，企业以其整体能力来压缩成本，增加利润。如图 4－7 所示。

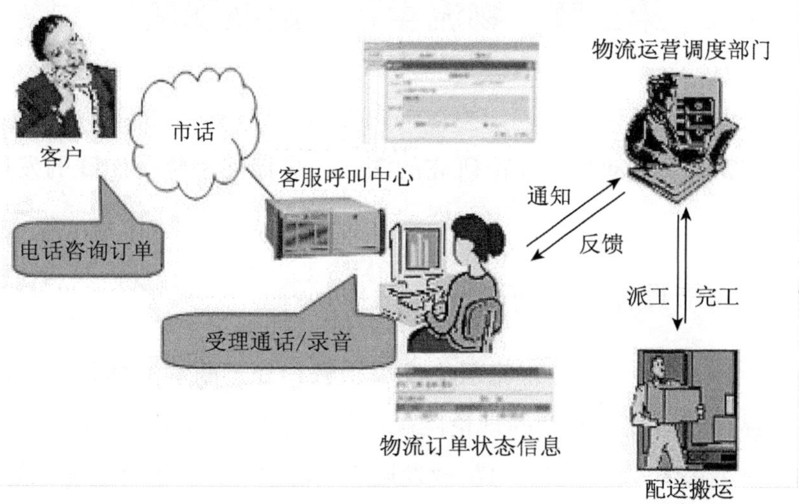

图 4－7　物流服务中心学说

4. 战略中心学说

战略中心学说是当前非常盛行的说法，实际上，学术界和产业界越来越多的人逐渐认识到，物流更具有战略性，是企业发展的战略而不是一项具体的操作任务。这种观点把物流放在了很高的位置。将物流和企业的生存和发展直接联系起来的战略中心学说，对促进物流的发展有重要意义。物流战略规划领域集中说明了应主要解决四个方面的问题：客户服务目标、设施选址战略、库存决策战略和运输战略。物流战略中心学说如图 4-8 所示。

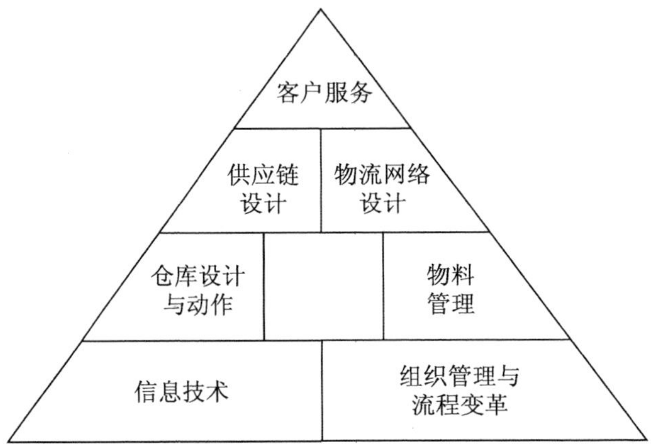

图 4-8　物流战略中心学说

第二节　物流学若干成熟观念

了解物流从思想到理论的形成，关注国内外物流理论研究的新进展，尤其是第三方物流产业的研究，对推动物流理论研究的深入，进而促进物流实践的发展具有现实而重要的意义。

一、西方物流理论的新拓展

20 世纪 90 年代之后，西方物流理论发展很快，并不断地跟随社会经济的发展需要，开创性地提出和研究一些新的理论问题，如精益物流、绿色物流、逆向物流、供应链管理和需求工程等，把环保、可持续发展等经济理念带到了物流理论的研究领域。

1. 精益物流理论

精益物流理论（Lean Logistics）这个新型概念来自“精益理念”在物流理论的分析与应用，而“精益理念”则出自于美国麻省理工学院教授詹姆斯和丹尼尔在 1990 年所著的《改变世界的机器》和后来著的《精益思考》。它的核心思想是从客户的角度出发，消除物流中非增值消耗，开发出新的产品，进而提高客户的满意度。精益生产和精益物流如图 4－9 所示。

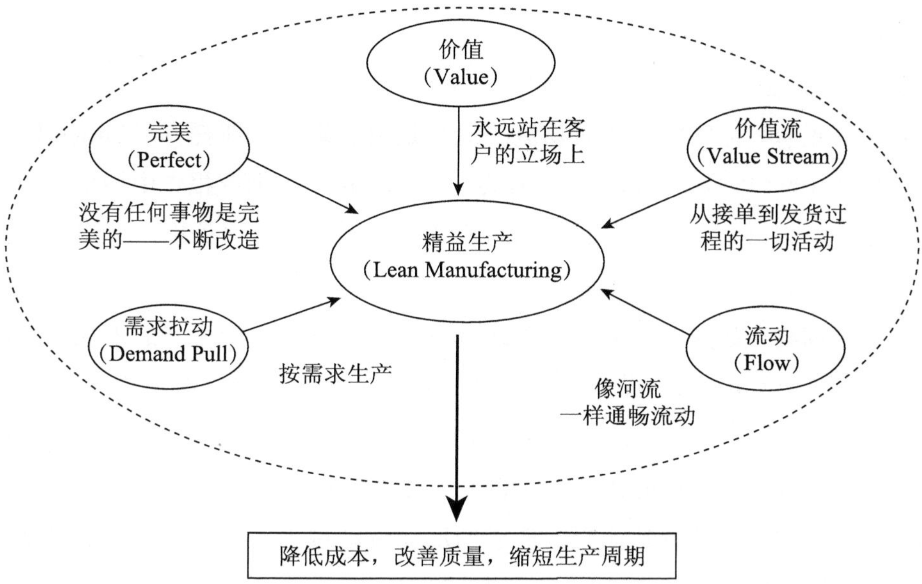

图 4－9　精益生产和精益物流

2. 绿色物流理论

1987 年，国际环境与开发委员会发表了名为《我们共有的未来》研究报告。报告认为，为了实现长期、持续、稳定的发展，必须采取各种措施来维护我们的自然环境。环境共生型物流就是要改变原来经济发展与物流、消费生活与物流的单向作用关系，在抑制物流对环境造成危害的同时，形成一种能够促进经济发展和人类健康发展的物流系统，即向绿色物流（Green Logistics）、循环型物流转变。绿色物流如图 4－10 所示。

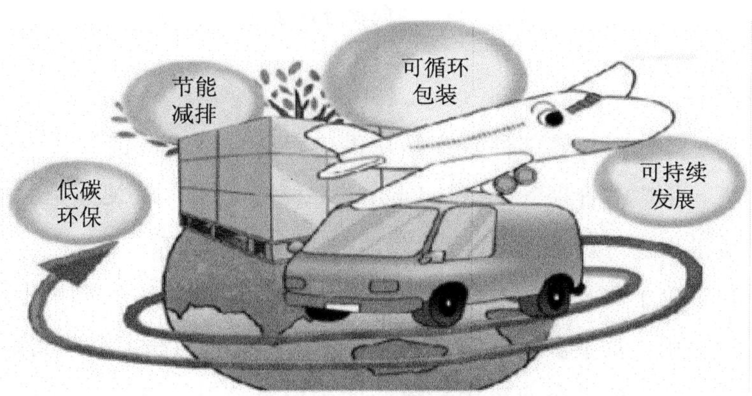

图 4－10　绿色物流

1994 年，著名的物流专家詹姆斯·考帕（James Coper）教授在实证研究的基础上，通过对库存策略和运输工具选择以及即时生产战略的分析，进一步探讨了绿色物流的重要性。

3. 逆向物流理论

相对于“正向物流”的“逆向物流”最早是由詹姆士·斯托克（James R. Stock）提出的。他在 1992 年给美国物流管理协会（CLM）的一份研究报告中指出逆向物流是一种包含了产品退回、物料替代、物品再利用、废弃处理、再处理、维修与再制造等流程的物流活动。

此后，逆向物流研究在欧美国家受到理论界和实业界人士相当的重视，有影响的学者包括罗杰斯（Rogers）、蒂贝·兰勃格（Tibben Lembke）、瑞劳格（Revlog）、斯托克（Stock）、考皮克（Kopicki）等，但是，研究成果中最有代表性的，是由斯托克撰写的《逆向物流》和《逆向物流计划的制订与实施》。这两部著作针对产品缺损、过期、发货差错、以旧换新或其他原因造成的反向流动过程，比较系统地探讨了逆向物流理论（Reverse Logistics）问题。如图 4－11 所示。

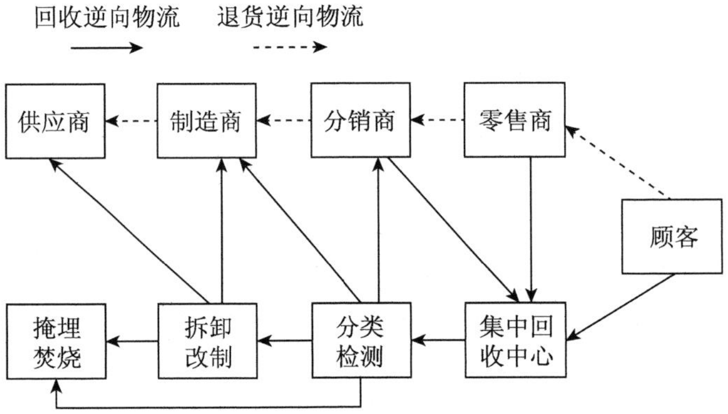

图 4－11　逆向物流系统结构

4. 供应链管理理论

供应链指的是原材料、零部件等产品从供应者经生产者、销售者等环节最终到达用户手中的过程。供应链管理（Supply Chain Management，SCM）是对构筑与运营这一无缝的物流链过程进行规划、设计、组织与控制的活动体系。

供应链管理理论于 20 世纪 80 年代末被提出以来，在全球企业尤其是制造业企业管理中得到广泛应用，基于供应链管理进行战略思考已成为制定企业战略的基础工作。日趋激烈的市场竞争，要求企业集中于核心能力以维持其市场竞争优势，企业不断地提高核心能力是获得持续的市场竞争优势之源，而充分利用外部资源处理企业的非核心业务，将一项或一部分服务交由另外一个经济实体去组织与经营，针对物流业务外包的企业即第三方物流企业。如图 4－12 所示。

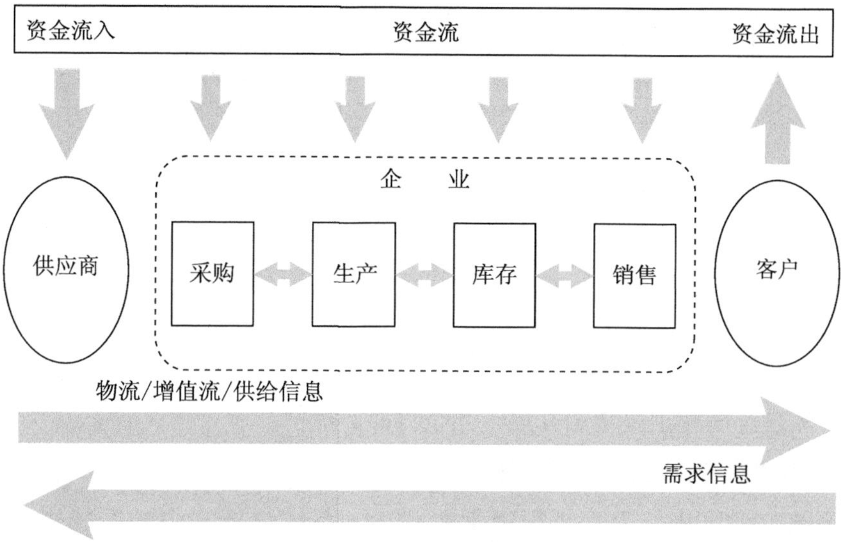

图 4－12　供应链管理

5. 需求工程理论

需求开发以及需求管理已经逐步形成了一套成熟的理论。需求是所有后续工作的基础，如果不解决需求问题，则后面的路就会很长、很难且代价高昂。根据业界经验，客户并不清楚自己的“真实需求”，要获得真实的需求，需要交互式的需求探索过程，需要有效机制、方法、手段和工具提供支持。解决需求方面的理论是需求工程理论(Requirements Engineering Theory)。

第三方物流、需求工程理论物流及生产制造三者相关的因素是生产周期的长度，我们常把具有较长生产周期、较少的生产线数目和生产的经济性联系在一起，然而，这容易引起某一产品过多的存货。因此，最终的生产决策需要管理层仔细权衡生产周期长短的优缺点。许多行业现在都趋于缩短生产周期并减少生产线的时间与费用。采用零库存方法进行存储与计划的公司更是如此。如图 4－13 所示。

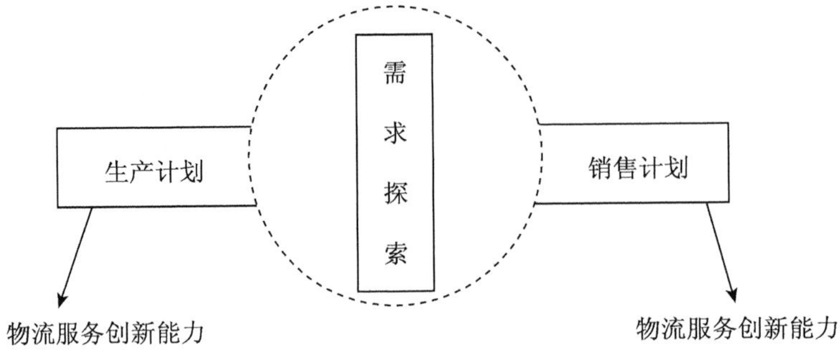

图 4－13　需求工程理论示意

二、我国物流理论研究的进展与突破

我国物流理论研究主要集中在以下几个方面。

1. 物流系统论和供应链集成研究

物流系统论把物流作为一个理论学科，置于系统论框架中的系统来研究，使读者通过物流要素、结构分析，了解物流的作用和功能，理解物流是一个产业和把"要素集成化"作为物流系统论（Logistics System）的重点原理的论述。如图 4－14 所示。

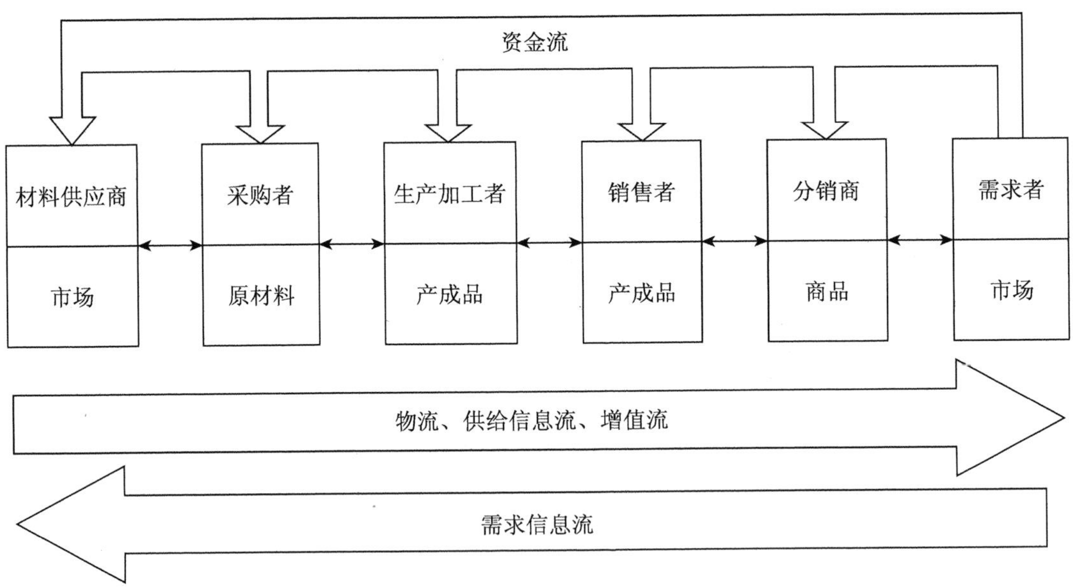

图 4－14　供应链上各合作伙伴之间的各种流

在此基础上，有的学者通过建立“区域物流系统动力学模型”，把这种系统放在一个区域范围内进行实证分析和研究。如有的学者将研究视角放在了供应链与物流管理的结合点上，从企业的产业链静态层面和物流、信息流和价值流等动态层面，分析集成供应链的形成；有的学者把企业内外部物流集成化作为我国当今企业发展的新模式，推动了物流管理功能独立的组织形式和职能的集成化。还有的学者根据供应链所涉及的研发、资源、制造、物流、信息和决策 6 个柔性子系统的关系研究建立了供应链柔性系统集成模型。

物流一体化理论与方法研究的著作——《物流业务流程重组》，通过对我国物流案例的实证性分析，揭示了物流一体化具有社会性和技术性的二重性的本质，指出物流管理信息系统的发展方向是基于业务流程重组的管理信息系统，丰富了物流一体化重组理论。

当供应链还在物流纵向一体化的理念融入和深化时，20 世纪末互联网的产生，使大量的研究视角开始注意到电子商务在物流和供应链中的惊人作用，因为通过电子商务平台，或者战略联盟，“横向一体化形成了一条从供应商到制造商再到分销商的贯穿所有企业的链”，并把一体化物流链的研究推向了战略采购、分销、品类管理和库存管理等内容。企业面对一体化的选择，可以实施非核心业务外包的方法，以突出核心业务竞争力，最大限度地取得竞争优势。

所以，从纵向一体化到横向一体化的供应链研究是一次理论研究与实践的飞跃，这是因为“全球制造链及由此产生的供应链管理是横向一体化管理思想的一个典型代表”。这样，从供应链流程形式而言，一体化物流或物流一体化包括三种形式：垂直一体化物流、水平一体化物流和物流网络。不仅如此，为了推进供应链管理的边界研究，有学者提出实现“产品和服务与顾客的需求实现无缝连接，从而提高企业的柔性以及顾客价值”。

2. 物流战略研究

对物流战略（Logistics Strategy）的研究主要集中在三个角度：一是从货主物流需求的角度，研究即时物流战略、协同或一体化物流战略、高度化物流战略。二是从竞争优势的角度，进行战略选择，探讨物流战略包括的内容对竞争战略及物流战略选择的影响。在这个问题上，有人认为，战略选择可以直接导致其模式的改变，所以，物流战略往往决定了物流模式的选择。有专家学者专门针对我国第三方物流存在的问题，提出了精益物流、价值链联盟、虚拟化战略三种可供选择的第三方物流企业发展战略。还有的人深入研究了第三方物流战略的形成动机，认为它是“核心能力和资源外取理论的一种衍生形式”。三是从理论应用的角度，从物流与商贸流通的关系入手，研究区域性商贸流通现代化进程的物流跨越式、社会化、一体化、集成化和专业化发展战略及其规划和选择。有学者进一步提出，通过培育中国物流企业的核心能力，用品牌战略构建中国物流业的竞争战略。物流战略研究的内容如图 4－15 所示。

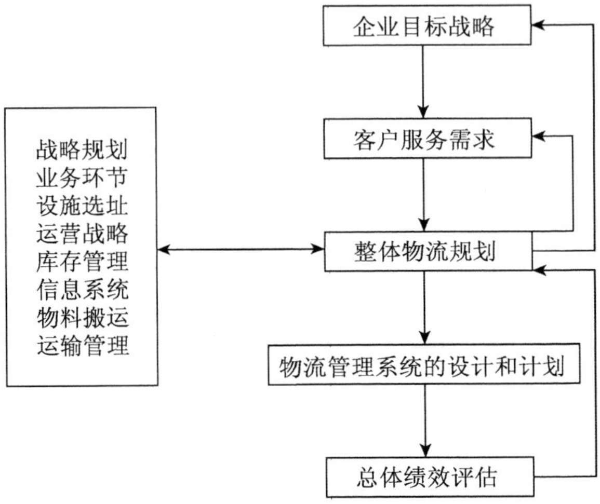

图 4－15　物流战略研究的内容

3．物流组织研究

价值链的形成和发展不仅改变了传统企业内部组织结构，也改变了产业间的关系和结构，产生了第三方/第四方物流组织（Logistics Organization）。物流联盟形成机理研究，在论证物流联盟是节约交易费用的制度安排的结果上，提出物流联盟也是为有效利用组织和市场双重优势的一种组织创新的观点，揭示了物流联盟的形成机理。现代物流业形成发展机理与推进策略研究，认为“物流联盟是交易双方在物流领域的战略合作中主动进行的一种有组织的市场交易，因而，物流联盟在交易费用方面的针对性和效果超出一般的‘双边规制’”，所以，交易协调的“三方规制”在物流领域的应用就是第三方物流，同时，联盟企业双方在相互合作、组织协调交易的同时，仍可保持各自的相对独立性。物流联盟是一个利用组织和市场的有效交易组织，但它是不是一个克服市场失灵和组织失灵的制度安排，还值得进一步研究。物流配送中心组织结构见图 4－16。

对于物流联盟组织的效率，互联网的出现给经济运转方式改变和组织改变的实现提供了一个真正的平台。有研究指出，第三方物流企业间组建中间组织性的企业联盟——虚拟物流企业联盟，是符合中国的物流产业现状的，它可以使已有的任务导向性企业和资源导向性企业网络组织进行有机的结合。这种研究把物流组织研究带入一个新的境地。

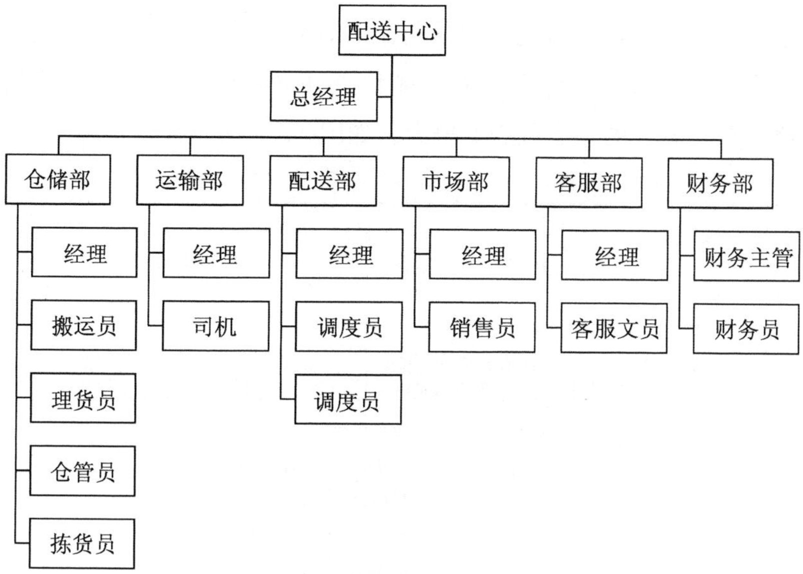

图 4－16　物流配送中心组织结构

一时间，以“电子商务与物流”为主题的研究成为热点。有的运用系统分析方法，提出核心能力伙伴之间采用风险合同，核心能力伙伴与外围伙伴物流组织之间采用动态合同的双层虚拟物流组织契约网络体系，并针对虚拟物流组织的暂时性、动态性、多利益团体性等特点对契约的主要内容做了分析研究。

三、现代物流的观念创新

现代物流与传统物流的区别主要体现在：经济背景不同；被动管理与主动的服务；分散管理与系统管理；人工控制与物流管理信息化、专业化、集成化；现代物流服务的社会化。因此现代物流必须进行观念创新，现代物流的新观念主要有渗透性服务、核心竞争力、创造需求、共赢、品牌依托和形象展示六种。

1. 渗透性服务

生产经营企业选择物流外包，是经营观念转变的一大体现。其将物流运作纳入专业化竞争市场，一方面是从节约主要物流功能成本出发，让物流环节成本显性化，从而加强控制，拓展盈利空间；另一方面拟通过专业设施及现代物流网络增强物流时效性，从而强化时间成本控制，争取商机，把握市场。从这两点出发，传统物流企业首先要面临的是管理、服务新观念的建立。为适应外包需求，物流客户服务应是渗透性的，主动从节约功能成本、时间成本为客户规划物流方案，变被动的需求服务为主动，把核心客户做专做精。

2. 核心竞争力

核心竞争力体现在企业本身的优势发挥上，任何一个物流企业不可能把所有物流功能都完善。突出资源优势，体现专有功能特点并做强做大，尽显差异化竞争优势，这才是专业物流公司发展的一大核心竞争力。如图 4－17 所示。

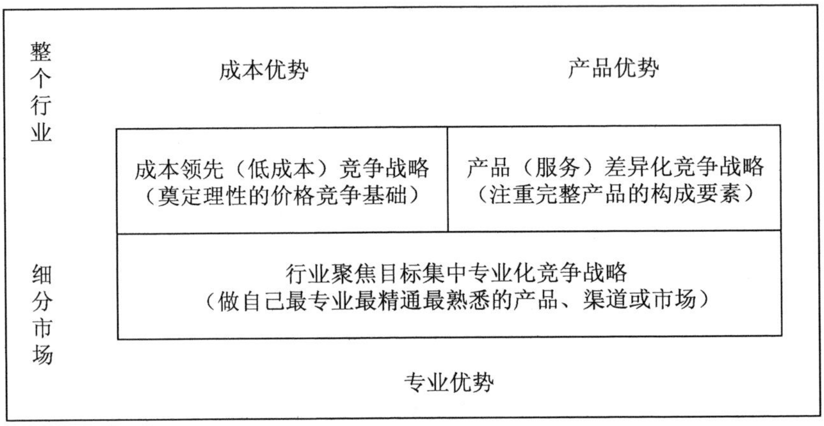

图 4－17　物流企业的核心竞争力

3. 创造需求

从等待需求转向创造需求，客户困难是企业寻求商机的切入点。功能业务创新源于企业外部的需求发现。

4. 共赢

物流利益的取得绝非是以客户成本增加为代价，而是要体现互利共赢的合作模式。现代物流经营模式是在满足合作方需求的运营中生存发展，只有从对方利益出发，让合作者真正获得价值体验，自身才可能有长远可持续的发展。从客户价值出发，物流企业才有可能获得溢价收益，从而增强企业信誉与实力，同时客户对相应的良好服务形成依赖，促进合作双方稳定长远的合作关系。

5. 品牌依托

人们可以通过产品品牌认识企业，也可以通过企业认可产品。同样，服务是品牌，人们一样可以通过服务认可企业，同时也可通过品牌承认服务，因此创建企业服务品牌，用品牌作依托，是物流企业发展的一大诚信保证。客户对品牌选择的自主行为空间越来越大，这需要企业在服务体系上下功夫。从服务质量管理精细化、品质化方面迎合需求，以更多的方法形式为顾客服务，而不是以固有化模式来等待市场适应自己。如上海德邦物流、民航快递的品牌建立，如图 4－18 所示。

图 4－18　德邦物流、民航快递的品牌

6. 形象展示

物流企业应树立良好信誉形象，重视服务质量体系认证，建立良好企业服务体系。ISO 9002 是企业能够达到质量管理和质量保证的认证标准。通过认证，一方面指导客户选购满意的物流服务，另一方面也是物流服务方取得客户信任的手段。因此物流企业取得相应 ISO 标准质量体系的认证尤显重要。这一工作的开展是物流企业服务质量不断规范化、系统化的过程，同时也是物流企业对外展示服务形象信誉的过程。认证的取得将是物流企业持续发展的金字招牌。物流服务涉足面广，企业不仅要注重自身经营观念的转变，同时还要不断接受各行业的创新思想观念、管理观念、服务营销观念，以新的观念去营造新的物流企业管理模式，才能在市场竞争中得以长足发展。观念变化伴随现代物流发展的进程，第三利润源的产生依赖物流观念的创新。如广州新邦物流和长春远成物流就树立了良好服务形象等。其形象展示见图 4－19。

图 4－19　广州新邦物流和长春远成物流的形象展示

第三节　物流与供应链管理

一、供应链的基本概念

由于研究对象、环境、范围及角度的不同，国内外许多学者对供应链与供应链管理存在着不同的理解与解释，给出了许多不同的定义。

供应链（Supply Chain）的概念最初是由美国专家在1982年提出来的。像一切新生事物一样，人们对这一概念的认识也经历了一个由浅到深的发展过程。

我国2007年5月1日实施的中华人民共和国国家标准《物流术语》（GB/T 18354—2006）对供应链（Supply Chain）给出的定义是：生产及流通过程中，涉及将产品或服务提供给最终用户所形成的网链结构。由此可见：①供应链是一个范围更广的企业结构模式；②供应链是一条联结供应商到用户的增值链；③每个贸易伙伴既是其客户的供应商，又是其供应商的客户。供应链网络结构模型如图4－20所示。

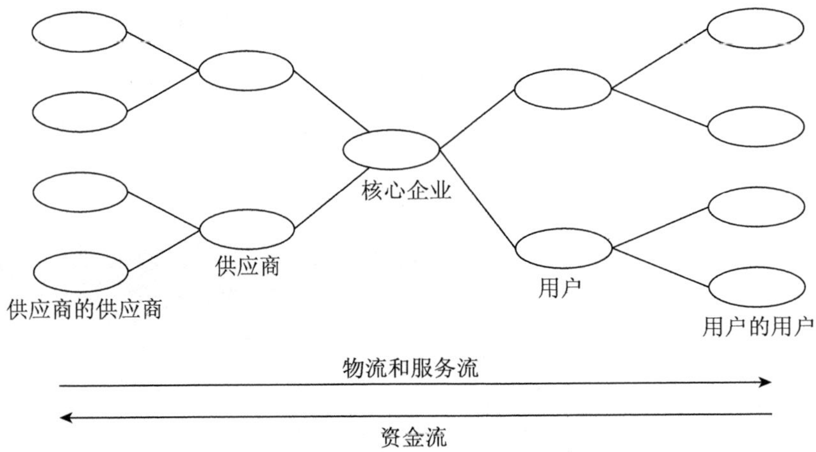

图4－20　供应链网络结构模型

1. 供应链的特征

从供应链的结构模型可以看出，供应链是一个网链结构，由围绕核心企业的供应商、供应商的供应商和用户、用户的用户组成。一个企业是一个节点，节点企业和节点企业之间是一种需求与供应关系。供应链主要具有以下特征：

（1）复杂性。因为供应链节点企业组成的跨度（层次）不同，供应链往往由多个、多类型甚至多国企业构成，所以供应链结构模式比一般单个企业的结构模式更为复杂。

（2）动态性。供应链管理因企业战略和适应市场需求变化的需要，其中节点企业需要动态地更新，这就使得供应链具有明显的动态性。

（3）面向用户需求。供应链的形成、存在、重构，都是基于一定的市场需求而发生的，并且在供应链的运作过程中，用户的需求拉动是供应链中信息流、产品/服务流、资金流运作的驱动源。

（4）交叉性。节点企业可以是这个供应链的成员，同时又是另一个供应链的成员，众多的供应链形成交叉结构，增加了协调管理的难度。

（5）协调性、整合性。供应链本身就是一个整体合作、协调一致的系统，它有多个合作者，像链条似的环环连接在一起，大家为了一个共同的目的或目标，协调动作，紧密配合。每个供应链成员企业都是“链”中的一个环节，都要与整个链的动作一致，绝对服从于全局，做到方向一致、动作也一致。

2. 供应链的类型

根据不同的划分标准，我们可以将供应链分为以下几种类型。

（1）稳定的供应链和动态的供应链。根据供应链存在的稳定性划分，可以将供应链分为稳定的供应链和动态的供应链。稳定的供应链是基于相对稳定、单一的市场需求而组成的供应链，稳定性较强；动态的供应链是基于相对频繁变化、复杂的需求而组成的供应链，动态性较高。在实际管理运作中，需要根据不断变化的需求，相应地改变供应链的组成。

（2）平衡的供应链和倾斜的供应链。根据供应链容量与用户需求的关系，可以划分为平衡的供应链和倾斜的供应链。平衡的供应链是指一个供应链具有一定的、相对稳定的设备容量和生产能力（所有节点企业能力的综合，包括供应商、制造商、运输商、分销商、零售商等），但用户需求处于不断变化的过程中，当供应链的容量能满足用户需求时，供应链处于平衡状态；倾斜的供应链是指当市场变化加剧，造成供应链成本增加、库存增加、浪费增加等现象时，企业不是在最优状态下运作，供应链则处于倾斜状态。平衡的供应链可以实现各主要职能（采购/低采购成本、生产/规模效益、分销/低运输成本、市场/产品多样化和财务/资金运转快）之间的均衡。平衡的供应链和倾斜的供应链见图 4 - 21。

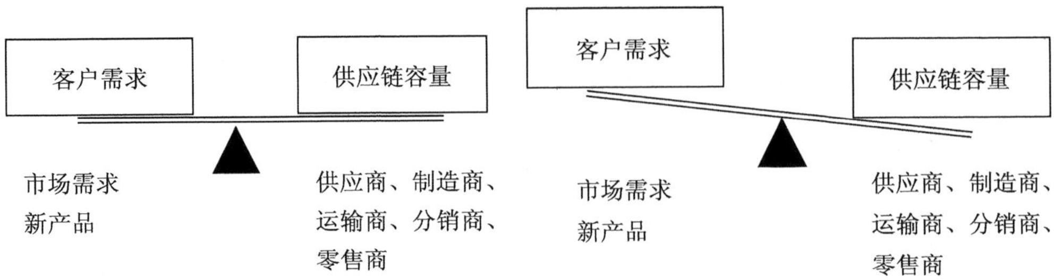

图 4-21　平衡的供应链和倾斜的供应链

（3）有效型供应链和反应型供应链。根据供应链的功能模式（物理功能和市场中介功能），可以把供应链划分为两种，即有效型供应链（Efficient Supply Chain，ESC）和反应型供应链（Responsive Supply Chain，RSC）。有效型供应链主要体现供应链的物理功能，即以最低的成本将原材料转化成零部件、半成品、产品，以及在供应链中的运输等；反应型供应链主要体现供应链的市场中介的功能，即把产品分配到满足用户需求的市场，对未预知的需求做出快速反应等。两种类型的供应链的比较见表 4-1。

表 4-1　　反应型供应链与有效型供应链的比较

	反应型供应链	有效型供应链
基本目标	尽可能快地对不可预测的需求作出反应，使缺货、降价、库存最小化	以最低的成本供应可预测的需求
制造的核心	配置多余的缓冲库存	保持高的平均利用率
库存策略	部署好零部件和成品的缓冲库存	产品高收入而使整个链的库存最小化
提前期	大量投资以缩短提前期	尽可能短的提前期（在不增加成本的前提下）
供应商的标准	以速度、柔性、质量为核心	以成本和质量为核心
产品设计策略	用模块化设计以尽可能延迟产品差别	绩效最大化而成本最小化

（4）推动式供应链和拉动式供应链。根据供应链动力因素的来源划分为推动式供应链和拉动式供应链。

“推动式”模式以生产商为核心，以需求预测为基础并在客户订货前进行运作，产品出厂后通过分销商逐级推向终端需求客户。分销商和零售商一般处于被动地位，供应链各节点间的整体协调程度比较低，但产品的生产供给或库存水平一般较高，通常依靠这种较高的生产供给量或库存水平应付市场需求的变动。由于供应链上的产品供给水平较高，使这种模式对需求变动的响应速度和柔性变得相对较差。“推动式”

模式的推动力主要来自供应链上游，一般适用于市场需求量较大，且需求稳定的通用型或同质性较高的产品，其指导思想是“以生产为中心”，且生产中强调以规模经济取得效应并注重计划性。在该模式下，因可提供同质产品的生产商容易加入竞争，导致其适用的范围越来越窄，但该运作模式在实践中实施起来相对容易，如图 4 - 22 所示。

图 4 - 22　生产商为核心的“推动式”供应链整合运作模式

“拉动式”模式是以市场终端用户需求为核心牵引力而展开运作的。运作时强调需求导向、根据顾客实际需求（订单）而不是预测需求实施整合，实际运作时甚至可实施定制化服务。此模式要求供应链中的信息交换速度以及整体协调程度处于较高水平，但产品的生产供给或库存水平一般可较低。虽然此模式一般可获得较高的整合绩效，但由于供应链终端需求具有不确定性较高和需求稳定的周期较短等特性，使这种模式对供应链各节点成员的技术基础或相应能力有较高要求。“拉动式”模式一般适用于市场需求对个性化要求较强、供给的产品异质性较高，且强调需求导向的情况，实际整合运作中重视差异化整合策略的实施。该模式如果运作成功则会获得相对较高的市场需求响应速度和柔性。如图 4 - 23 所示。

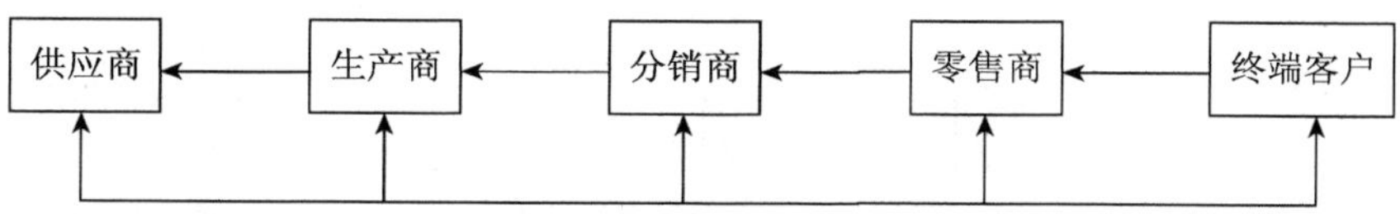

图 4 - 23　需求导向的拉动式供应链整合运作模式

从以上两种模式的各自特点可见，基于需求驱动原理的供应链“拉动式”整合运作模式是一种逆向牵引式模式，驱动力来源于市场终端需求，与正向的“推动式”模式有着本质的区别，即正向推动模式以生产为中心，而逆向牵引模式是以用户为中心。两种不同模式分别适用于不同的市场环境，并有着不同的运作要求与效果，且反映着供应链整合理念从“以生产为中心”向“以顾客为中心”的转变。实践中，随着供应链整合程度的逐步提高，及其节点成员整合能力的增强，其运作模式也逐步由“推动式”向“拉动式”演变，由此体现企业经营观念的转变和供应链逐渐重视顾客需求的发展趋势。两种类型特征的比较见表 4 - 2。

表 4-2　　　　“推动式”和“拉动式”供应链整合运作模式的特征

特征	推动式	拉动式
驱动方式	生产供给驱动	需求拉动
生产供给依据	依据生产供给能力生产	依据订单生产
生产供给特点	注重生产计划性和规模效应	重视柔性生产和差异化供给
满足需求的基础	需求预测及产出规模	敏捷响应个性化需求
库存或生产供给水平	较高	较低
对供应链整体协调性要求	低	高
需求响应能力	较低	较高

（5）内部供应链和外部供应链。根据供应链所涉及的范围分为内部供应链和外部供应链。内部供应链是指企业内部产品生产和流通过程中所涉及的采购部门、生产部门、销售部门等组成的供需网络。外部供应链是指企业外部的，与企业相关的产品生产和流通过程中涉及的原材料供应商、生产商、储运商、零售商以及最终消费者组成的供应网络。内部供应链和外部供应链共同组成了企业产品从原材料到成品，再到消费者的供应链，可以说，内部供应链是外部供应链的缩小化。如对于制造厂商，其采购部门就可看作外部供应链中的供应商。它们的区别只在于外部供应链范围大，涉及企业众多，企业间的协调更困难。在电子商务中，更加注重“B2B”下从产品供应商开始到订购产品企业的外部供应链的综合管理。如图 4-24 所示。

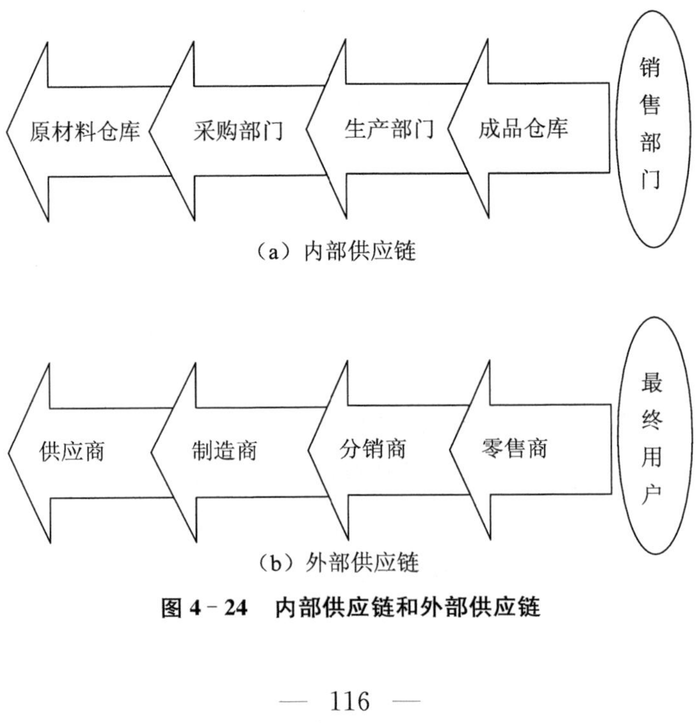

图 4-24　内部供应链和外部供应链

3. 供应链的结构模型

（1）供应链的链状结构模型。有一种供应链的结构是链状结构，供应链的各成员企业构成链条结构的各个节点，物流、资金流、信息流构成供应链的连线，如图 4－25 所示。供应链管理通过前馈的信息流（需方向供应方流动，如订货合同、加工单、采购单等）将供应商、制造商、分销商、零售商及最终用户连成一个整体，对整个供应链系统进行计划、协调、操作、控制和优化的各种活动。

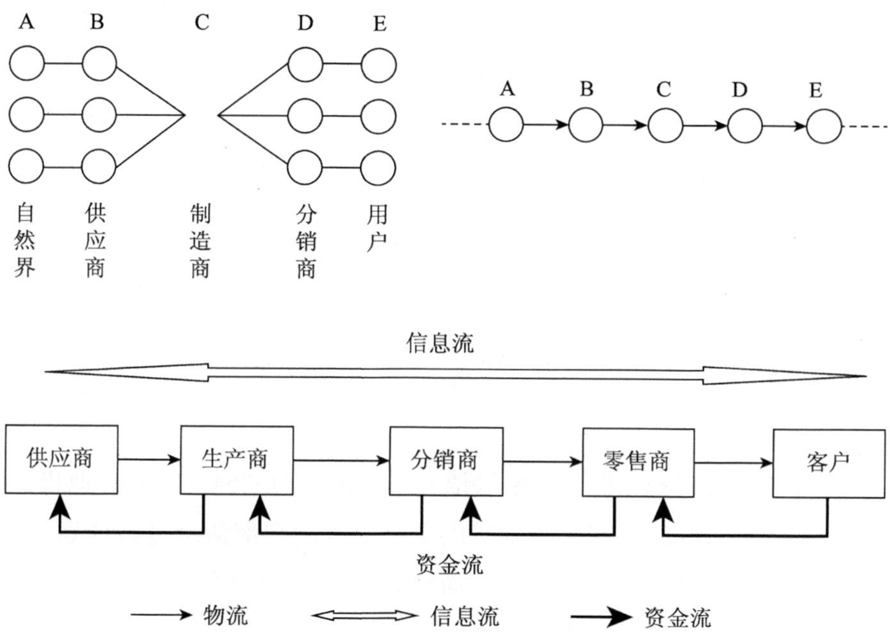

图 4－25　供应链的链状结构模型

（2）供应链的网状结构模型。网状结构的供应链模型更能说明现实社会中企业间复杂的供应关系，如图 4－26 所示。从广义的角度看，网状模型理论上可以涵盖世界上所有的企业组织，而每一个企业都可看作是它上面的一个节点，同时可以认为这些节点之间存在着供需联系。当然，这些联系有强有弱，并且在不断地变化着。从狭义的角度看，通常一个企业仅与有限的企业发生联系，但这丝毫不影响我们对供应链模型的理论设定。网状结构的供应链模型对企业供应关系的描述很直观，适合宏观把握企业间的供应关系。供应链强调的是一个网络（企业、供应商、客户、合作伙伴等），企业与企业的竞争是供应链与供应链间的竞争。

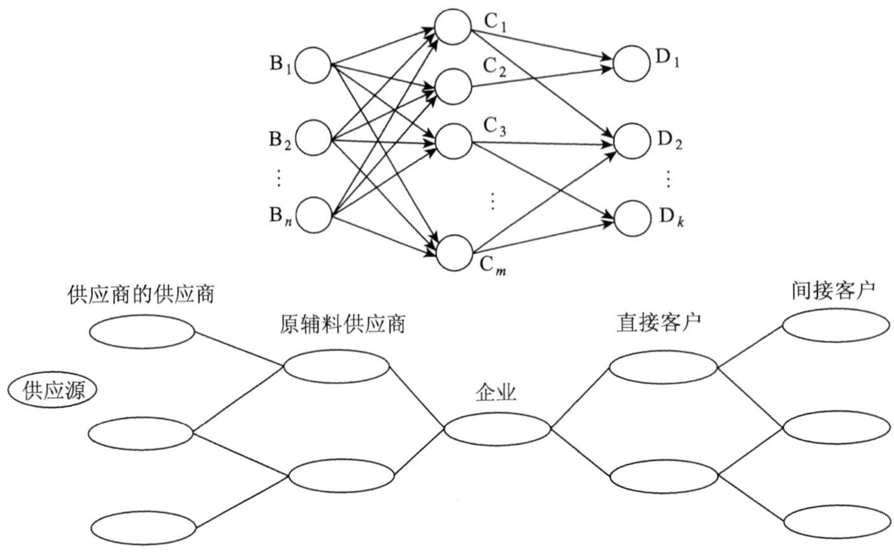

图 4-26　供应链的网状结构模型

二、供应链管理的概念和内涵

1. 供应链管理的概念

中华人民共和国国家标准《物流术语》（GB/T 18354—2006）把供应链管理（Supply Chain Management）定义为：对供应链涉及的全部活动进行计划、组织、协调与控制。主要是利用计算机网络技术全面规划供应链中的商流、物流、信息流、资金流等。首先，供应链管理把对成本有影响和在产品满足顾客需求的过程中起作用的每一方都考虑在内；其次，供应链管理的管理目的在于追求效率和整个系统的有效性；最后，供应链管理包括公司许多层次上的活动。供应链管理的产生见图 4-27。

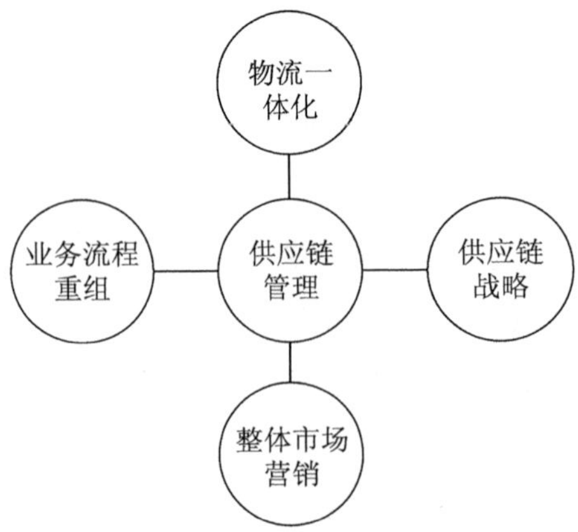

图 4-27　供应链管理的产生

2. 供应链管理的发展

第一阶段（1980—1989 年）：企业生产的内部过程，是单一过程关系（PD）。

第二阶段（1990－1995 年）：是一个集成的思想，包括企业内部和外部的集成（IL）。

第三阶段（1996 年至今）：供应链管理强调建立合作伙伴关系，是网链关系（SCM）。

3. 供应链管理的主要领域

供应链管理主要涉及四个主要领域：供应（Supply）、生产计划（Schedule Plan）、物流（Logistics）、需求（Demand），如图 4－28 所示。供应链管理是以同步化、集成化生产计划为指导，以各种技术为支持，尤其以互联网/内联网为依托，围绕供应、生产作业、物流（主要指制造过程）、满足需求来实施的。供应链管理主要包括计划、合作、控制从供应商到用户的物料（零部件和成品等）和信息。供应链管理的目标在于提高用户服务水平和降低总的交易成本，并且寻求两个目标之间的平衡。

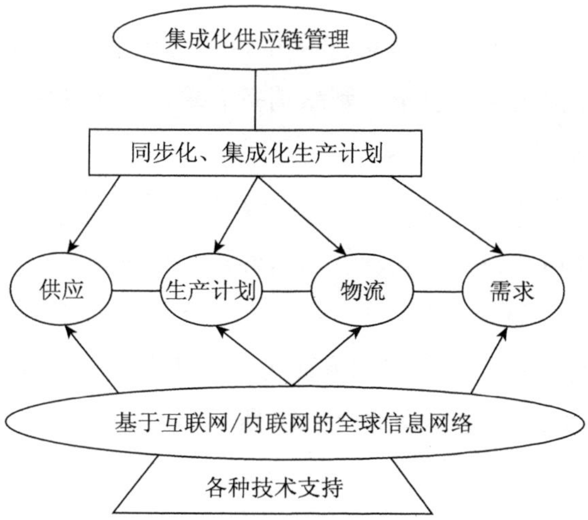

图 4－28　供应链管理涉及的领域

在以上四个领域的基础上，我们可以将供应链管理细分为职能领域和辅助领域。职能领域主要包括产品工程、产品技术保证、采购、生产控制、库存控制、仓储管理、分销管理。而辅助领域主要包括客户服务、制造、设计工程、会计核算、人力资源、市场营销。

由此可见，供应链管理关心的并不仅仅是物料实体在供应链中的流动，除了企业内部与企业之间的运输问题和实物分销以外，供应链管理还包括以下主要内容：①战略性供应商和用户合作伙伴关系管理；②供应链产品需求预测和计划；③供应链的设计（全球节点企业、资源、设备等的评价、选择和定位）；④企业内部与企业之间物料供应与需求管理；⑤基于供应链管理的产品设计与制造管理、生产集成化计划、跟踪和控制；⑥基于供应链的用户服务和物流（运输、库存、包装等）管理；⑦企业间资金流管理（汇率、成本等问题）；⑧基于互联网/内联网的供应链交互信息管理等。

供应链管理注重总的物流成本（从原材料到最终产成品的费用）与用户服务水平之间的关系，为此要把供应链各个职能部门有机地结合在一起，从而最大限度地发挥出供应链整体的力量，达到供应链企业群体获益的目的。

4. 供应链管理的特征

供应链管理的特征主要有以下几点：①管理目标多元化和管理视域拓宽；②管理要素增多和管理系统的复杂程度增加；③管理全过程的战略化和流程的集成化；④全新的库存管理观和以最终客户为中心的管理思想。

5. 供应链管理的作用

供应链管理的作用主要有：①降低库存量；②为决策人员提供服务；③改善企业与企业之间的关系；④提高服务质量，刺激消费需求；⑤实现供求的良好结合。

6. 供应链管理的原则

供应链管理的原则主要有以下几条：①以客户需求为中心；②相关企业间共享利益、共担风险；③应用信息技术、实现管理目标；④信息共享。

7. 供应链管理的“牛鞭效应”

需求信息的不真实性沿着供应链逆流而上，产生逐级放大的现象叫作“需求变异加速放大原理”，即“牛鞭效应”。如图 4-29 所示。

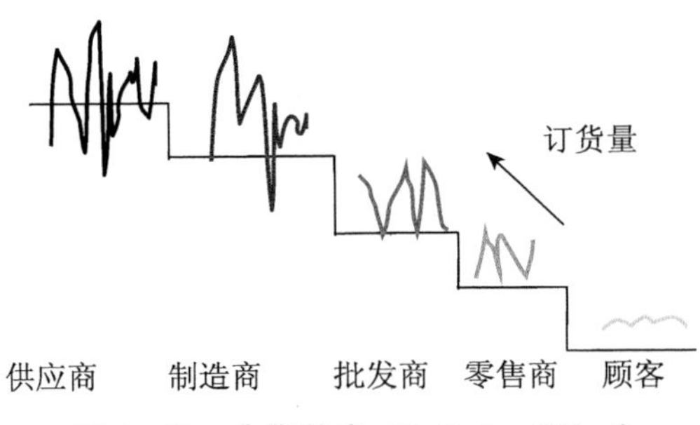

图 4-29　牛鞭效应（Bullwipe Effect）

（1）牛鞭效应产生原因主要是：①需求预测变动；②批量订购；③价格波动；④限量供给与短缺博弈。

（2）解决“牛鞭效应”的三种途径：①利用信息技术将市场需求直接提供给供应链内各级企业；②减少供应链级数（如零售商直接向制造商订货）；③卖方管理库存VMI（供应商直接管理库存）。

三、物流与供应链管理的区别

1. 供应链管理与传统的物料管理模式的区别

供应链管理与传统的物料管理和控制有着明显的区别，主要体现在以下四个方面。

（1）供应链管理把供应链中所有节点企业看作一个整体，供应链管理涵盖整个物流从供应商到最终用户的采购、制造、分销、零售等职能领域全过程。

（2）供应链管理强调和依赖战略管理。“供应”是整个供应链中节点企业之间事实上共享的一个概念（任两节点之间都是供应与需求关系），同时它又是一个有重要战略意义的概念，因为它影响或者决定了整个供应链的成本和市场占有份额。

（3）供应链管理最关键的是需要采用集成的思想和方法，而不仅仅是节点企业、技术方法等资源简单的连接。

（4）供应链管理具有更高的目标，通过管理库存和合作关系去达到高水平的服务，而不是仅仅完成一定的市场目标。

2. 供应链管理为企业带来的利益

（1）降低管理成本：据有关资料显示，企业进行供应链管理后，总成本将由原来占总销售额的8％～12％下降到4％～5％。因此，一个年销售额为5亿元的企业会由此节省2500万～3000万元。

（2）加快资金的回收：企业从购进原材料到销售资金回笼，使用SCM前企业资金循环周期在100天左右，而使用了SCM后最好水平达到30天左右。

（3）提升交付能力：使用了SCM后，提前交货与按时交货的百分比最好水平将为94％，而现今的平均水平为69％～81％。

根据研究表明，加强对整个供应链的管理可以大大降低企业的库存和运输成本，提高企业长期的核心竞争力。供应链管理的效益见图4-30。

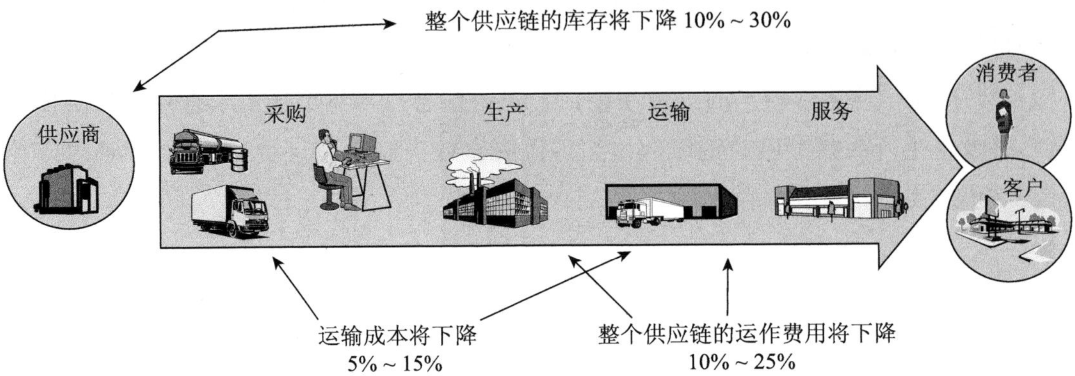

图 4－30　供应链管理的效益

第五章　物流的基本环节

引例

顺丰的物流运作模式

1. 顺丰优选：物流不是我们的优势

炎热的夏季，不愿走出门购物的人们都会选择点点鼠标在网上购物。不仅是服装、生活用品，近年来生鲜电商网站成为了热门话题——将生鲜蔬果放进“购物车”，第二天傍晚下班后，这些食品直接被快递送到家门口的运作模式，得到了广大白领们的青睐。

顺丰集团旗下电商网站“顺丰优选”自从上线后一直低调运营着，2016 年才逐渐掀起宣传攻势，似乎已蓄势待发。外界普遍认为，顺丰做生鲜电商最大的优势在于自身拥有一套强大的物流体系。谈及这样一种观念，顺丰优选总裁助理认为顺丰优选的优势并不在此，“这只是个基础，任何一家企业只要有钱都能做到，我们的优势在于提供优质的产品”。

2. 海内外直采＋海陆空运输＝速度和稳定

2016 年开始，众多电商“前仆后继”于生鲜领域，其竞争也从物流转变至对产品原产地的布局。2016 年 5 月的生鲜荔枝大战，顺丰优选早在 1 月就开始蹲点荔枝原产地，调查供应商情况、气候条件以及周边环境。

除了北京、深圳，顺丰优选在华东、华南同样成立了工作点，并且组织成一个采购团队去全国各地进行原产地直采。在买手们亲自挑选完食品并封箱后，就可以利用顺丰做电商的一张王牌——与深圳泰海合资组建的“顺丰航空”，这使跨地域物流的时效得到保证。总裁助理说，“我们能在 24 小时内让食物从‘枝头到舌头’，只要不遇到不可控的自然因素，保证每天都能一样速度和稳定。”

对于生鲜电商一直以来“最后一千米”的难题，总裁助理介绍，顺丰现具备 140 多辆可控温度的运输车，并且一直严格按照冷链要求执行。供应链缩短之后，就能有价格优势，接着通过运营效率提升和创新的商业模式，把成本压下，最终让利给消费者。

总裁助理还介绍，2016 年 9 月会用轮船从美国某处葡萄原产地进口运输葡萄酒，据了解，奥巴马曾用这款酒招待过各国领导，可知价格定位不低。

3. 专注做食品聚焦中高端消费者

目前看来，生鲜电商这块蛋糕还很小，虽然越来越多的企业涉足该领域，使得竞争加剧，但总裁助理认为生鲜电商的消费者购买习性还需大家共同培养，“只有越多的人参与进来，这块蛋糕才能做大，我们才能从中分一杯羹”。字里行间透露着对未来生鲜领域的信心和野心。

据了解，一直处于运营初阶段的顺丰优选，目前已经推出了在上海、深圳、杭州和南京等地的常温食品配送服务，但生鲜类食品并未在此次开通服务范围内。

向来“谨慎”的顺丰优选在面对天猫、京东等“大牌来袭”时也表达了会专注在食品领域的决心。总裁助理多次强调顺丰优选不会成为综合性平台，“网站上生鲜的比例已达到 30%，再加上母婴食品、酒水饮料，三者一共达到了 50%的份额。专注和聚焦，做深和做精，是我们未来的方式和目标，虽然优选的商品种类已超过一万种，但是会坚守食品领域的底线。”

业界有分析认为，为平衡损耗及成本，生鲜电商只有依靠高单价、高毛利产品来经营。总裁助理透露，目前顺丰优选网站上 70%的商品都来自国外，而网站的人均消费额都在 200 元以上。虽然有越来越多的综合类电商平台进入生鲜领域，但总裁助理表示，顺丰优选专注做食品的定位不会改变，“我们的最终目标是成为消费者购买全球美食的首选平台。”

4. “物流不是我们的优势，优质产品才是”

物流环节在整个生鲜电商起着至关重要的作用，冷链物流体系的建立和完善是真正推进这个市场发展的关键。由于拥有强硬“后台”——至少 13 万派送员以及 20 多架飞机的顺丰速运，优选似乎并不担心这一环节，在冷链方面摸索了一年之后，丰富的经验让优选已在华东、华南做好了冷链仓储准备，之后更是在下半年于广州有所布局，高价买下普洛斯多功能（冷藏冷冻恒温恒湿）仓库。

“供应链管理很复杂，采和销不能达到一个平衡的话，就会出现损耗很高的问题，由于我们刚刚起步，品牌知名度还不够响，客户还不够多，供应链还不够完善。”在问及发展过程中遇到什么困难，总裁助理如是说。他同时表示，顺丰优选随时都保持着一个学习者的姿态，寻找经验，或向行业前辈学习。

目前，顺丰优选每个月客户增长率一直保持在 50%以上，总裁助理强调，顺丰优选第一要务不是速度、规模，而是品质。总裁助理认为，商品的上乘品质，以及供应链逐步优化和运营效率的大幅提升才是顺丰优选的最大优势，对于仓储和冷链物流，假使一家企业有足够的资金就都能做到。

对于如何做到食品，甚至进口食品品质的保证，总裁助理略带自豪，“顺丰优选的采购人员都曾在传统大型零售行业从事过，对原产地直采有着丰富的经验。我们会派专业人员去做市场调查以及进口食品的研究，一方面找国内的进口商拿货；另一方面自身也在做着直采。”

谈及下半年的计划，总裁助理表示将把重点放在产品种类上，丰富顺丰优选的SKU，另外，继续加强原产地直采以及海外直采等工作。对于未来，总裁助理希望“能够得到消费者的认可”，“当消费者需要某些生鲜蔬果食品时，第一个能想到我们就足够了”。

资料来源：http：//info. jctrans. com/xueyuan/czal/20172142324554. shtml

广义物流包含了企业活动的除生产、采购、销售以外的所有环节，甚至有人提出要将采购、营销也纳入物流的范畴。大多数学者认为，这种过于宽泛的概念无法真正表现出物流的内涵。

物流的基本环节包括运输、储存、装卸、搬运、包装、流通加工、配送、物流信息几大环节，就是物流基本功能的具体体现。物流的基本功能，就是指物流活动特有的、区别于其他经济活动的职责和功能。物流基本功能的内容是进行商品实体定向运动，这是物流的共性。不管是哪一种社会形态，只要有商品交换存在，商流和物流就必然会发生。物流的基本功能是任何一个物流系统必须具备的功能，它包括七个主要功能：运输、储存、包装、装卸搬运、流通加工、配送和信息处理。如图 5 - 1 所示。

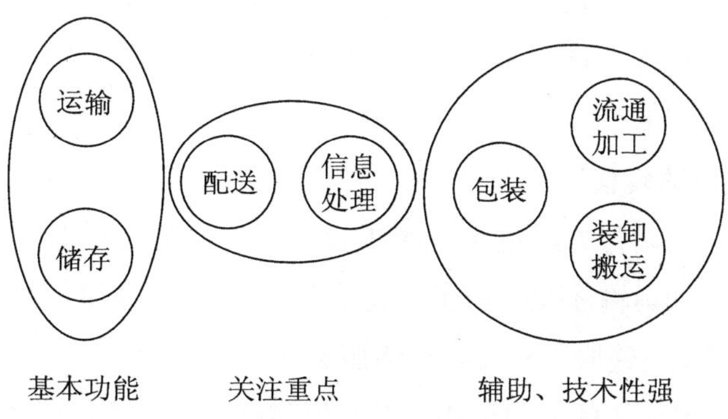

图 5 - 1　物流的基本功能

第一节　运输

一、运输的基本概念

国家标准《物流术语》（GB/T 18354—2006）规定：运输（transportation）是指用专用运输设备将物品从一个地点向另一地点运送。其中包括集货、分配、搬运、中转、装入、卸下、分散等一系列操作。

运输是物品发生位移的唯一途径，也就是物流最重要的环节。可以说没有运输就没有物流。运输是物流最基本的形式。

在运输过程中，集装箱的应用使得物流更为便捷和安全。另一个值得一提的运输方式是多式联运。多式联运是现代运输的标志，也是物流得以迅速发展的基础。

运输的作用是使流体产生空间上的转移，即因为生产、流通和消费活动需要，使流体发生从一个地点转移到另一个地点的空间位移。流体转移形式有以下几种。

1. 有形流体的转移

对于有形流体的转移，要靠道路等基础设施和车辆等物流设备来共同完成。

2. 无形流体的转移

对于无形的流体，比如信息，要靠通信线路等基础设施和计算机等设备来共同完成；电力、水、天然气、石油等要利用流体自身的性质，依靠电线、管道等特殊的输送设施设备来实现运输功能。

3. 特殊流体的转移

有些特殊的生产、流通和消费活动产生特殊的流体，生产、流通和消费活动发生的过程中以及过程后流体本身并不发生空间转移。比如不动产的流通，发生空间转移的只是"商品所有权证书"。

4. 期货交易流体的转移

对于期货交易，买卖各方经过无数次买卖交易，但是只有那些购买到期和约的买者才进行实物交割，即运输才发挥功能，这是商流与物流分离的最好例子。

运输功能是在提供运输服务和需要运输服务双方共同参与下完成的。运输的主要功能有两个，第一，实现流体的空间位移。空间位移越大，运输费用就越高。设计运输功能首先要考虑的问题是：流体是否需要发生空间位移、有多少流体要发生空间位移，或者发生什么样的空间位移（位移的方向、距离、时间、频率等）。第二，降低运输费用。

在运输必须满足服务目标的基础上，考虑如何组织运输才能使运输总成本最小。

在有形的货运市场上，参与交易的可以是运价、运力、运量等，运输公司、代理商、货主之间可以通过市场公开出价，由另一方公开竞价，一旦双方达成交易，就要按照市场章程和有关规定执行合同。在无形的货运市场上，主要以互联网或者其他信息网络为货运信息采集、发布、查询、交换和业务成交的手段，一般实行会员制，会员包括注册客户、联盟运输企业和会员司机，该网为会员提供网上交易服务，网上交易区分为网上车场和网上货场。

综上所述，运输服务需求商要在几种不同的运输方式之间进行选择，同时要在不同的运输服务提供商之间进行选择；运输服务提供商要选择提供的运输方式类型以及如何提供这种运输服务。运输功能就是在供需双方之间的选择中发挥出来的，在中国运输市场不完善的情况下，进行这种选择的成本很高。运输功能的发挥受制于运输方式的特点、载体的状况、供求关系等因素的影响。

二、运输的方式

我国交通运输体系由铁路、公路、水路、航空和管道五种运输方式构成。各种运输方式要适应物流的发展，首先必须确立综合运输的思想。综合运输体系的核心思想是各种运输方式按照其自身技术经济特征，共同形成既分工又协作的有机整体。综合运输的思想比较适合现代物流的运作和发展特点，而且从我国综合运输的现状及发展趋势看，也正在朝着适应我国物流发展和运作的方向努力。

运输在物流系统中是最为重要的构成要素，选择何种运输方式对于物流效率的提高是十分重要的，在决定运输方式时，必须权衡运输系统要求的运输服务和运输成本，可以以运输工具的服务特性作为判断的基准，诸如：运费、运输时间、频度、运输能力、货物的安全性、时间的准确性、适用性、伸缩性、网络性和信息化等。常见的运输方式如图 5－2 所示。

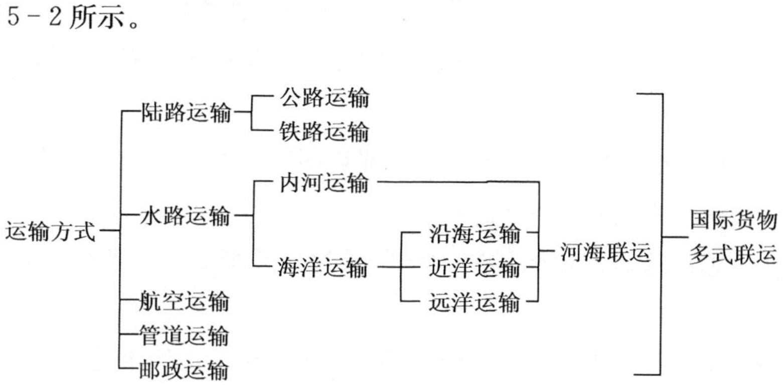

图 5－2　常见的运输方式

1．公路运输

公路运输主要是使用汽车运输，也可以使用其他车辆（如人力车、畜力车）在公路上进行货、客运输的一种方式。水运、铁路运输主要承担长途、大批量货运，而公路运输主要承担近距离、小批量的客货运输，它是铁路、水运优势难以发挥的短途运输方式。由于公路运输有很强的灵活性，在设有铁路、水运的地区，距离较远的大批量运输也开始使用公路运输。

公路运输主要优点是灵活性强，易于因地制宜，对收货、到站设施要求不高。可以采取“门到门”运输形式，即从发货者门口接货直接运到收货者门口，而不需转运或反复装卸搬运。公路运输也可作为其他运输方式的衔接手段。随着高速公路的发展，公路运输的经济半径也随之扩大，一般在500千米以内。如图5－3所示。

2．铁路运输

铁路运输是使用铁路列车运送旅客、货物的一种运输方式。铁路运输适用承担长距离、大批量的客货运输，在没有水运条件的地区，几乎所有大批量货物都是依靠铁路，它是在干线运输中起主力运输作用的运输形式。

铁路运输优点是速度快，运输不太受自然条件限制，载运量大，运输成本较低。主要缺点是灵活性差，只能在固定线路上实现运输，而且需要其他运输手段的配合和衔接。铁路运输经济里程一般在200千米以上。如图5－3所示。

3．水路运输

这是使用船舶运送客、货的一种运输方式。水运适宜承担大批量、长距离运输，是在干线运输中起主力作用的运输形式。在内河及沿海，也常有小型水运运输工具使用，担任补充及衔接大批量干线运输的任务。如图5－3所示。

水运的主要优点是成本低，能进行低成本、大批量、远距离的运输。但是，水运也有显而易见的缺点，主要是运输速度慢，受港口、水位、季节和气候影响较大，因而在某些航道一年中中断运输的时间较长。水运有以下四种形式。

（1）沿海运输。这是使用船舶通过大陆附近沿海航道运送客、货的一种方式，一般使用中小型船舶。

（2）近海运输。这是使用船舶通过大陆邻近国家海上航道运送客货的一种运输形式，视航程可使用中型船舶或小型船舶。

（3）远洋运输。这是使用船舶跨大洋的长途运输形式，主要依靠运量大的大型船舶。

（4）内河运输。这是使用船舶在内陆的江、河、湖、川等水道进行运输的一种方式，主要使用中、小型船舶。

4. 航空运输

这是使用飞机或其他航空器进行运输的一种形式。航空运输的单位成本很高，因此，主要适合运载的货物有两类：一类是价值高、客户运费承担能力很强的货物，例如贵重设备的零部件、高档产品等；另一类是紧急需要的物资，例如救灾抢险物资等。

航空运输的主要优点是速度快，不受地形的限制，在火车、汽车都无法到达的地区也可依靠航空运输，因而有重要作用。如图 5－3 所示。

图 5－3　公路、铁路、水路和航空运输

5. 管道运输

管道运输是指利用管道输送气体、液体和粉状固体的一种运输方式。其运输形式是依靠物体在管道内顺着压力方向循序移动实现的，和其他运输方式重要的区别在于管道设备是静止不动的。管道运输的主要优点有：采用密封设备，在运输过程中可最大限度地避免散失、丢失等损失；一般情况下，不存在其他运输设备本身在运输过程中消耗动力所形成的无效运输问题。另外，运输量大，适合于量大且连续不断运送的物资。

三、运输合理化

1. 影响物流运输合理化的因素

运输是物流中最重要的功能要素之一，物流合理化在很大程度上依赖于运输合理化。运输合理化的影响因素很多，起决定性作用的有以下 5 个因素，称作合理运输的“五要素”，如图 5-4 所示。

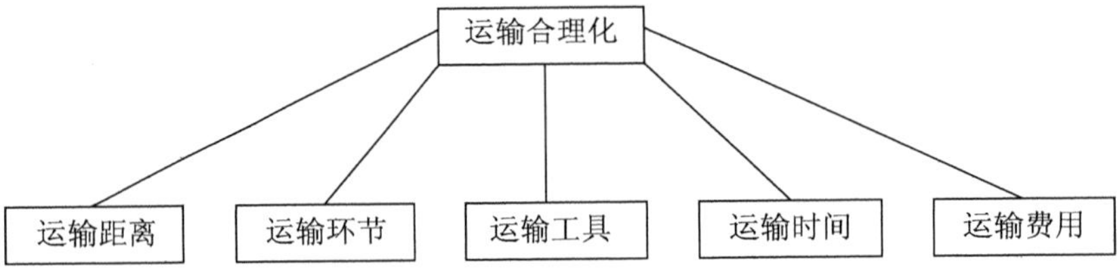

图 5-4　运输合理化的“五要素”

（1）运输距离。在运输时，运输时间、运费、运输工具周转以及货损等运输的若干技术经济指标，都与运输距离有一定的比例关系。运输距离的长短是判断运输是否合理的一个最基本因素。因此，缩短运输距离从宏观、微观来看都会带来好处。

（2）运输环节。每增加一个运输环节，都会增加起运的费用和总费用，而且必须要增加运输的附属活动，如装卸、包装等活动，各项技术经济指标也会因此下降。所以，减少运输环节，尤其是同类运输工具的环节，对合理运输有促进作用。

（3）运输工具。各种运输工具都有其使用的优势领域，对运输工具进行优化选择，按运输工具特点进行装卸运输作业，最大限度地发挥所用运输工具的作用，是运输合理化的重要一环。

（4）运输时间。运输是物流过程中需要花费较多时间的环节，尤其是远程运输，在全部物流时间中，运输时间占绝大部分，所以，运输时间的缩短对整个流通时间的缩短有决定性作用。此外，运输时间短，有利于运输工具的加速周转，充分发挥运力的作用，有利于货主资金的周转，有利于运输线路通过能力的提高，对运输合理化有很大帮助。

（5）运输费用。运费在全部物流费用中占很大比例，运费高低在很大程度上决定了整个物流系统的竞争能力。实际上，运输费用的降低，无论对货主企业来讲、还是对物流经营企业来讲，都是运输合理化的一个重要目标。运费的判断，也是各种合理化实施是否行之有效的最终判断依据之一。

2. 不合理运输的表现形式

不合理运输是指在现有条件下可以达到的运输水平而未达到，从而造成了运力浪费、运输时间增加、运费超支等问题的运输形式。目前主要存在的不合理运输形式有以下几种。

（1）返程或起程空驶。空驶是不合理运输的最严重形式。在实际运输组织中，有时候必须调运空车，从管理上不能将其看成不合理运输。但是，因调运不当，货源计划不周全，不采用运输社会化而形成的空驶是不合理运输的表现。如图 5－5 所示。造成空驶的不合理运输主要有以下几种原因。

①能利用社会化的运输体系而未用，却依靠自备车送货、提货，这往往出现单程载货、单程空驶的不合理运输。

②由于工作失误或计划不周全，造成虚假货源，导致车辆空去空回，形成双程空驶。

③由于车辆过分专用，无法搭运回程货，只能单程载货，单程回空周转。

图 5－5　空驶的货车

（2）对流运输。对流运输，也称“相向运输”、“交错运输”，指同一种货物，或彼此间可以互相代用而又不影响管理、技术及效益的货物，在同一线路或平行线路上作相对方向的运送，而与对方运程的全部或一部分发生重叠交错的运输，如图 5－6 所示。已经制定了合理流向图的产品，一般必须按合理流向进行运输，如果与合理流向图指定的方向相反，也属对流运输。

在判断对流运输时需注意的是，有的对流运输是不很明显的隐蔽对流。例如，不同时间的相向运输，从发生运输的那个时间看，并没出现对流，可能作出错误的判断，所以要注意隐蔽的对流运输。

（3）迂回运输。迂回运输是舍近求远的一种运输方式，可以选取短距离进行运输而不选取，却选择路程较长路线进行运输的一种不合理形式，如图 5－7 所示。迂回运输有一定复杂性，不能简单处理，只有当计划不周、地理不熟、组织不当而发生的迂回，才属于不合理运输，如果最短距离有交通阻塞、道路情况不好或有对噪声、排气等特殊限制而不能使用时发生的迂回，不能称为不合理运输。

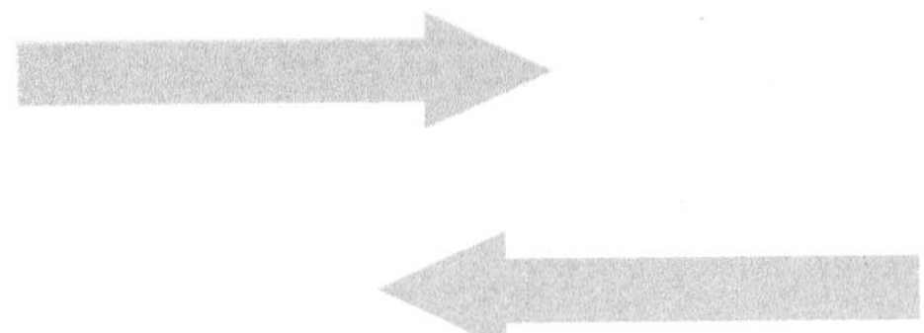

图 5－6　对流运输

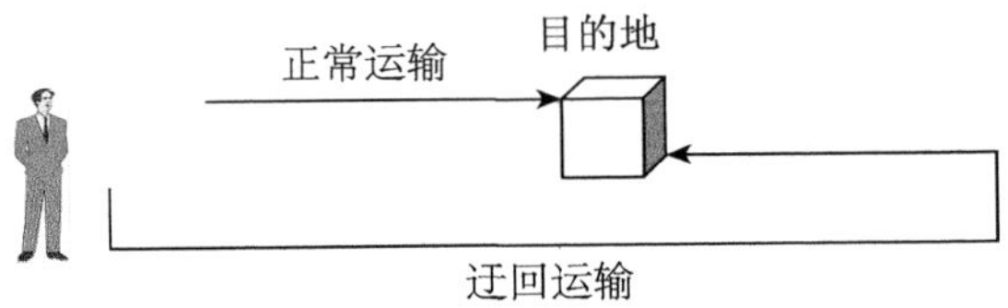

图 5－7　迂回运输

（4）重复运输。重复运输表现为两种形式。一种形式是，本来可以直接将货物运到目的地，但是在未达目的地之处，或目的地之外的其他场所将货卸下，再重复装运送达目的地。另一种形式是，同品种货物在同一地点一面运进，同时又一面向外运出。重复运输的最大缺陷是增加了非必要的中间环节，这就延缓了流通速度，增加了费用，增大了货损。

（5）倒流运输。倒流运输是指货物从销售地或中转地向产地或起运地回流的一种运输现象，如图 5－8 所示。其不合理程度要超过对流运输，其原因在于，往返的双程运输都是非必要的，形成了双程的浪费。倒流运输也可以看成是隐蔽对流的一种特殊形式。

图 5－8　倒流运输

（6）过远运输。过远运输是指调运物资舍近求远，即舍掉近处资源而调运远处资源，这就造成可采取近程运输却未采取，拉长了货物运距的浪费现象。过远运输占用运力时间长、运输工具周转慢、物资占压资金时间长，远距离自然条件相差大，同时又易出现货损，增加了费用支出。

（7）运力选择不当。运力选择不当是指未选择各种运输工具的优势，而不正确地利用运输工具造成的不合理现象，常见有以下几种形式。

①弃水走陆。由于所运货物价值较低（如煤炭、矿石等），在同时可以选择利用水运及陆运时，不利用成本较低的水运或水陆联运，而选择成本较高的铁路运输或汽车运输，使水运优势不能发挥。

②铁路、大型船舶的过近运输。利用铁路及大型船舶等运力进行非经济运行里程运输的不合理做法。主要不合理之处在于火车及大型船舶起运及到达目的地的准备、装卸时间长，且机动灵活性不足，在过近距离中利用，不能发挥运速快的优势。相反，由于装卸时间长，反而会延长运输时间。另外，和小型运输设备比较，火车及大型船舶装卸难度大、费用也较高。

③运输工具承载能力选择不当。不根据承运货物数量及重量选择，而盲目决定运输工具，造成过分超载、损坏车辆或货物不满载、浪费运力的现象，尤其是“大马拉小车”现象发生较多。由于装货量小，单位货物运输成本必然增加。

（8）托运方式选择不当。托运方式选择不当是指，对于货主而言，可以选择最好托运方式而未选择，造成运力浪费及费用支出加大的一种不合理运输。例如，应选择整车运输而采取零担托运，应当直达运输而选择了中转运输，应当中转运输而选择了直达运输等都属于这一类型的不合理运输。

（9）超限运输。超限运输是指超过规定的长度、宽度、高度和重量，容易引起货损、车辆损坏和公路路面及公路设施的损坏，还会造成严重的事故的运输。如图 5－9 所示。

图 5－9　超限运输

上述的各种不合理运输形式都是在特定条件下表现出来的，在进行判断时必须注意其不合理的前提条件，否则就容易出现判断失误。例如，如果同一种产品，由于商标不同，价格不同，所发生的对流，不能绝对看成是不合理，因为其中存在着市场机制引导的竞争，优胜劣汰，如果强调因为表面的对流而不允许运输，就会起到保护“落后”、阻碍竞争甚至助长地区封锁的作用，类似的例子，在各种不合理运输形式中都可以举出一些。

再者，以上对不合理运输的描述，主要就形式本身而言，是主要从微观角度观察得出的结论。在实践中，必须将其放在物流系统中做综合判断，在不做系统分析和综合判断时，很可能出现“效益背反”现象。单从一种情况来看，避免了“不合理”，做到了“合理”，但它的“合理”却使其他部分出现“不合理”。只有从系统角度，综合进行判断才能有效避免“效益背反”现象，从而优化整个系统。

3. 运输合理化的措施

由于运输是物流中最重要的功能要素之一，物流合理化在很大程度上依赖于运输合理化。因此，加强运输合理化研究是运输管理的一项十分重要的工作。具体措施有以下几项。

（1）提高运输工具的实载率。实载率有两个含义：一是单车实际载重与运距之乘积和标定载重与行驶里程之乘积的比率，这是在安排单车、单船运输时，作为判断装载合理与否的重要指标；二是车船的统计指标，即一定时期内车船实际完成的货物周转量（以吨千米计）占车船载重吨位与行驶千米之乘积的百分比。在计算车船行驶的千米数时，不但包括载货行驶，也包括空驶。

提高实载率的意义在于：充分利用运输工具的额定能力，减少车船空驶和不满载行驶的时间，减少浪费，从而求得运输的合理化。

（2）提高运行效率。采取减少运力投入，增加运输能力的有效措施使之合理化。这种合理化的要点是，少投入、多产出，走高效益之路。运输的投入主要是能耗和基础设施的建设，在设施建设已定型和完成的情况下，尽量减少能源投入，是少投入的核心。做到了这一点就能大大节约运费，降低单位货物的运输成本，达到合理化的目的。国内外在这方面的有效措施有以下几项。

①“满载超轴”法。就是在机车能力允许的情况下，多加挂车皮。我国在货运紧张时，也采取加长列车、多挂车皮的办法，在不增加机车的情况下增加运输量。

②水运拖带法。竹、木等物资的运输，利用竹、木本身浮力，不用运输工具载运，采取拖带法运输，可省去运输工具本身的动力消耗从而求得运输的合理性；将无动力驳船编成一定队形，一般是“纵列”，用拖轮拖带行驶，有比船舶载乘运输量大的优

点，求得运输合理化。

③顶推法。这是我国内河货运采取的一种有效方法。将内河驳船编成一定队形，由机动船顶推前进。其优点是航行阻力小，顶推量大，速度较快，运输成本很低。图 5－10 为顶推运输法示意。

图 5－10　顶推运输法示意

④汽车挂车法。汽车挂车的原理和船舶拖带、火车加挂基本相同，都是在充分利用动力能力的基础上，增加运输能力。

(3) 发展社会化的运输体系。运输社会化的含义是发展运输的大生产优势，实行专业分工，打破一家一户自成运输体系的状况。

一家一户的小生产运输，车辆自有，自我服务，不能形成规模，且一家一户运量需求有限，难于自我调剂，因而经常容易出现空驶、运力选择不当。因为运输工具有限，选择范围太窄，经常出现不能满载等浪费现象，且配套的接、发货设施，装卸搬运设施也很难有效地运行，所以造成浪费。实行运输社会化，可以统一安排运输工具，避免对流、倒流、空驶、运力不当等多种不合理形式，不但可以实现组织效益，而且可以实现规模效益，所以发展社会化的运输体系是运输合理化非常重要的措施。

当前社会化运输体系中铁路运输已经较完善，而在公路运输中，小生产方式还比较普遍，是完善社会化运输体系的重点。社会化运输体系中，各种联运体系是其中水平较高的方式，联运方式充分利用面向社会的各种运输系统，通过协议进行一票到底的运输，有效打破了一家一户的小生产运输，是未来发展的主要方向。

（4）根据经济运输里程，选择最佳的运输方式。铁路、公路、水运、空运、管道五种运输方式各有其特点，其适用的货运对象有所差别。运输方式选择的考虑因素包括运输成本、安全性、可靠性等，通过综合考虑这些因素后再选择最佳的运输方式。

（5）尽量发展直达运输。直达运输主要是指运输部门尽量减少货物运输的中间环节，把货物由产地直接运送给客户。直达运输是追求运输合理化的重要形式，其对合理化的追求要点是通过减少中转、过载、换载，从而提高运输速度，省去装卸费用，降低中转货损。直达运输的优势，尤其是在一次运输批量和用户一次需求量达到了一整车时表现最为突出。此外，在生产资料、生活资料运输中，通过直达运输，建立稳定的产销关系和运输系统，也有利于提高运输的计划水平，考虑用最有效的技术来实现这种稳定运输，从而大大提高运输效率。

特别需要一提的是，如同其他合理化措施一样，直达运输的合理性也是在一定条件下才会有所表现，不能绝对认为直达一定优于中转。这要根据用户的要求，从物流总体出发做综合判断。如果从用户需要量看，批量大到一定程度，直达是合理的，批量较小时中转是合理的。

（6）配载运输。这是一种充分利用运输工具载重量和容积，合理安排装载的货物及载运方法以求得合理化的运输方式。配载运输也是提高运输工具实载率的一种有效形式。

配载运输往往是轻重商品的混合配载，在以重质货物运输为主的情况下，同时搭载一些轻泡货物，如海运矿石、黄沙等重质货物，在舱面搭运木材、毛竹等；铁路运矿石、钢材等重物上面搭运轻泡农、副产品等。在基本不增加运力投入、不减少重质货物运输的情况下，解决了轻泡货物的运输，因而效果显著。

（7）“四就”直拨运输。“四就”直拨是减少中转运输环节，力求以最少的中转次数完成运输任务的一种形式。一般批量到站或到港的货物，首先要进分销部门或批发部门的仓库，然后再按程序直拨或销售给用户，这样往往出现不合理运输。

“四就”直拨，首先是由管理机构预先筹划，然后就厂、就码头、就库、就车（船）将货物分送给用户，而无须再入库了。

（8）发展特殊运输技术和运输工具。依靠科技进步是运输合理化的重要途径。例如，专用散装车及罐车，解决了粉状、液状物运输损耗大、安全性差等问题；袋鼠式车厢、大型半挂车解决了大型设备整体运输问题；“滚装船”解决了车载货的运输问题，集装箱船比一般船能容纳更多的箱体，集装箱高速直达车船加快了运输速度等，都是通过应用先进的科学技术实现合理化的。

（9）通过流通加工，使运输合理化。有不少产品，由于产品本身形态及特性问题，很难实现运输的合理化，如果进行适当加工，就能够有效解决合理运输问题，例如将造纸材料在产地预先加工成干纸浆，然后压缩体积运输，就能解决造纸材料运输不满载的问题；轻泡产品预先捆紧包装成规定尺寸，装车就容易提高装载量；水产品及肉类预先冷冻，就可提高车辆装载率，并降低运输损耗。

（10）通过优化运输路线，使运输合理化。优化运输路线，通常采用数学方法，数学方法很多，表上作业法和图上作业法是两种常用方法，这里不再加以详细介绍。

运输合理化的目标要考虑运输系统的基本特性。对于不同地区之间的长距离运输（干线输送），在货物的批量大且对时间要求不很苛刻的情况下，合理化的重点要考虑降低运输成本。对于不同地区或城市间的短距离运输（末端输送），是以向顾客配送为主要内容，货物批量小，应及时、准确地将货物运达，这种情况下的合理化目标，应以提高物流服务质量为主。

不同客户的需求侧重点不同，因此应为客户“量身定做”物流运作方案，细化客户差异性需求，确定每一个客户的需求模型，相应地设计物流运作方案。

第二节　储存

一、储存的概念

储存也称仓储，国家标准《物流术语》（GB/T 18354—2006）规定：仓储（warehousing）是利用仓库及相关设施设备进行物品的入库、存贮、出库的活动。储存（storing）即保护、管理、贮藏物品。储存是物流的另一个重要环节，在物流系统中起着缓冲、调节和平衡作用。由于储存的地点主要是仓库和堆场，所以又称为仓储。按照作业类型来分，储存包括仓储管理和库存控制两类具体功能。

储存的基本目的有三个：①满足生产和销售对自愿库存的需要；②尽可能降低库存成本，尤其要降低非自愿库存的成本；③降低储存作业成本，加快储存作业速度。

从宏观物流的角度看仓储，其作用丝毫不亚于运输，因为仓储在国家战略储备物资的流通中起着无法替代的作用。

从微观物流的角度看，虽然对于企业生产物流有零库存之说，但是全物流系统的零库存是很难实现的。

二、仓储管理

“仓”也称为仓库，为存放物品的建筑物或场地，可以分为房屋建筑、大型容器、洞穴或者特定的场地等，具有存放和保护物品的功能；“储”表示收存以备使用，具有收存、保管、交付使用的意思，当适用于有形物品时也称为储存。“仓储”则为利用仓库存放物品、储存未即时使用的物品的行为。简言之，仓储就是在特定的场所储存物品的行为。常见的仓库见图 5－11。

图 5－11　常见的仓库

仓储管理（Warehouse Management）是对在库或者在途商品的数量和品质以及运作进行的管理，以防商品数量短缺、质量发生变化。同时，提高劳动生产率，减少在储存作业过程中的保管、装卸、包装费用以及商品损耗，缩短商品在仓储过程中的作业时间。

仓储的基本机能是储存和保管，扩展机能是调节运力和调节供需，优化机能是配送和流通加工。

三、库存控制

库存（Stock）是指储存作为今后按预定的目的使用而处于闲置或非生产状态的物品。广义的库存还包括处于制造加工状态和运输状态的物品。

产生库存的原因有：①为了消除产销分离；②为了防止供货短缺；③为了防止供

货延迟；④为了防止需求波动；⑤为了防止发生灾害；⑥为了防止发生战争。前四类库存是企业生产、经营的库存，一般称为库存；后两类是国家安全库存，一般称为储备。

库存成本（Inventory Cost）是指为取得和维持一定规模的存货所发生的各种费用的总和，由物品购入成本、订货成本、库存持有成本（含存货资金占用成本、保险费用、仓储费用等）等构成。

库存控制是对库存的数量和结构进行规划和管理的物流作业活动。换言之，库存控制是对于物流过程中库存的数量、时间、地区分布等进行的计划、协调和控制。库存控制的主要目的是在满足客户需求、保证供应的前提下，尽量降低库存成本。

企业生产和经营性库存可以分为自愿库存和非自愿库存。自愿库存是维持正常生产和经营活动必须拥有的库存，是企业自愿保持的库存，非自愿库存则是由于流通过程的停滞而产生的库存。

产品会在物流过程中处于两种状态，表现出两种不同的库存形式。在仓库等专用储存设施中储存的商品，我们称为第一类库存；在运输工具等产品转运设备中存在的商品，即在途储存，我们称为第二类库存。及时生产是指第一类库存为零，这就是通常所说的“零库存”。但第二类库存依然存在，并且如果生产、交换和消费过程要连续进行，这类库存就无法消失。“零库存”并不是真正的库存总量为零，而是库存总量很少，接近于零并不等于零，“零库存”不是轻易能够实现的，也不是任何一种产品的物流系统都应该实现“零库存”。

第三节　装卸搬运

一、装卸搬运的概念

国家标准《物流术语》（GB/T 18354—2006）规定：装卸（loading and unloading）是指物品在指定地点以人力或机械装入或卸出运输工具的作业过程。搬运（handling carrying）是指在同一场所内，对物品进行空间移动的作业过程。

装卸是物品装上运输工具或从运输工具上卸下。搬运是物品在同一地域范围内的短距离的位移。有时还包括在仓库和堆场内的堆垛、移送、入库、出库。对于有些货物，可能还要进行拣选、分类等活动。

为了衔接储存和运输等物流作业，需要将商品从载体上卸下，或者从发货地装上载体，有时还需要进行很短距离的搬运作业。装卸分为装、卸和搬运三种业务。物流系统需要配备一定的装卸搬运设施设备来进行大批量重复性的装卸搬运作业，以提高劳动生产率，降低商品损耗。在劳动力成本很高的国家里，装卸搬运环节一般都实现了自动化。如图 5－12 所示。

图 5－12　装卸和搬运

二、装卸搬运的基本作业

装卸搬运的基本作业包括：装卸、搬运、堆码、取出、分类和集货等。货品的堆码见图 5－13。常见的堆码方式见图 5－14。

图 5－13　货品的堆码

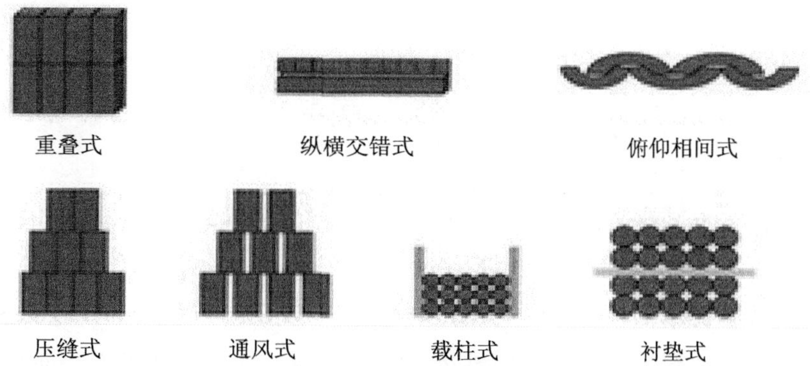

图 5－14　常见的堆码方式

三、装卸搬运的特点

与生产领域和流通领域的其他环节相比，装卸搬运具有如下特点：

1. 装卸搬运是附属性、派生性的活动

装卸搬运是物流每一项活动开始及结束时必然发生的活动，例如，一般的汽车运输，就实际包含了装卸搬运活动，仓库中泛指的保管活动，也含有装卸搬运活动。

2. 装卸搬运是支持性、保障性的活动

装卸搬运的附属性不能理解成被动的，实际上，装卸搬运对其他物流活动有一定影响。装卸搬运会影响其他物流活动的质量和速度，例如，装车不当，会引起运输过程中的损失；卸放不当，也会造成货损。许多物流活动在有效的装卸搬运支持下，才能实现高水平运作。

3. 装卸搬运是衔接性的活动

装卸搬运是衔接各种物流环节的必要活动，因而，装卸搬运往往成为物流效率"瓶颈"，是物流各功能之间能否形成有机联系和紧密衔接的关键，是一个系统高效运行的关键。建立一个有效的物流系统，关键看这一衔接是否顺畅。

装卸搬运不产生有形的产品，而是提供劳动服务。是生产领域与流通领域的其他环节的配套保障和服务性作业。在物流成本中，装卸搬运所占比重较高，因此是企业降低物流成本的重要环节。

第四节　包装

一、包装在物流中的地位

国家标准《物流术语》（GB/T 18354—2006）规定：包装（packaging；package）是指为在流通过程中保护产品、方便储运、促进销售，按一定技术方法而采用的容器、材料及辅助物等的总体名称。也指为了达到上述目的而采用容器、材料和辅助物的过程中施加一定技术方法等的操作活动。包装是将物品包封并予以适当的标志的工作总称。简言之，包装是包装物及包装操作的总称。

在现代物流观念形成以前，包装被看作是生产的终点，因而一直是生产领域的活动。包装的设计往往主要从生产终结的要求出发，因而常常不能满足流通的要求。

物流研究者则认为，包装与物流的关系，比之与生产的关系要密切得多，其作为物流始点的意义比之作为生产终点的意义要大得多。因此，包装应纳入物流系统之中。

包装在物流系统中具有十分重要的作用。包装是生产的终点，同时又是物流的起点，它在很大程度上制约物流系统的顺畅运行。对产品按一定数量、形状、重量、尺寸大小配套进行包装。并且按产品的性质采用适当的材料和容器，不仅影响装卸搬运、堆码存放、计量清点是否方便高效，而且关系着运输工具和仓库的利用效率。

二、包装的特性与功能

包装有三大特性，即保护性、单位集中性及便利性，这三大特性具有保护商品、方便物流、促进销售和方便消费的四大功能。

1. 保护商品功能

保护商品是包装的基本功能。在物流过程中各种自然因素（温度、湿度、日照、有害物质、生物等），对产品的质量发生的影响，会使产品损坏、变质。在装卸搬运、运输过程中，撞击、震动也会使产品受损。为了维持产品在物流过程中的完整性，必须对产品进行科学的包装，避免各种外界不良因素对产品的影响。

2. 方便物流功能

经过包装的商品能为商品流转提供许多方便的条件。运输、装卸搬运通常是以包装的体积、重量为基本单位的，托盘、集装箱、货车等也是按一定包装单位来装运的。合适的包装形状、尺寸、重量和材料，能够方便运输、装卸搬运、保管的操作，提高其他物流环节的效率，降低流通费用。

3. 促进销售功能

包装是商品的组成部分，它是商品的形象。包装上的商标、图案、文字说明等，是商品的广告和“无声的推销员”，它是宣传推销商品的媒体，诱导和激发着消费者的购买欲望。包装在物流活动中的作用如此重要，作为物流行业中的成员应该对其更加重视。

4. 方便消费功能

为消费者提供方便是包装必备的功能，商品包装的大小、形状、包装材料、包装重量、包装标志等各个要素应为消费者使用、保管创造方便条件。同时，包装拆装应简便快捷，拆装后的包装材料应当容易处理。

三、包装的分类

包装的分类方法很多，按其功能的不同可分为：

1. 商业包装

商业包装（也称销售包装）是指以促进销售为主要目的的包装，这种包装的特点是外形美观，有必要的装潢，包装单位适于顾客的购买量以及商店陈设的要求。在流动过程中，商品越接近顾客，越要求包装有促进销售的效果。销售包装是将生产出来的产品包装成具有统一数量标准和规格的单元，以利于展示和销售，这种包装作业是生产过程的一部分。如图 5 - 15 所示。

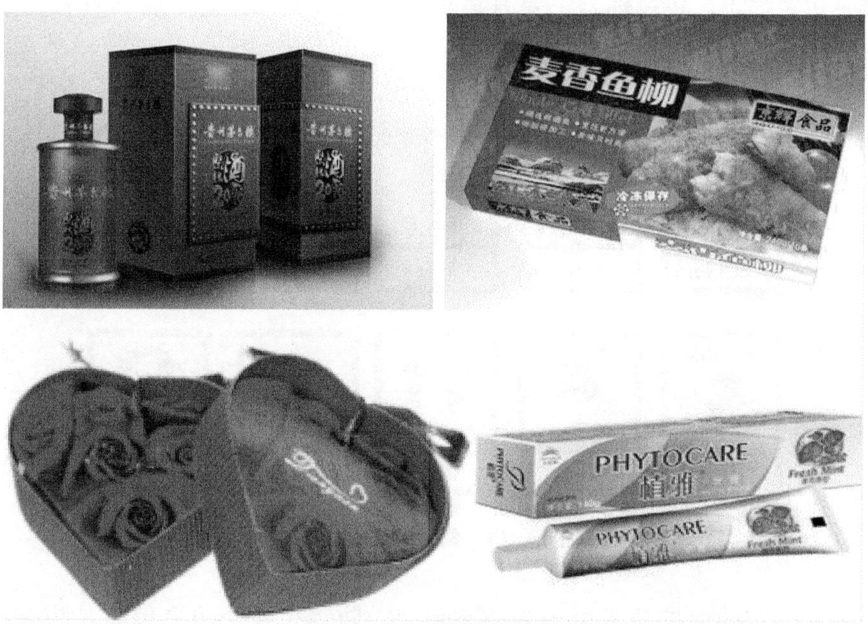

图 5 - 15　商品的销售包装

2. 运输包装

运输包装是指以强化输送、保护产品为目的的包装，为便于在物流过程中的运输、储存、装卸、堆码、发货、收货、销售等作业，需要将一定数量的以销售包装存在的商品再包装成一定的数量单元，或者对包装进行加固、分装、重新包装等操作，这种包装就是运输包装（也称物流包装）。运输包装的重要特点，是在满足物流要求的基础上使包装费用越低越好。为此，必须在包装费用和物流中的损失两者之间寻找平衡。商品的运输包装见图 5 - 16。

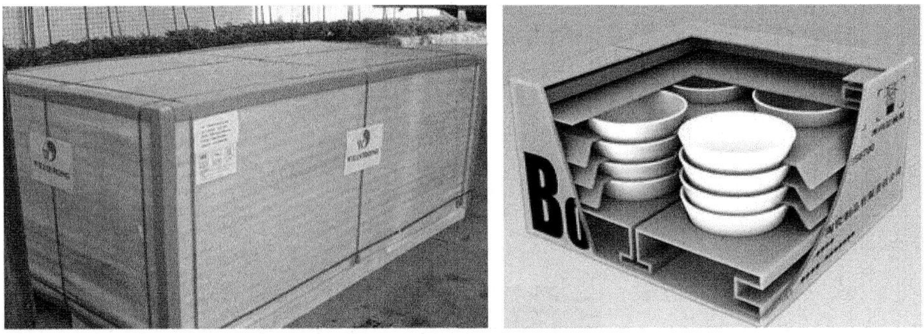

图 5 - 16　商品的运输包装

在物流过程中，为了便于货物交接、防止错发错运，便于识别，便于运输、仓储和海关等有关部门进行查验等工作，也便于收货人提取货物，在货物的外包装上标明的记号就是包装标志。包装标志主要有运输标志、指示性标志、警告性标志、危险品标志等，常见的包装标志见图 5 - 17。

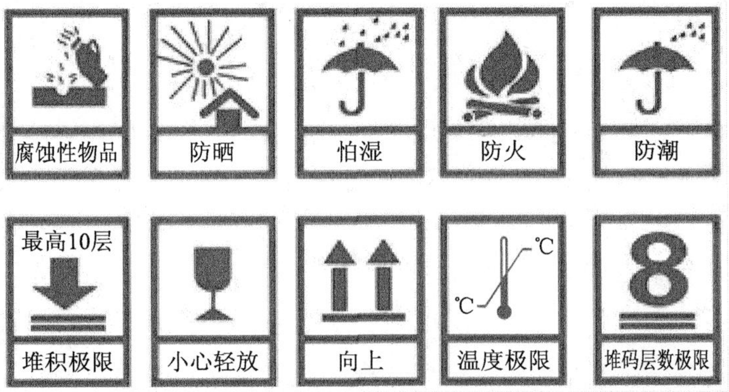

图 5 - 17　常见的包装标志

此外，按包装的保护技术可分为防潮包装、防锈包装、防虫包装、防腐包装、防震包装、危险品包装等。

四、包装合理化

包装合理化，是指在包装过程中使用适当的材料和适当的技术，制成与物品相适应的容器，节约包装费用，降低包装成本，既满足包装保护商品、方便储运、有利销售的要求，又要提高包装的经济效益的包装综合管理活动。包装合理化主要表现为以下几方面：

1. 包装的轻薄化

由于包装只是起保护作用，对产品使用价值的增加没有任何意义，因此在强度、寿命、成本相同的条件下，更轻、更薄、更短、更小的包装，可以提高装卸搬运的效率。见图 5－18。

2. 包装的单一化

为了提高包装作业的效率，包装材料及规格应力求单一化，包装形状和种类也应单一化。如图 5－18 所示。

3. 包装的集装单元化和标准化

包装的规格与托盘、集装箱的装载关系密切，也应考虑到与运输车辆、搬运机械的匹配，从系统的角度制定包装的尺寸标准。如图 5－18 所示。

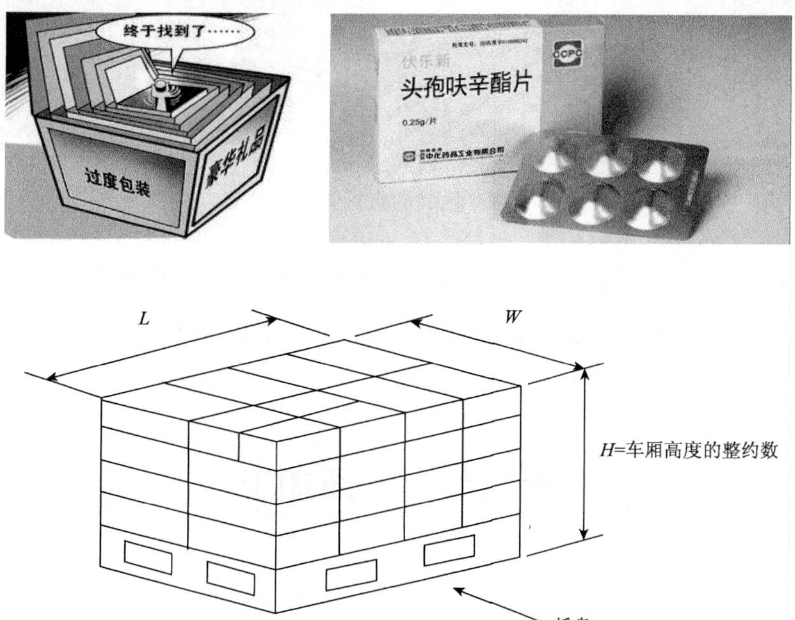

图 5－18　包装的轻薄化、单纯化、单元化和标准化

4. 包装的机械化与自动化

为了提高作业效率和包装现代化水平，各种包装机械的开发和应用是很重要的。包装机械见图 5－19。

5. 包装的绿色化

包装要有利于环保。包装是产生大量废弃物的环节，处理不好可能会造成环境污染。包装材料最好可多次使用并能回收再生利用，在包装材料的选择上，还要考虑不对人体健康产生影响，对环境不造成污染，即所谓的“绿色包装”。如图 5－19 所示。

图 5－19　包装的机械化、绿色化

在包装过程中，还要注意包装与其他环节的配合。包装是物流系统的组成部分，需要和装卸搬运、运输、仓储等环节一起综合考虑、全面协调。

第五节　流通加工

一、流通加工的概念

国家标准《物流术语》（GB/T 18354—2006）规定：流通加工（distribution processing）是指根据顾客的需要，在流通过程中对产品实施的简单加工作业活动（如包装、分割、计量、分拣、刷标志、拴标签、组装等的总称）。

在流通过程中对商品进行的加工实际上是生产过程在流通过程的延续。由于要契合本地消费者的需求，有些商品的加工要结合当地消费者的实际需求来进行，比如贴有当地语言的标签，并按实际需要将大批量的商品进行分割、裁剪、喷漆、染色、洗净、剪切、挑选、分级、称量、包装等，这些作业大多借助手工完成，效率比较低。常见的流通加工见图 5-20。

图 5-20 常见的流通加工

传统观念认为加工属于生产环节，物流仅是物品的位移。然而进入较为发达的经济社会以后，流通加工的事例不断出现：自行车装配是在商店里完成的；家具是送到用户家中才安装起来的；蛋糕是在食品店的橱窗里裱花的；混凝土是在运输途中搅拌的等。将一些简单的加工过程放在流通环节里完成至少会有以下好处：①节省加工场所的土地占用；②便于运输、搬运、装卸和包装；③适于生产个性化产品；④缩短了产品从生产到消费的距离。

二、流通加工与一般生产加工的区别

流通加工和一般的生产型加工在加工方法、加工组织、生产管理方面并无显著区别，但在加工对象、加工程度方面差别较大，其差别主要为：

(1) 流通加工的对象是进入流通过程的商品，具有商品的属性，以此来区别多环节生产加工中的一环。生产加工对象不是最终产品，而是零配件、半成品，会使物品发生物理、化学或形状的变化。

(2) 流通加工过程大多是简单加工，而不是复杂加工，一般来讲，如果必须进行复杂加工才能形成人们所需的产品，那么，就需要生产加工来完成，生产过程理应完成大部分加工活动，流通加工对生产加工是一种辅助及补充。流通加工绝不是对生产加工的取消或代替。

(3) 从价值观点看，生产加工的目的在于创造价值和使用价值，而流通加工则在于完善其使用价值，并在一定情况下提高价值。

(4) 流通加工的组织者是从事流通工作的人员，能密切结合流通的需要进行加工活动，从加工单位来看，流通加工由商业或物资流通企业在流通环节中完成，而生产加工则由生产企业在生产环节中完成。

(5) 加工目的不同，流通加工是为了消费和流通，为流通创造条件。生产加工是为了生产和制造。

第六节　配送

一、配送的基本概念

1. 配送的定义

国家标准《物流术语》(GB/T 18354—2006) 规定：配送 (distribution) 是指在经济合理区域范围内，根据客户要求，对物品进行拣选、加工、包装、分割、组配等作业，并按时送达指定地点的物流活动。

通俗地讲，配送可以描述为按用户的订货要求，以现代送货形式，在配送中心或其他物流节点进行货物配备，以合理的方式送交用户，实现资源的最终配置的物流活动。实施这一系列活动后，实现了商品的增值。这个概念说明了以下几方面的内容。

(1) 配送是按用户的订货要求进行的。配送活动是以用户为出发点，具有明显的服务性；配送活动中用户总是处于主导地位，配送组织者必须树立“用户第一”“质量第一”的观念。

(2) 配送的实质是送货。配送是一种送货方式，但它与一般的送货又有区别。一般的送货多属于偶然性的行为；而配送则是一种有固定组织、固定渠道、固定装备设施、固定管理和技术力量、固定制度规范的流通组织形式。

(3) 配送是一种中转形式。配送是从物流据点至用户的一种特殊送货形式。它更多地表现为一种中转型送货，而不是从工厂至用户的直达送货；而且，配送是用户“需要什么送什么”，而不是“有什么送什么”。

(4) 配送是“配”与“送”的有机结合。配送可以利用有效的分拣和配货功能，使送货总量达到一定规模，以利用规模优势取得较低的送货成本。

(5) 配送强调作业方式的合理性。配送者必须以用户的要求为依据来追求作业的合理性，并以此为基础来实现双方都有利可图的商业目的。

(6) 配送是一种重要的资源配置手段。在社会再生产的循环过程中，配送处于流通领域内比较靠近客户的那一段，因而它对资源的配置往往是最终配置。在市场经济环境下，配送的这种资源配置功能具有重要的战略意义。

2. 配送与运输（输送）的区别

配送是由运输派生出来的一种物流功能，是一种相对短距离的运输。与运输或者其他的物流功能要素相比较，配送具有如下一些特点。

(1) 配送的输送距离较短。它一般位于物流系统的最末端，处于支线运输、二次运输或末端运输的位置，是送到最终消费者的物流活动。

(2) 配送活动也包含其他的一些物流功能要素。配送经常也要进行装卸搬运、储存、包装等活动，是多种物流功能的组合。

(3) 配送是物流系统的一个缩影。从活动内容和功能特点来看，配送也可以看成是某个小范围内的物流系统。

配送是物流系统中一种特殊的、综合的活动形式，是商流与物流的紧密结合，既包含了商流活动与物流活动，也包含了物流系统中的其他功能要素。

从物流方面看，配送几乎包括了所有的物流功能要素，是物流的一个缩影或在某个小的范围内物流全部活动的体现。一般的配送活动集装卸搬运、包装、保管、运输功能于一身，特殊的配送活动则还要以加工功能为支撑，所包含的活动内容更加广泛。但是，配送活动的主体又与一般的物流活动有所不同，分拣配货是组织配送活动的独特要求，是配送活动中最有特色的活动内容。

从商流方面看，配送和物流的不同之处在于物流是“商物分离”的产物；而配送则是“商物合一”的产物，它本身就是一种商业形式。在配送活动的具体实施过程中，虽然也可能出现“商物分离”，但从长远来看，商流和物流的结合已经成为一种趋势，是现代配送经营成功的一条重要经验。

3. 配送的作用

配送的作用主要有以下六个方面。

（1）完善和优化物流系统。第二次世界大战之后，由于大吨位、高效率运输工具的出现，使干线运输在铁路、海运或公路方面都达到了较高水平，长距离、大批量的运输实现了低成本化。但是，在干线运输之后，往往还要辅以支线转运或小搬运，它们成了物流过程中的一个薄弱环节。这个环节与干线运输相比有着不同的要求和特点，如要求灵活性、适应性、服务性，致使运力往往不能充分利用、成本过高等。采用配送方式，从范围来讲，将支线运输与小搬运统一起来，使输送过程得以优化和完善。

（2）实现企业的低库存或零库存。实现了高水平的配送之后，尤其是采取准时配送，生产企业可以完全依靠配送中心的准时配送而不需保持自己的库存，或者只需保持少量保险储备而不必留有经常储备，这就可以实现生产企业多年追求的“零库存”，将企业从库存的包袱中解脱出来，同时释放出大量储备资金，从而改善企业的财务状况。同时，我们还应看到配送的功能是将企业外和企业内的两次供应合二为一，承担了企业外部和内部的双重供应，直接将货物供应到车间或流水线，从而取代了原来由商业部门承担的工作，也减少了企业内部的供应库存。实行集中库存，其总量远低于不实行集中库存时各企业分散库存的总量，同时加强了调节能力，提高了社会经济效益。此外，采用集中库存可以利用规模经济的优势，使单位存货成本下降。

（3）提高末端物流的经济效益。配送中所包含的那一部分运输活动，在整个运输过程中是处于末端输送的位置，其起止点是物流节点至用户。采用配送方式，通过增大订购经济批量实现降低进货成本，又通过将用户所需的各种商品集中起来一次发货，可以代替过去的分散发货，并使用户以一处订货代替过去的多处订货，以一次接货代替过去的频繁接货。配送以灵活性、适应性、服务性的特点，解决了过去末端物流运力安排不合理、成本过高等问题，从而提高了末端物流的经济效益。

（4）简化手续，方便用户。每个用户由于自身的实际情况不同，对供应的要求也有所不同。物流节点按照服务范围内用户的需要，批量购进各种物资，与用户建立比较稳定的供需关系。一般实行计划配送，而对少数用户的临时需要，也进行即时配送服务，用户一次购买活动就可以买到多种商品，简化了交易次数及相应的手续。由于配送的“送”的功能，用户不必考虑运输方式、路线及装卸货物等问题，就可在自己的工厂或流水线处接到所需物品，大大减轻了客户的工作量，节省了开支，方便了客户，从而提高了物流服务质量。

（5）提高物资供应保证程度。配送企业依靠自己联系面广、多方组织货源的优势，按用户企业的要求，及时供应。若组织到的货源不能满足用户的需要，配送企业还可利用自己的加工能力进行加工改制，以适应用户的需要，并及时地将货物送到用户手中。如果用户自己去采购，由于精力或其他方面所限没有采购到或采购到的物品不适用，必将影响到物资的供应，使生产受到影响。所以，配送的发展在某种程度上可以提高供应的保证程度，使整个社会的生产比较协调地发展。

（6）降低成本，提高效益。专业化是高效率、低成本的基础，在企业进行营销活动实现实体分配时，如果不引入专业的渠道成员参与实体分配，则由于每个企业的核心能力不同，进行运作时必然使成本上升、效率下降。而专业化的配送企业在完成配送时能够比其他企业更好地承担实体分配功能，从而把经济性引入企业的物流系统，实现高效率、低成本。

二、配送中心的作业流程

国家标准《物流术语》（GB/T 18354—2006）规定：配送中心（distribution center）是从事配送业务且具有完善信息网络的场所或组织，应基本符合下列要求：①主要为特定客户式末端客户提供服务；②配送功能健全；③辐射范围小；④提供高频率、小批量、多批次配送服务。

物流活动主要发生于两类场所—物流线路（铁路、公路、航道或航线等）和物流节点（车站、港口、仓库、机场等）。配送中心是物流节点的一种，是专门用于配送业务的物流节点。配送中心适应了物流合理化、生产社会化和市场扩大化的需求，是物流领域内社会分工的产物。它集储存、加工、集货、分货、装运、信息处理等多项功能于一体，通过集约化经营取得规模效益。

配送中心的效益主要来自“统一进货、统一配送”。统一进货的主要目的是避免库存分散、降低企业的整体库存水平。通过降低库存水平，可以减少库存商品占用的流动资金，减少为其支付的利息和机会损失，降低商品滞销压库的风险。配送中心的作业流程设计要便于实现两个主要目标：一是降低企业的物流总成本；二是缩短补货时间，提供更好的服务。

配送中心的作业项目包括订货、到货接收、验货入库与退货、订单处理、储存、加工、拣选、包装、装托盘、组配、配装、送货和送达服务等，作业项目之间衔接紧密，环环相扣，整个过程实现三流合一。

配送中心的作业流程见图 5－21，流程中操作的每一步都要准确、及时，并且具备可跟踪性、可控制性和可协调性。

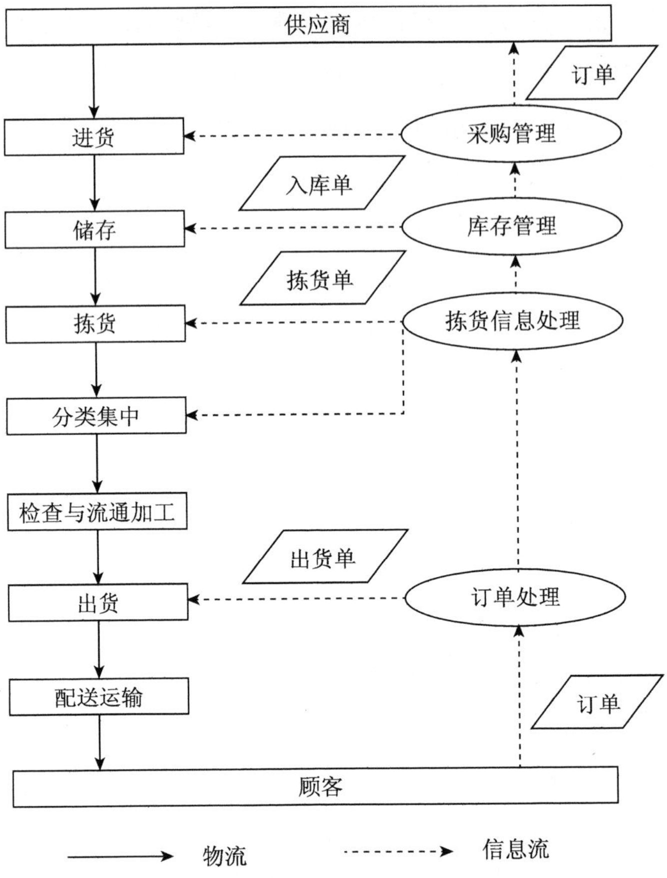

图 5－21　配送中心的一般作业流程

1. 订单处理

物流活动要实现的根本目标就是降低成本与提高客户的服务满意度。而在成本降低中按订单生产已越来越受到商家的重视。配送中心和其他经济组织一样，具有明确的经营目标和对象，配送中心的业务活动是以客户订单发出的订货信息作为其驱动源。在配送活动开始前，配送中心根据订单信息，对客户的分布、所订商品的名称、商品特性和订货数量、送货频率和要求等资料进行汇总和分析，以此确定所要配送的货物种类、规格、数量和配送的时间，最后由配送中心调度部门发出配送信息（例如拣货单、出货单等）。订单处理是配送中心调度、组织配送活动的前提和依据，是其他各项作业的基础。

订单处理是配送中心客户服务的第一个环节，也是配送服务质量得以保证的根本。在订单处理过程中，订单的分拣和集合是重要的环节。

订单处理的职能之一是填制文件，通知指定仓库将所订货物备齐，一般用订单分拣清单表明所需集合的商品项目，该清单的一联送到仓库管理人员手中。仓库接到产品的出货通知后，按清单拣货、贴标，最后将商品组配装车。

一般来说，常用的订货方式有传统订货方式和电子订货方式两种。国外许多的配送中心都采用电子化订货方法。例如电子订货系统（EOS），通过操作订货簿或货架标签并配合手持终端机及扫描器、电子付款机（POS）和订货应用系统等来完成订货任务，还有更为先进的电子数据交换（EDI）系统。配送中心收到客户订单后，需要进行处理的主要工作有：①检查订单是否全部有效，即订单信息是否完全、准确。②信用部门审查客户的信誉。③市场销售部门把销售额记入有关销售人员的账目。④会计部门记录有关的账目。⑤库存管理部门选择和通知距离客户最近的仓库，分拣客户的订单、包装备运并及时登记公司的库存总账，扣减库存，同时将货物和运单送交运输商。⑥运输部门安排货物运输，将货物从仓库发运到发货地点，同时完成收货确认（签收）。

配送中心在订单处理完后，会将发货单寄给客户，此步骤一般也由计算机完成。

2. 进货作业

配送中心进货作业主要包括订货、接货、验收和储存四个环节。

（1）订货。配送中心收到并汇总客户的订单以后，首先要确定配送货物的种类和数量，然后通过查询管理信息系统了解现有库存商品是否能满足订货，如果现货数量充足，那么，就转入拣货作业；如果缺货或现货不足，那么，就要及时向供应商发出订单，提出订货。另外，对于流转速度较快的热门商品需保证供货，配送中心也可以根据需求情况提前组织订货，订购量最好是经济订购批量。对于商流、物流相分离的配送中心，订货作业由客户直接向供应商下达采购订单，配送中心的进货工作从接货作业开始。

（2）接货。供应商在接到配送中心或用户的订单后，会根据订单要求的品种和数量组织供货，配送中心则组织人力、物力接收货物，有时还需到港口、车站、码头接运到货，签收送货单后就可以进行验收货物。

（3）验收。验收是配送中心一项重要的工作，其目的就是保证商品能及时、准确、安全地发运到目的地。所订货物到达配送中心后，由其负责对货物进行检查验收，验收的内容主要是货物的质量、数量、重量和包装的完好性。验收的依据主要是合同条款要求和有关质量标准。验收合格无误的货物办理入账、信息采集和货物入库手续；如果不符合合同条款要求，配送中心将详细登记差错情况，并拒收货物，按有关规定或合同中的事先约定来处理。

（4）储存。在配送中心一般都有库存保管的储存区，因为为了防止缺货，任何商品或多或少都会有一定的安全库存，视商品的特性及生产前置时间（Lead Time）的不同，安全库存的数量也不同。一般国内制造的商品库存较少，而国外制造的商品因船期的原因库存较多；另外，生鲜产品的保存期限较短，因此保管的库存量比较少；冷冻食品因其保存期限较长，因此保管的库存量比较多。

配送中心为保证货源供应，通常都会保持一定数量的商品库存（安全库存）。另外，对于商流、物流一体化的配送中心来说，一次性集中采购、储备一定数量的商品，可以享受供应商提供的折扣优惠。储存作业的主要内容就是随时掌握商品的库存动态，对处于储存状态中的商品进行温度与湿度控制，及其它的保管保养。保证库存商品的质量完好，重量和数量准确。

3. 理货和配货作业

配送中心的核心作业就是理货和配货作业。通过该项作业，根据不同客户的订单要求进行货物的拣选、流通加工、包装和配装，为货物发出做好准备。

（1）拣选作业。拣选作业就是拣货人员依据业务部门按照客户订单要求下达的拣货单，从储存的货物中拣出一定品种和数量的商品。拣选作业的方法分为摘果式和播种式两种，其中较为常用的是摘果式拣选。具体做法是：拣货员拉着拣货箱在仓库货架内巡回走动，根据拣货单和配货单上的货架位置（货位或储存），拣取规定的货物品种、规格和数量并放入货箱内。另外，一些大型配送中心采用了自动分拣技术，利用自动分拣设备自动分拣，大大地提高了拣货作业的准确性和作业效率。

（2）流通加工作业。配送中心的流通加工作业属于增值性活动，不具有普遍性。有些加工作业属于初级加工活动，例如按照客户的要求，将一些原材料套裁；有些加工作业属于辅助加工，例如对产品进行简单组装、给产品贴上标签或套包装袋等；也有些加工作业属于深加工，食品类配送中心的加工通常就是深加工，例如，将蔬菜或水果洗净、切割、过磅、分份并装袋，加工成净菜，或按照不同的风味进行配菜组合，加工成原料菜等配送给超市或零售店。

不同类型的配送中心会根据其配送商品的特性、用户的要求、加工的可行性，选择是否进行配送加工作业，作业内容也不尽相同。通过加工作业会完善配送中心的服务功能。

（3）包装作业。配送中心将需要配送的货物拣取出来后，为便于运输和识别不同用户的货物，有时还要对配送货物进行重新包装或捆扎，并在包装物上贴上标签。

（4）配装作业。为充分利用运输车辆的动力，提高货物运输的积载率，配送中心一般将在同一时间内出货的不同用户的货物组合配装在同一批次的运输车辆上进行运送，这就是配送中心的配装作业。合理的混装与配装，不但能有效地降低成本，还可以减少城市道路的交通流量，改善交通状况和降低环境污染。

4. 出货作业

出货作业是配送中心的末端作业环节，包括装车和送货两个作业项目。

(1) 装车。配送中心的装车作业可以采用机械装车，也可采用人力装车。通常对于较大批量或较大体积和重量的货物采用装卸机械设备（例如叉车）和托盘进行装车；对于批量较小的散货，由于数量少、重量轻，可以采用人力装车。装车时要注意避免货物损坏和外包装的破损。

(2) 送货。在一般情况下，配送中心都自备送货车辆，有时也可以根据实际需要借助社会运力来组织送货，送货作业的重点是正确选择运输工具和合理选择运输路线；对于固定用户的送货，可事先编排出合理的运送线路，选择合适的送货时间，进行定时定线送货；对于临时送货，可根据用户要求和当时的交通状况，选择合适的送货路线进行送货。

三、配送的分类

为了满足不同产品、不同企业、不同流通环境的要求，经过较长一段时期的发展，国内外创造出多种形式的“配送”方式。这些配送方式都有各自的优势，但同时也存在一定的局限性。

1. 按配送主体所处的行业划分

配送按主体所处行业划分为以下几种方式。

(1) 制造业配送。制造业配送包括围绕制造企业所进行的原材料、零部件的供应配送，各生产工序上的生产配送以及企业为销售产品而进行的销售配送。制造业配送的各个部分在客户需求信息的驱动下连成一体，通过各自的职能分工与合作，为企业的生产和销售服务。

(2) 农业配送。农业配送是一种特殊的、综合的农业物流活动，是在农业生产资料、农产品的送货基础上发展起来的。它是指在与农业相关的经济合理区域范围内，根据客户要求，对农业生产资料、农产品进行分拣、加工、包装、分割、组配等作业，并按时送达指定地点的农业物流活动。

(3) 商业配送。商业企业的主体包括批发企业和零售企业，二者对于配送的理解、要求、管理都不相同。批发企业配送的客户一般都不是最终消费者，而是零售企业。因此，批发企业必然要求其配送系统能够满足零售客户多批次、少批量的订货要求，而且还要具有一定的流通加工能力。零售企业配送的客户大多是各类消费者，一方面，由于经营场所的面积有限，它们总是希望上游供应商（包括批发企业）能向其提供小批量的商品配送；另一方面，为了满足各种不同客户的需要，它们又希望尽可能多地配备商品。

(4) 物流企业配送。物流企业是专门从事物流活动的企业，因此物流企业配送并不像前面三类企业一样拥有货物的所有权，而是根据所服务客户的需求，为客户提供配送支持性服务。现在，比较常见的物流企业配送就是快递企业所提供的“门到门”配送。

2. 按配送组织者划分

配送按组织者划分为以下几种方式。

(1) 配送中心配送。这类配送活动的组织据点是配送中心，一般规模较大，拥有配套的设施、设备等条件。配送中心配送的专业性较强，一般都与用户建立有相对固定的协作关系，配送设施与工艺都是按照用户的要求专门设计的，所以配送中心具有配送能力强、配送品种多、配送数量大等特点，是配送活动的最主要形式。但由于这类配送业务的服务对象固定，所以灵活性和机动性较差。而且由于规模大、投资高，中小型配送经营者往往难以承担，从而抑制了这类配送活动的进一步发展。

(2) 仓库配送。一般是以仓库为据点进行的配送，也可以是在原仓库保持储存保管功能的前提下，增加部分配送功能，或经过对原仓库进行改造，使其成为专业的配送中心。

(3) 商店配送。商店配送的组织者一般是商业或物资系统的门市网点。它是指除了自身日常的零售业务外，商店还将本店经营的产品按用户的要求配齐，或代用户订购一部分本店平时不经营的商品后，再与本店的商品搭配，一齐送达用户的业务形式。因此，从某种意义上讲，商店配送也是一种销售配送。连锁商店配送是商店配送的一种主要形式，它又分为两种情况：一种是专门成立为连锁商店服务的配送企业，这种配送企业除主要承担连锁商店的配送任务外，还兼有为其他用户提供服务的职能；另一种是存在于连锁商店内的配送组织，其主要任务是服务于自身的连锁经营，不为其他的用户提供配送服务。

(4) 生产企业配送。对于新鲜的牛奶、面包或蛋糕等保质期较短的商品，为了减少流通环节，压缩流通时间，生产企业经常以自身的车间或成品仓库为据点，直接面向客户进行配送。这就是生产企业配送。这种类型的配送业务大多由生产企业自己完成，也有由第三方物流企业完成的情况。

3. 按配送商品的种类和数量划分

配送按商品的种类和数量划分为以下几种方式。

(1) 单（少）品种大批量配送。这类配送的特点是，客户所需的商品品种较少甚至是单一的品种，但所需商品的批量较大。由于这类配送活动的品种单一、批量大，可以实现整车运输，有利于车辆满载或采用大吨位车辆进行运送。

（2）多品种少批量配送。这类配送的特点是，用户所需商品的数量不大，但品种较多，因此在进行配送时，组织者要先根据用户的要求，将所需的各种物品配备齐全后，再凑成整车装运送达客户。

（3）成套配套配送。这种配送的特点是，用户所需的商品必须是成套的。例如，装配性的生产企业，为生产某种整机产品，需要多种不同的零部件。所以，配送组织者就要将所需的全部零部件配齐，并按客户的生产节奏定时送达，以便生产企业将成套零部件送入生产线装配整机产品。

4. 按配送时间和数量划分

配送按时间和数量划分为以下几种方式。

（1）定时配送。定时配送是指按规定的时间间隔进行的配送，每次配送的品种和数量可按计划执行，也可以事前以商定的联络方式进行通知。它还可以细分为日配送和“准时一看板”方式配送等形式。

（2）定量配送。定量配送是指按规定的批量在一个指定的时间范围内进行的配送。这种配送方式由于配送的数量比较固定，所以备货工作较为简单，实践中还可以与客户进行协商，以托盘、集装箱或车辆为单位进行计量。

（3）定时定量配送。定时定量配送是指按照规定的时间和数量进行的配送，它同时兼有定时配送和定量配送的特点，要求有较高的配送管理水平。

（4）定时定线配送。定时定线配送是指在规定的运行路线上，按照事先制定的到达时间表进行运作的配送。采用这种配送方式，客户就可按照预定的时间到预定的地点去接货。这种配送方式可以为众多的中小型客户提供极大的方便。

（5）即时配送。即时配送是指根据客户临时确定的配送时间和数量，随即进行的配送，是一种灵活性要求很高的应急配送方式。采用这种方式，客户可以将安全储备降低为零，以即时配送代替安全储备，实现零库存经营。

5. 按配送经营形式划分

配送按经营形式划分为以下几种。

（1）销售配送。销售配送的主体是销售企业，它常被销售企业作为销售战略措施的一部分加以利用，所以也称为促销型配送。这种配送的对象和客户一般都是不固定的，配送对象和用户的确定主要取决于市场状况，因此，配送的随机性较强。大部分商店的送货上门服务就属于这种类型的配送。

（2）供应配送。供应配送是指用户为了自己的供应需要而采用的配送。它往往是由用户或用户集团组建的配送据点集中组织大批量进货，然后向本企业或企业集团内的若干企业进行配送。商业系统内的连锁商店就广泛采用这种配送方式。这种方式既可以保证企业的供应能力和供应水平，又可以通过批量进货获取价格折扣，降低供应成本。

(3) 销售与供应一体化配送。对于用户及其所需物品基本固定的配送业务，销售企业在进行销售的同时，还可以为用户提供有计划的供应服务。在此过程中，销售者既是配送活动的组织者，同时又是用户的供应代理人。这种配送形式有利于形成稳定的供需关系，有利于采用先进的计划技术和手段，有利于保持流通渠道的稳定等。

(4) 代存代供配送。代存代供配送是指客户把属于自己的货物委托给配送企业进行代存代供，甚至委托其代为订货，然后由配送企业组织对自己进行配送。这种配送形式的特点是，货物的所有权不发生变化，变化的只是货物的时空位置，配送企业仅从代存代供业务中获取服务费，而不能直接获取商业差价。

6. 按加工程度划分

配送按加工程度划分为以下两种形式。

(1) 加工配送。加工配送是指与流通加工相结合，在配送据点设置流通加工点，或由流通加工者与配送据点组建成的统一实体完成的配送。流通加工与配送的结合，可以使流通加工更加具有针对性，使得配送企业不但可以依靠送货服务或销售经营取得收益，而且还可以通过流通加工取得增值收益。

(2) 集疏配送。集疏配送一般只改变产品的数量组成，而不会改变产品本身的物理或化学性质，是与干线运输相配套的一种配送方式。比如，大批量进货之后再小批量多批次地发货，或者通过零星集货形成一定的批量之后再送货等，都属于集疏配送的范畴。

7. 按配送企业的专业化程度划分

配送按企业的专业化程度划分为以下两种形式。

(1) 综合配送。综合配送的特点是，配送的商品种类较多，且来源渠道不同，但都在同一个配送据点内组织对用户的配送。综合配送使用户无须与所需商品的全部供应商进行联系，而只要与配送企业进行联系即可，大大减轻了客户的采购与供应负担。

(2) 专业配送。专业配送是指按产品性质和状态划分专业领域的配送方式。这种方式可以合理配置配送资源，优化配送的工艺流程，以提高配送的作业效率。流通实践中的各种中小型金属材料、燃料煤、水泥、木材、平板玻璃、化工产品、生鲜食品等的配送，都属于专业配送。

四、配送的基本特点

随着物流行业的发展，相比传统物流配送方式，现代配送模式发生了重大变化。

受多种社会以及经济因素的影响，配送有了长足的发展，并且以高技术为支撑手段，形成了系列化、多功能的供货活动。配送以分拣和配货为主要手段，以送货和抵达为主要目的，体现了配送各个环节的优化特点，体现服务的优势，可作为营销和促销的手段。其特点具体表现在：

1. 物流配送区域国际化

配送区域进一步扩大。近几年，实施配送的国家已不再限于发达国家，许多次发达国家和发展中国家也按照流通社会化的要求实行了配送制，并积极开展配送。就发达国家而言，现代物流配送的活动范围已经扩大到了省际、国际乃至洲际。

2. 物流配送速度更快

配送的发展极为迅速，无论是配送的规模、数量，还是配送的方式方法都得到了迅猛的发展。首先，是配送中心数量和规模的增加；其次，随着配送货物数量增加，配送中心除了自己直接配送外，还采取转承包的配送策略。而且，在配送环节中，除了存在独立配送、直达配送等一般性的配送形式外，又出现了“共同配送”、“即时配送”等配送方式，配送方式进一步丰富。

3. 物流配送技术提高

配送的技术水平提高、手段日益先进、技术不断更新，是成熟阶段配送活动的一个重要特征。各种先进技术特别是计算机的应用，使物资配送基本上实现了自动化，发达国家普遍采用诸如自动分拣、光电识别、条码等先进技术，并建立了配套的体系，配备了先进的设备，如无人搬运车、分拣机等，使配送的准确性和效率大大提高。有的工序因采用先进技术和先进设备，工作效率提高了 5～10 倍。

4. 物流配送集约化

现代物流配送的集约化程度明显提高，随着市场竞争日趋激烈以及企业兼并速度明显加快，配送企业的数量在逐渐减少。但是，总体的实力和经营规模却在增长，配送的集约化程度不断提高。

5. 服务质量提高

在激烈的市场竞争中，现代物流配送服务质量正快速提高，配送企业必须保持高质量的服务，否则就可能倒闭。配送服务质量可以归纳为准确和快速，即不出现差错并且供货周期短。

五、配送的发展趋势

1. 专业化趋势

目前，市场竞争进一步加剧，必然促使企业更加关注其核心竞争力的培养，而将企业内部物流交由专业物流公司经营，这将大大促进第三方物流公司向专业化的方向发展。

2. 规模化、集团化趋势

发达国家的一些物流公司通过重组、资本扩张、兼并、流程再造等形式，已经形成了跨国综合物流企业。这些物流公司，拥有雄厚的资金、先进的技术和配备、先进的管理理念与经验、全球性的服务网络。而我国的物流企业大多规模小、实力弱、能力低，在与国际大型物流公司的市场竞争中处于不利地位。因此，国内的中小型物流企业，有一部分将利用国内网络及设施、人力资本成本低等本土优势，与国内外大型物流企业建立战略合作伙伴关系；一部分将可能被大型物流公司收购、兼并；还有一部分将进行战略性重组和改造，向综合物流企业发展。

3. 多元化趋势

随着改革开放的深入，市场主体将出现多元化的局面。一是外资物流企业，这些企业主要服务于外资企业，从事跨国公司在我国的生产、销售和采购等方面的物流活动。二是以多元化股权结构为特征的民营物流企业，这是目前物流市场最具活力的力量。三是传统的运输、货代、仓储、批发企业，现在仍是物流市场的主力军。在今后相当长的一段时间内，我国物流市场将呈现一个国有、集体、个体、中资、外资等各种所有制物流企业相互依存、同台竞争、相互促进的局面。

4. 国际化趋势

由于我国已成为世界制造业大国，伴随着全球经济一体化进程的加快，未来我国与世界各国之间的物资、原材料、零部件与制成品的进出口运输，无论是数量还是质量都会发生较大增长。为适应这一变化，要求我国必须在物流技术、装备、标准、管理、人才方面与世界对接。因此，我国物流配送业在国际化方面将会发展更快。

除此之外，配送还在向集约化与共同化、区域化、产销直达化、信息化、自动化与机械化、条码化与功能组合化、配送方式多功能化与最优化等方面快速发展。

第七节　物流信息服务

一、物流信息的基本概念

1. 物流信息的定义

国家标准《物流术语》（GB/T 18354—2006）规定：物流信息（logistics information）是反映物流各种活动内容的知识、资料、图像、数据、文件的总称。物流活动中各个环节生成的信息，一般随着从生产到消费的物流活动的产生而产生，与物流过程中的运输、储存、装卸、包装等各种职能有机结合在一起，是整个物流活动顺利进行所不可缺少的。

物流信息的范围包括与物流活动有关的信息，如运输、储存、装卸搬运、包装、流通加工、配送等环节产生的信息；与物流的其他活动相关的信息。对物流信息处理的要求是迅速、准确、及时和全面。

2. 物流信息化

物流信息化是指物流企业运用现代信息技术对物流过程中产生的全部或部分信息进行采集、分类、传递、汇总、识别、跟踪、查询等一系列处理活动，以实现对货物流动过程的控制，从而降低成本、提高效益的管理活动。物流信息化是现代物流的灵魂，是现代物流发展的必然要求。

物流信息化能够以最小的成本带来最大的效益。我国物流信息化正处于发展初期，越来越多的跨国公司加大对华的投资，它们纷纷在我国建立分销、配送网络，使其产品、服务得以打开中国市场。

物流信息化是企业信息化的形式之一。目前学术界对企业信息化的定义尚未统一，不同学者从不同角度提出了各自的定义，但一般来说，企业信息化的定义包含以下三方面的内容：一是通过应用信息技术，提高产品设计和生产过程的自动化程度；二是通过建立信息系统，优化企业决策，提高企业的管理水平；三是应用信息技术开发和利用企业的信息资源，提高企业的竞争力。结合企业信息化的定义和物流的特点，我们对物流信息化给出如下定义：物流信息化是指广泛使用现代信息技术，管理和集成物流信息，通过分析、控制物流信息和信息流，来管理和控制物流、商流和资金流，提高物流运作的自动化程度和物流决策水平，达到合理配置物流资源、降低物流成本、提高物流服务水平的目的。

物流信息化包括物流设备信息化和物流管理信息化两类。物流设备信息化是指条码（Bar Code，BC）、射频识别技术（Radio Frequency Identification，RFID）、全球定位系统（Global Positioning System，GPS）、地理信息系统（Geographic Information System，GIS）、激光自动导向车（Lasing Automated Guided Vehicle，LAGV）等信息技术和自动化设备在物流作业中的应用；物流管理信息化是指物流管理信息系统、物流决策支持系统等信息系统在物流中的应用。一般来说，物流设备信息化是物流信息化的初步应用，物流管理信息化则是物流信息化的主体和标志。

物流信息化表现为物流信息的标准化、信息收集的自动化、信息加工的电子化和计算机化、信息传递的网络化和实时化、信息存储的数字化，以及由此带来的物流业务管理的自动化、物流决策智能化。信息技术影响着物流运作中一切物流活动，从客户资料取得、订单处理、物流信息处理，直到物流信息传递，信息和信息流可以渗透到每一项物流活动中。

现代物流可以理解为物资的物理性流通与信息性流通的结合，信息在实现物流系统化，实现物流作业一体化方面发挥着重要作用，它是现代物流的重要特征之一。物流信息化是企业信息化的形式之一，目前学术界对企业信息化的定义尚未统一。

二、物流信息的特点

信息的的特点是量大，更新快，来源多样化。物流信息除了具有信息的一般属性外，还具有本身的一些特点，主要有以下几点。

1. 广泛性

由于物流是一个大范围内的活动，物流信息源也分布于这个范围内，具有信息源点多、信息量大等特点，涉及从生产到消费、从国民经济到财政信贷各个方面。物流信息来源的广泛性决定了其影响的广泛性，涉及国民经济各个部门和物流活动各环节。

2. 联系性

物流活动是多环节、多因素、多角色共同参与的活动，目的就是实现产品从生产地到消费地的有效移动，因此在该过程所产生的各种物流信息必然存在十分密切的联系，如生产信息、运输信息、储存信息、装卸信息等都是相互关联、相互影响的。这种互联性的特性是保证物流各子系统、供应链各环节，以及物流内部系统与物流外部系统相互衔接与协调运作的重要因素。

3. 多样性

物流信息种类繁多，从其作用的范围来看，在本系统内部，各环节有不同种类的信息，如流转信息、作业信息、控制信息、管理信息等；在物流系统外，也存在各种不同种类的信息，如市场信息、政策信息、区域信息等。从其稳定程度来看，可分成固定信息、流动信息与偶然信息等。从其加工程度看，可分为原始信息与加工信息等。从其发生时间来看，可分为滞后信息、实时信息和预测信息等。在进行物流系统的研究时，应根据不同种类的信息进行分类收集和整理。

4. 动态性

多品种、小批量、多频度的配送技术与销售点终端（Point of Sale，POS）、电子订货系统（Electronic Ordering System，EOS）、电子数据交换（Electronic Data Interchange，EDI）等数据收集技术的不断应用使得各种物流作业频繁发生，加快了物流信息的价值衰减速度，要求物流信息不断更新。物流信息的及时收集、快速响应、动态处理已成为主宰现代物流经营活动成败的关键。

5. 复杂性

物流信息广泛性、联系性、多样性和动态性带来了物流信息的复杂性。在物流活动中，必须对不同来源、不同种类、不同时间和相互联系的物流信息进行反复研究和处理，才能得到有实际应用价值的信息，进而指导物流活动，这是一个非常复杂的过程。

三、物流信息技术

1. 物流信息处理

物流信息处理分为一般信息处理和特殊信息处理两部分。

（1）一般信息处理，也称为事务处理，比如人、财、物信息处理，决策支持方面的信息处理等。

（2）特殊信息处理，主要是针对物流系统与商流系统、生产系统等系统而言的所针对的特殊业务进行的信息处理，它又包括两部分：①物流系统内部的物流业务信息处理，包括从各种物流业务中衍生出来的信息处理，比如按照物流系统的功能要素划分的业务信息处理等。②物流系统与外部系统的物流信息处理。生产系统、销售系统、客户服务系统中与物流相关的信息处理越来越重要，比如生产系统需要跟踪在物流过程中原材料、半成品或者产成品的库存、运输、配送的状况。

2. 物流信息技术

物流信息技术是指运用于物流各环节中的信息技术。根据物流的功能以及特点，物流信息技术包括如计算机技术、网络（Internet）技术、信息分类编码技术、条码技术、射频识别技术、电子数据交换（EDI）技术、全球定位系统（GPS）、地理信息系统（GIS）等。

四、条码技术

条码是一种信息代码，用特殊的图形来表示数字、字母信息和某些符号。如图 5-22 所示，条码是由一组宽度不同、反射率不同的条和空按规定的编码规则组合起来，用以表示一组数据的符号。

ISBN 978-7-115-23656-2

9 787115 236562 >

图 5－22　条码

1. 条码技术的特点

条码技术是电子与信息科学领域的高新技术，所涉及的技术领域较广，是多项技术相结合的产物，经过多年的研究和应用实践，现已发展成为较成熟的实用技术。在信息输入技术中，采用的自动识别技术种类很多。与其他识别技术相比，条码作为一种图形识别技术有如下特点。

（1）简单。条码符号制作容易，扫描操作简单易行。

（2）信息采集速度快。普通计算机的键盘录入速度是 200 字符/分钟，而利用条码扫描录入信息的速度是键盘录入的 20 倍。

（3）采集信息量大。利用条码扫描，一次可以采集几十位字符的信息，而且可以通过选择不同码制的条码增加字符密度，使录入的信息量成倍增加。

（4）可靠性高。键盘录入数据，误码率为三百分之一，利用光学字符识别技术，误码率约为万分之一。而采用条码扫描录入方式，误码率仅有百万分之一，首读率可达 98%以上。

（5）灵活、实用。条码符号作为一种识别手段可以单独使用，也可以和有关设备组成识别系统实现自动化识别，还可和其他控制设备联系起来实现整个系统的自动化管理。同时，在没有自动识别设备时，也可实现手工键盘输入。

（6）自由度大。识别装置与条码标签相对位置的自由度要比光学字符识别大得多。条码通常只在一维方向上表示信息，而同一条码符号上所表示的信息是连续的，这样即使是标签上的条码符号在条的方向上有部分残缺，仍可以从正常部分识读正确的信息。

（7）设备结构简单、成本低。条码符号识别设备的结构简单，操作容易，无须专门训练。与其他自动化识别技术相比较，推广与应用条码技术，所需费用较低。

2. 条码的识别

条码的识别设备主要有扫描阅读器和激光扫描器。手持近距虹光条码阅读器，符合人体工程学的外观设计，在生产物流、仓储管理中应用广泛。激光扫描器是一种光学距离传感器，用于危险区域的灵活防护，通过出入控制，实现访问保护等。其扫描方式有单线扫描、光栅式扫描和全角度扫描三种方式。如图 5－23 所示。

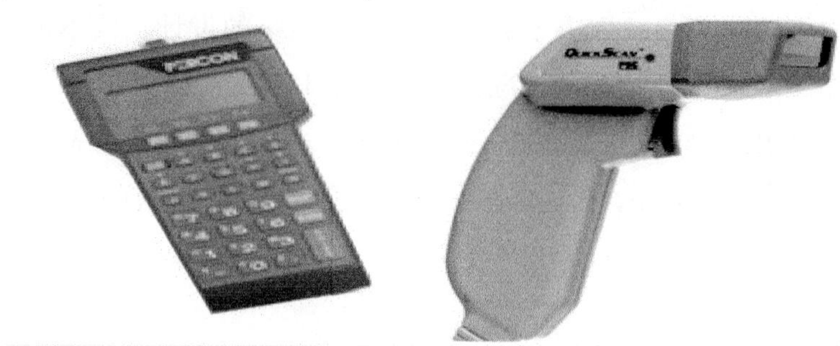

WMS扫描阅读器　　　激光扫描器

图 5－23　条码阅读器

五、射频识别技术（RFID）

射频识别技术（Radio Frequency Identification，RFID）是 20 世纪 90 年代开始兴起的一种自动识别技术。该技术在世界范围内正被广泛地应用，而在我国起步较晚，与先进国家相比存在一定的差距。

1. 射频识别技术的含义

射频识别技术是一项利用射频信号通过空间耦合（交变磁场或电磁场）实现无接触信息传递，并通过所传递的信息达到识别目的的技术。

射频识别系统通常由电子标签（射频标签）和阅读器组成。电子标签内存有一定格式的电子数据，常以此作为待识别物品的标志性信息。应用中将电子标签附着在待识别物品上，作为待识别物品的电子标记。阅读器与电子标签可按约定的通信协议互传信息，通常的情况是由阅读器向电子标签发送命令，电子标签根据收到的阅读器的命令，将内存的标志性数据回传给阅读器。这种通信是在无接触方式下，利用交变磁场或电磁场的空间耦合及射频信号调制与解调技术实现的。

在射频识别系统中电子标签的价格远比阅读器低，但通常情况下，在物流应用中电子标签的数量是很大的，且电子标签可能是一次性使用的，而阅读器的数量则相对要少很多。

实际应用中，电子标签除了具有数据存储量、数据传输速率、工作频率、多标签识读特征等电学参数之外，还根据其内部是否需要加装电池及电池供电的作用而将电子标签分为无源标签（Passive Tag）、半无源标签（Semi－passive Tag）和有源标签

(Active Tag) 三种类型。

射频识别系统的另一主要性能指标是阅读距离，也称为作用距离，它表示在最远作用距离内，阅读器能够与电子标签交换信息，即阅读器能读取标签中的数据。实际上，系统这一指标相差很大，取决于标签及阅读器系统的设计、成本的要求、应用的需求等，范围在 0～100m。典型的情况是，在低频 125kHz、13.56MHz 频点上一般均采用无源标签，作用距离在 10～30cm，个别有到 1.5m 的系统。在高频频段，无源标签的作用距离可达到 3～10m。更高频段的系统一般均采用有源标签，采用有源标签的作用距离可达 100m 左右。

2. 射频识别技术的发展

射频识别技术的发展所涉及的关键技术大致包括：芯片技术、天线技术、无线收发技术、数据变换与编码技术、电磁传播技术。随着技术的不断进步，射频识别产品的种类将越来越丰富，应用也越来越广泛。

总而言之，射频识别技术在结合其他高新技术，比如全球定位系统、生物识别等技术，由单一识别向多功能识别方向发展的同时，也在结合现代通信及计算机技术，实现跨地区、跨行业应用。RFID 识别技术的芯片见图 5－24。

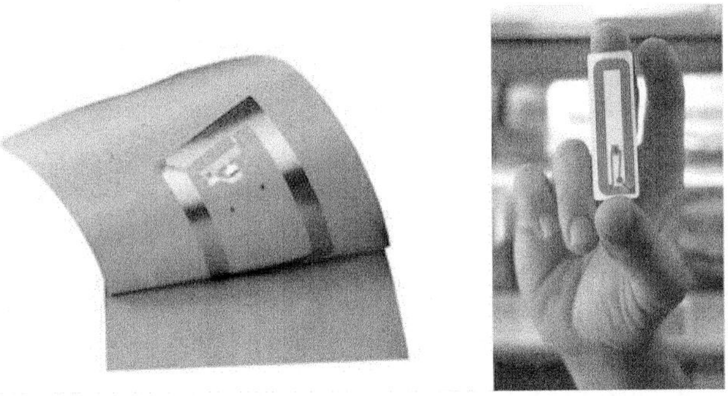

图 5－24　RFID 识别技术的芯片

3. 射频识别技术的应用分析

（1）应用领域分析。射频识别技术以其独特的优势，逐渐被应用于工业自动化、商业自动化和交通运输控制管理等领域。随着大规模集成电路技术的进步以及生产规模的不断扩大，射频识别产品的成本将不断地降低，其应用将越来越广泛。射频识别技术在交通管理中的应用见图 5－25。表 5－1 列举了射频识别技术几个典型的应用。

图 5－25　射频识别技术在交通管理中的应用

表 5－1　射频识别技术典型应用对比

典型应用领域	具体应用
车辆自动识别管理	铁路车号自动识别是射频识别技术最普遍的应用
高速公路收费及智能交通系统	高速公路自动收费系统是射频识别技术最成功的应用之一，它充分体现了非接触识别的优势。在车辆高速通过收费站的同时完成缴费，解决了交通的瓶颈问题，提高了车行速度，避免了拥堵，提高了收费结算效率
货物的跟踪、管理及监控	射频识别技术为货物的跟踪、管理及监控提供了快捷、准确、自动化的手段，以射频识别技术为核心的集装箱自动识别，成为全球范围最大的货物跟踪管理应用
仓储、配送等物流环节	射频识别技术目前在仓储、配送等物流环节已有许多成功的应用。随着射频识别技术在开放的物流环节统一标准的研究开发，物流业成为射频识别技术最大的受益行业
电子钱包、电子票证	射频识别卡是射频识别技术的一个主要应用，射频识别卡的功能相当于电子钱包，实现非现金结算。目前主要应用于交通方面
生产线产品加工过程自动控制	主要应用在大型工厂的自动化流水作业线上，实现自动控制与监视，提高生产效率，节约成本
动物跟踪和管理	射频识别技术可用于动物跟踪。在大型养殖场，可通过采用射频识别技术建立饲养档案、预防接种档案等，达到高效、自动化管理牲畜的目的，同时为食品安全提供了保障。射频识别技术还可用于信鸽比赛、赛马识别等，以准确测定到达时间

(2) 国内外射频识别技术应用状况。射频识别技术在国外发展非常迅速，射频识别产品种类繁多。在北美、欧洲、大洋洲、亚太地区及非洲南部，射频识别技术被广泛应用于工业自动化、商业自动化、交通运输控制管理等众多领域：汽车、火车等交通监控；高速公路自动收费系统；停车场管理系统；物品管理；流水线生产自动化；安全出入检查；仓储管理；动物管理；车辆防盗等。而在我国，由于射频识别技术起步较晚，应用的领域不是很广。射频识别技术在仓储管理中的应用见图 5-26。

总体而言，我国射频识别技术应用状况还处于初级阶段，市场前景非常广阔。

图 5-26　射频识别技术在仓储管理中的应用

六、地理信息系统 (GIS)

1. 地理信息系统的含义

地理信息系统 (Geographic Information System，GIS) 就是处理地理信息的系统。地理信息是指直接或间接与地球上的空间位置有关的信息，又常称为空间信息。一般来说，地理信息系统可定义为："用于采集、存储、管理、处理、检索、分析和表达地理空间数据的计算机系统，是分析和处理海量地理数据的通用技术。"从地理信息系统应用角度，可进一步定义为："地理信息系统由计算机系统、地理数据和用户组成，通过对地理数据的集成、存储、检索、操作和分析，生成并输出各种地理信息，从而为土地利用、资源评价与管理、环境监测、交通运输、经济建设、城市规划以及政府部门行政管理提供新的知识，为工程设计和规划、管理决策服务。"

2. 地理信息系统的组成

地理信息系统的应用系统由五个主要部分构成，即硬件、软件、数据、人员和方法。

（1）硬件。硬件是指操作地理信息系统所需的一切计算机资源。目前的地理信息系统软件可以在很多类型的硬件上运行，从中央计算机服务器到桌面计算机，从单机到网络环境。

（2）软件。软件是指地理信息系统运行所必需的各种程序。它主要包括计算机系统软件和地理信息系统软件两部分。地理信息系统软件提供存储、分析和显示地理信息的功能和工具。主要的软件部件有：输入和处理地理信息的工具；数据库管理系统工具；支持地理查询、分析和可视化显示的工具；容易使用这些工具的图形用户界面。

（3）数据。数据是一个地理信息系统应用系统的最基础的组成部分。空间数据是地理信息系统的操作对象，是现实世界经过模型抽象的实质性内容确认。图 5－27 展示了地理信息系统对现实世界的信息表达与分层。

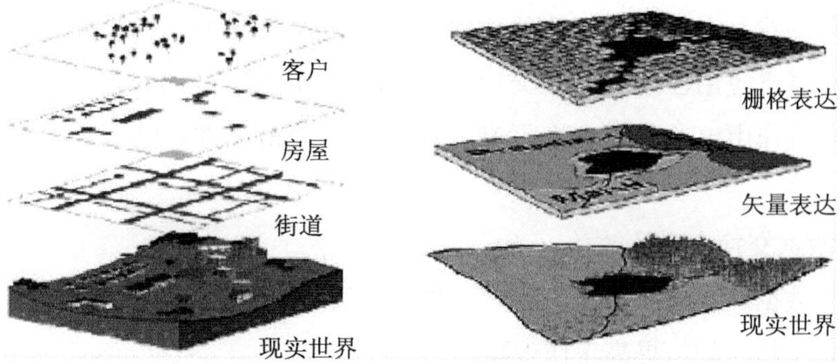

图 5－27　地理信息系统对现实世界的信息表达与分层示意

一个地理信息系统的应用系统必须建立在准确合理的地理数据基础上。数据来源包括室内数字化和野外采集，以及其他数据的转换。数据包括空间数据和属性数据，空间数据的表达可以采用栅格和矢量两种形式。空间数据表现了地理空间实体的位置、大小、形状、方向以及几何拓扑关系。

（4）人员。地理信息系统需要人进行系统组织、管理、维护和数据更新、系统扩充完善以及应用程序开发，并采用空间分析模型提取多种信息。因此，地理信息系统应用的关键是掌握实施地理信息系统来解决现实问题的人员素质。

（5）方法。这里的方法主要是指空间信息的综合分析方法，即应用模型。它是在对专业领域的具体对象与过程进行大量研究的基础上总结出的规律的表示。地理信息系统应用就是利用这些模型对大量空间数据进行分析综合来解决实际问题的。如基于地理信息系统的矿产资源评价模型、灾害评价模型等。

3. 地理信息系统的主要功能

一个地理信息系统软件系统应具备五项基本功能，即数据输入、数据编辑、数据存储与管理、空间查询与空间分析、可视化表达与输出。

七、电子数据交换（EDI）

1. 电子数据交换的定义

电子数据交换（Electronic Data Interchange，EDI）是指商业贸易伙伴之间，将标准、协议规范化和格式化的经济信息通过电子数据网络，在单位的计算机系统之间进行自动交换和处理。它将商业文件按统一的标准编制成计算机能识别和处理的数据格式，在计算机之间进行传输。

国际标准化组织将电子数据交换描述为："将商业或行政事务处理按照一个公认的标准，形成结构化的事务处理报文数据的格式，从计算机到计算机的电子传输方式。"

从技术角度看，它以计算机处理和数据网络通信技术为基础，支持按标准编制的结构数据在计算机应用程序之间的交换和计算机应用程序自动处理。因此，可把电子数据交换技术看作由电子数据交换标准、电子数据交换软件、电子数据交换通信网络三个要素组成。

2. 电子数据交换产生的效益

实施电子数据交换的效益可从以下一些方面反映出来。

（1）缩短交易时间，提高工作效率。

（2）减少文件处理成本。电子数据交换的一个重要特征便是它把有关文件的数据，以机器可以处理的形式，由计算机网络来传送，而不必像纸质文件那样需要手工处理。这样既节省了纸张，又去除了对纸质文件的打印、审核、修改、邮寄等费用。

（3）减少员工成本。计算机自动接收和处理信息，使得公司在同样业务的情况下，可以用更少的员工去处理，或者把一部分专业人员从行政管理工作中解脱出来，以从事具有更高效率的工作。

（4）减少库存。使用电子数据交换之后，文件处理比以前既快又可靠，自然可以降低安全库存水平，使存货占用的资金量减少，从而降低了企业的运营成本，同时减少脱销和生产线缺料停工现象。

（5）避免重复操作，减少人为差错，提高工作质量。

（6）时间价值效益。利用电子数据交换来处理应收款，可以使资金回笼时间提前。

（7）其他效益。使用电子数据交换可以改善公司内部的经营管理，可以加强与供货商的联系，可以保持与客户的良好关系等。这些成果都会为公司创造效益。

实践课程　物流企业调查报告

调查内容：调查一家物流企业（运输企业、仓储企业、货代企业等），具体包括公司概况，公司组织结构，公司的业务范围，公司主要业务的流程，分析公司存在的问题，提出解决问题的对策。

完成时间：一周。

作业形式：交 A4 纸打印稿、电子稿各一份。

要求字数：2000 字以上。

第六章　职业生涯规划

引例

物流管理专业某学生职业生涯规划书

一、前言

一个人如果没有了规划，那么就会像船没有了帆一样而失去方向，职业生涯与发展规划就像黑暗中的明灯，为我们照亮了前进的方向！

二、自我分析

（1）自我兴趣盘点：读一些名著、听音乐、上网（看一些经典影片）、打羽毛球与篮球等。

（2）自我优势盘点：积极进取，能有一个良好的心态、脚踏实地、持之以恒，能认真细心、有条理有计划做好每一件事，动手能力较强，有责任心。

（3）自我劣势盘点：有时候过于固执，人生阅历还不是很丰富，虽然能全面去看待一件事情，但系统分析问题的能力还不够。

（4）自我劣势克服：把握好机会，积极参加社会实践，增加社会实践的次数，从而增加人生阅历。处理问题时一分为二而不是片面地去对待，努力完善对问题的系统分析能力。充分利用校园现有资源与环境，博览群书，认真学好专业知识，培养学习、工作、生活能力，从而全面提高个人综合素质。

三、职业分析

专业介绍：

（1）物流概念：所谓物流，即物质资料从供给者到需求者的实体运动过程。它是运输、储存、流通加工等环节的有机结合。

（2）物流管理专业课程设置范围：包括经济、会计、贸易、管理、法律、信息资源管理、计算机等方面的基本理论和专业知识。

(3) 物流管理专业核心课程：物流企业管理、供应链管理、采购与供应管理、运输管理、仓储管理、物流案例分析等。

(4) 物流管理专业学生应有的知识和能力。

1) 知识结构。①掌握理解物流管理专业所设课程；②掌握物流管理的基本理论知识了解物流管理发展最新动态。

2) 能力素质结构。①具备物流管理的应用程序操作能力；②具备物流信息组织、分析研究、传播与开发利用基本能力；③能进行物流系统分析、设计和规划，具有物流管理的基本能力。

环境介绍：

(1) 学校环境：所在学校为本科院校，所学专业很有前景（职业环境中有详细介绍）。

(2) 社会环境：现在就业形势严峻，找到一份令自己满意的好工作有一定难度，因此应在大学中好好利用时间，不能虚度光阴，应充分利用时间提高自己各方面的素质，为自己的就业打好基础，做好准备。

(3) 职业环境：随着我国社会主义市场经济体系建立、世界经济一体化进程的加快和科学技术的飞速发展，物流产业作为国民经济中的一个新兴的产业部门，将成为21世纪重要产业和国民经济新的增长点。目前，从中央到地方以及许多市场意识敏锐的企业，已把物流作为提高市场竞争力和提升企业核心竞争力的重要手段，把现代物流理念、先进的物流技术和现代物流模式引入国家、地方经济建设和企业经营管理之中。但是我国的物流教育仍十分滞后，造成了现代物流综合性人才、企业尤其是流通企业改造传统物流与加强物流管理、城市规划物流系统运筹、第三方物流企业的运作技术操作等现代物流人才严重匮乏，阻碍了经济的发展和经济效益的提高。因此需要学好专业知识，提高综合素质，才能把握住机遇，创造自己美好人生。

四、职业定位

1. 可供职业选择

作为物流管理专业的毕业生可在物流企业、货运公司、商贸企业、工商企业内各级经济管理部门，和与物流相关的铁路、航空、港口等部门从事物流工作，一般企业里的物流相关岗位有仓库（收发货、保管）、计划、采购、运输管理、进出口关务等岗位，物流企业内岗位主要是物流业务操作、销售、客服等。

2. 自我职业定位

通过对物流相关专业与理论的研究与实践，会选择在物流企业或工商企业、商贸企业中工作。

五、计划实施

1. 短期目标

在大二、大三学好各门专业课程及相关重要课程。

2. 中期目标

在大三开始接触社会实践，寻找一份兼职，以使假期能在一个物流企业进行实习，进一步验证理论与实践的结合，熟悉工作环境，积累人际关系，加强沟通，虚心求教、学习，初步找到适合自身发展的工作环境、岗位。

3. 长期目标

毕业后3年内：在物流企业基层岗位工作，积累工作经验。在工作期间，充分利用好时间扩展、补充所需的知识和技能。

毕业后6年内：在原来企业做一名中层管理者，成功管理自己的团队，加强与上级的沟通，充分利用自己的工作条件扩大社交圈，重视各种人际资源。

毕业6年以后：到一家外资物流公司，学习跨国企业的管理理念、管理经验和技术，争取成为一名外资企业物流部门经理。

六、评估调整

1. 规划评估

目标是否实现了，应进行评估，进行总结。一般情况下，我将会每年做一次评估规划，当出现特殊情况时，我会随时评估并进行相应的调整，对自己的努力程度及目标是否可实现进行评估，以使自己更能适应社会发展的需要。

2. 规划调整

只要自己不断努力，持之以恒，坚持不懈，心中谨记自己的理想，那么那些目标将离我们越来越近。在这个信息、经济高速发展的时代没有什么是一成不变的，现实社会中适者生存，根据环境的变化，不断调整自己的职业生涯规划。

七、结束语

计划的制订是一个重要方面，但更重要的是能脚踏实地去做好每一件事情，一步一个脚印，并能持之以恒，那么任何坎坷曲折都不能阻挡我们前进的步伐，这样才能扬起自信的风帆将理想之船驶向目标的彼岸！

资料来源：http：//www. xuexila. com/zhichang/guihua/314816. html

第一节　工作

工作，具有动词、名词两种词性。作为动词用有操作、行动、运转、运作等意思。作为名词用有工程、制作、业务、任务、职业、从事各种手艺的人等意思。工作的概念是劳动生产，主要是指劳动。一个人的工作是他在社会中所扮演的角色。

工作对社会的意义，社会的发展进步，与每个社会组成成员的选择倾向是有密切关系的。在社会主义国家，工作是社会分工中每个劳动者体现社会价值和自我价值的角色定位。所谓工作就是劳动者通过劳动（包括体力劳动和脑力劳动）将生产资料转换为生活资料以满足人们生存和继续社会发展事业的过程。工作没有高低贵贱之分，只有社会分工不同。

一、大学生需要的工作信息

1. 大学毕业生找工作的方式和程序

（1）参加招聘会。招聘会是一般是由政府所辖人才机构及高校就业中心举办，主要服务于待就业群体及用人单位。招聘会一般分为现场招聘会和网络招聘会，日常中所讲的招聘会通常指的就是现场招聘会。招聘会分行业专场和综合两种，参加招聘会前先要了解招聘会的行业和性质，以免因和自己要找的岗位不对口浪费时间。

（2）网上招聘。网络招聘，也被称为电子招聘，是指通过技术手段的运用，帮助企业人事经理完成招聘的过程。即企业通过公司自己的网站、第三方招聘网站等机构，使用简历数据库或搜索引擎等工具来完成招聘过程。如无忧招聘网、中国人才网、高校人才网、企业招聘网、应届生招聘网等。

（3）兼职。区别于全职，是指在本职工作之外兼任其他工作职务。兼职者除可以领取本职工作的薪酬外，还可以按标准领取所兼任工作职务的薪酬。

应届生找工作的程序首先是通过网络、媒体、招聘会、朋友介绍找到适合自己的招聘单位，然后是投简历—面试—录取—试用期—转正等一系列过程。

2. 应届大学生找工作的注意事项

（1）了解公司的基本情况。第一家公司其实就像启蒙老师，他教的好坏，在某种程度上也影响了以后的职业发展轨迹。所以，在和第一家公司签约之前，应首先详细了解这家公司的基本情况。要了解的工作信息见图 6 - 1。

- 职业分类
- 职业现状
  - 工作内容与职责
  - 工作要求
  - 工作机构
  - 平均薪水
  - 如何成为从业者
- 职业前景
  - 岗位需求
  - 人才供给

- 行业分类
- 行业现状
  - 历史追溯
  - 行业内容
  - 经济与社会价值
  - 产业链结构
  - 领军单位
- 行业前景
  - 岗位需求
  - 政策支持

图 6－1　工作信息的分类与内涵

①公司的成立年限，公司是有一定年限，已经开拓出相应的市场了，还是刚刚起步，处于不规范和摸索状态。这影响到能够学到知识的深度和广度。

②公司的经营状况，在一家财务状况极其糟糕、管理极其混乱的公司不会带来较好的成长体验。

③公司的用人机制和晋升制度，这是对一家公司的企业文化的侧面了解。是不拘一格发掘人才，还是任人唯亲、讲求与领导的关系。要尽可能地从各个角度去了解这些，对求职者在这家公司的发展空间做一个最充分的预估。

④公司的培训体系，公司是最大限度地尊重员工，并给予员工完善的培训，还是只看重员工的无条件付出，而不考虑员工的职业发展要求。了解公司的培训体系，可以更好地判断是去还是留。

⑤公司今后市场的发展方向，公司是固守原有的市场，不再进取；还是计划进一步地拓展相应市场，并有更大的举措；或很多项目正在撤销，市场正在萎缩。要知道，如果公司是一艘正在航行的船，它的好坏，往往也决定了个人命运的好坏。

⑥了解公司的主要负责人，不管是大公司的决策层面，还是小公司独当一面的老板，他们个人的能力及领导力的强弱，往往也影响到公司的发展。

对于刚刚大学毕业的求职者来说，最关键的是要明确，在这家公司的工作内容是否与自己希望的职业发展方向相契合，这家公司的稳定性如何以及是否能够提升自己的职业能力。关键工作信息内在逻辑见图 6－2。

（2）仔细审查就业合同。如果确定要进入一家公司工作，要明确合同内容再签约，而不是拿到手，看也不看，就签上名字，这是保证自己在这家公司利益的一个途径。

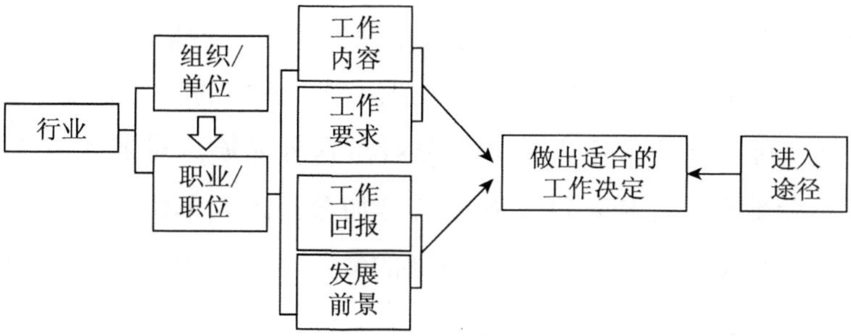

图 6-2　关键工作信息的内在逻辑

①看清试用期期限、合同期限。一般来说，签 1 年合同的，试用期为 1 个月至 3 个月不等，最多不能超过 3 个月；若试用期为 6 个月的，合同期限必须超过 3 年。试用期最长不超过半年。

②明确每周工作时间及加班的补贴情况。防止被公司随意隐性地扣去薪水，当然，这也是视工作性质而定的。

③注意公司薪水额度和福利状况的明细，是否缴纳“五险一金”。一般按照国家劳动法规定，有些保险是必须缴纳的，不要随意放弃自己的权利。

④其他，还可以关注一下年假等相关事项。

总之，要尽可能地了解相关的劳动法规，避免因社会经验不足给自己带来损害。获取工作信息的策略见图 6-3。

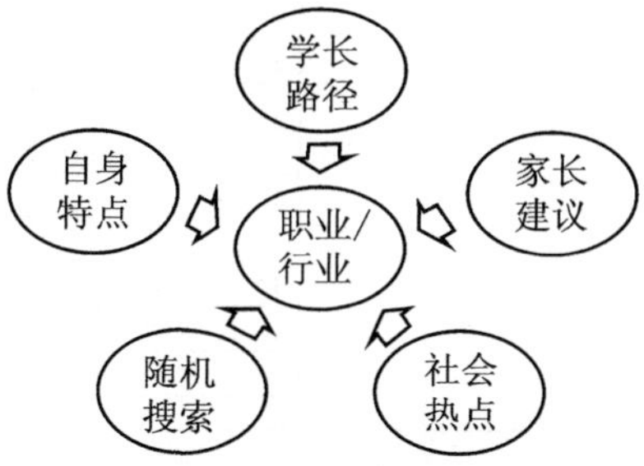

图 6-3　获取工作信息的策略

3. 签约前的准备工作

（1）首先要明确自己到底想做什么。找工作的同时要考虑到现在所做的工作是否在为未来打基础。不要只考虑眼前的工资待遇，而忽略了对自己职业生涯的长期规划。

（2）选择公司时要注重公司的企业形象，对公司的管理制度、规范要有一个整体的了解。就像名牌大学毕业的学生一样，学校的声誉常会为学生带来帮助，企业的选择也是如此。

（3）勿以善小而不为。一些企业会对试用期的员工进行培训，让员工尽快地适应工作环境，进入工作角色。学生需切记，吃苦耐劳、诚恳的学习态度不是个人简历中随便填写的，在实际工作中，用人单位十分看重这种品质。对那些较为细致的工作，如果都能一丝不苟地努力完成，就是在给自己加分。用人单位相信：能把“小儿科”当回事并认真做好的人，肯定是敬业有责任感的员工。雇主的招聘条件和标准见图 6-4。

1. 性别	7. 学习成绩	13. 道德修养
2. 形象仪表	8. 学生工作经历	14. 个人能力
3. 生源地	9. 实习工作经历	15. 身体素质
4. 专业对口	10. 获奖情况	16. 心理素质
5. 学历层次	11. 文体特长	17. 性格特点
6. 学校声誉	12. 面试表现	

（a）雇主的招聘条件

制造、能源、交通、建筑、科学研究与技术服务、信息传输/计算机服务及软件业、教育、金融业、公共管理和社会组织等12个主要行业

1=很不看重
2=不看重
3=一般
4=看重
5=很看重

	平均分	标准差
1. 个人能力	4.52	0.57
2. 道德修养	4.38	0.63
3. 专业对口	4.31	0.75
4. 心理素质	4.26	0.62
5. 学校声誉	4.23	0.62
6. 面试表现	4.20	0.59
7. 学历层次	4.14	0.69
8. 性格特点	4.13	0.67
9. 身体素质	4.00	0.58
10. 学习成绩	3.87	0.69
11. 工作实习经历	3.84	0.76
12. 学习工作经历	3.57	0.79
13. 获奖情况	3.54	0.73
14. 文体特长	3.12	0.82
15. 形象仪表	3.07	0.90
16. 生源地	2.71	0.98
17. 性别	2.70	0.92

（b）雇主的招聘标准

图 6-4　雇主的招聘条件和标准

（4）每家公司对各类求职者的重视程度不一样，学生签约前应先了解公司是否致力于培养大学生，在签约过程及试用期中对大学生的重视程度。在选择过程中还应注意企业对学生的承诺是否郑重，企业是否只谈试用不谈正式录用而让大学生处于被动状态。

（5）签约时，要注意违约方面的条例。例如，试用期究竟是 3 个月还是半年，这

和签订的合同有关。公司为了维护自己的利益，可能会设置一些“不平等条款”，给签约者设置障碍。建议求职者尽可能在签约之前进行相关的法律咨询，也可参照合同法的相关条例。合同条款中的每个字都有其意义和指代，学生能否看出其中的区别很重要。在试用期内，学生有离开公司的权利，而公司方面，可能会设定一些相应的条款来加以限制，这时就要注意公司的条例是否符合国家相关规定。

总而言之，学生在签约之前，应该掌握基本的签约技巧，提高自己的判别能力，如有必要还应寻求相关机构的指导。信息收集的渠道见图 6－5。

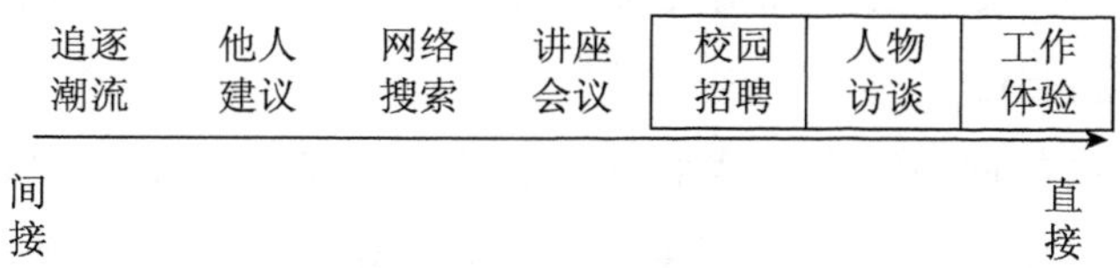

图 6－5　信息收集的渠道

二、自我认识

自我认识是自我意识的首要成分，也是自我调节控制的心理基础，它又包括自我感觉、自我概念、自我观察、自我分析和自我评价。自我分析是在自我观察的基础上对自身状况的反思。自我评价是对自己能力、品德、行为等方面社会价值的评估，它最能代表一个人自我认识的水平。

自我认识是对自己及自己与周围环境关系的认识，包括对自己存在的认识，对个体身体、心理、社会特征等方面的认识。这种认识是个体通过观察、分析外部活动及情景、社会比较等途径获得的，是一个多维度、多层次的心理系统。简而言之，自我认识就是指人对自己及其外界关系的认识，也是认识自己和对待自己的统一。自我认识主要对象为自身的能力素质结构。能力素质结构见图 6－6。

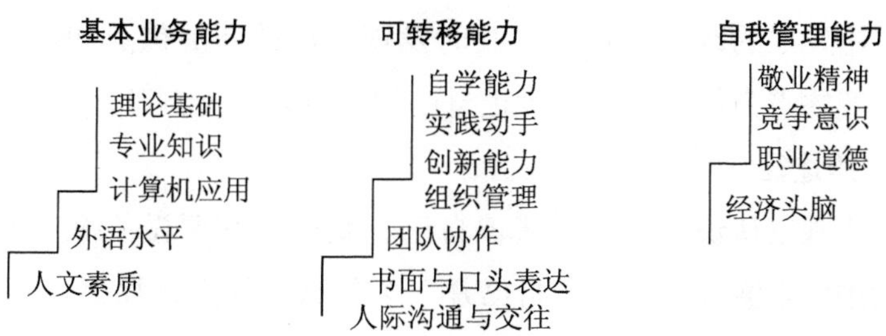

图 6－6　大学生的能力素质结构

1. 正确认识自我

(1) 正确认识自我就是指一个人对自我的认识要与自我的实际情况相符合。它包括两个方面的含义：

①正确、全面认识自己的特点和长处。

②正确认识自我与社会、个人与集体的关系。认识到个人的成长离不开集体，自我的人生价值主要在于对社会的贡献。

(2) 人总是在不断地发展变化的。因此，我们需要不断更新、不断完善对自己的认识，这样才能使自己变得更好和更完美，而要正确认识自己，我们就必须要用全面的、发展的眼光看待自己：

①全面认识自己的内在外在，我们既要认识自己的外在形象，如外貌、衣着、举止、风度、谈吐，又要认识自己的内在素质，如学识、心理、道德、能力等。一个人的美应是外在的美与内在的美的和谐统一，内在的美对外在的美起促进作用。

②全面认识自己的优缺点，我们既要看到自己的优点和长处，又要看到自己的缺点和不足。因为，我们每个人的外在形象和内在素质都有自己的优势，又有自己的不足，“金无足赤，人无完人”，我们每个人都有自己的缺点，但同时每个人也都有自己的闪光点。我们应该多关注自己的优点和长处，要用欣赏的目光来看自己，即使你可能有很多不足。因为只有先正视自己，才能正确认识自己。面对纷繁复杂的人生世界，如果你把目光都集中在痛苦、烦恼上，生命就会黯然失色；如果你把目光都转移到快乐之中，你将会得到幸福。同样的道理，面对自己，如果你只看到自己的缺点、不足，你将会悲观失望，停步不前；如果你能看到自己的优点、长处，你将会充满信心，迎接生活的挑战。但是如果我们只看到自己的优点，看不到自己的不足，用自己的长处比别人的短处，我们就会沾沾自喜，骄傲自大，停步不前，甚至会倒退。

③事物总是发展变化的，没有一成不变的事物。俗话说“士别三日，当刮目相看”，我们每个人也都是在不断发展变化的，我们的优点和缺点也不是一成不变的。因此，我们必须要用发展的眼光看自己，及时发现自己的新的优点和新的缺点，通过自己的努力，争取变缺点为优点，不断改正自己的缺点来完善自己。

2. 认识自我的途径

(1) 通过自我观察认识自己。要认识自己，我们必须要做一个有心人，经常反省自己在日常生活中的点滴表现，总结自己是一个什么样的人，找出自己的优点和缺点。自我观察是我们自己教育自己、自我提高的重要途径。

自我观察主要包括三个方面：自身外表和体质状况的观察，包括外貌、风度和健康状况等方面的观察；自我形象的观察，主要对自己在所生活的集体中的位置和作用、公共生活中的举止表现及社会适应能力等的观察；自己精神世界的观察，包括对自己政治态度、道德水平、智力水平、能力、性格、兴趣、爱好、特长等方面的观察。

(2) 通过他人了解自己。苏轼曾写道："不识庐山真面目，只缘身在此山中"。认识自己有时候的确比较难，一般来说，"当局者迷，旁观者清"，周围的人对我们的态度和评价能帮助我们认识自己、了解自己。我们要尊重他人的态度与评价，冷静地分析。对他人的态度与评价我们既不能盲从，也不能忽视。

3. 气质

气质是指人的相对稳定的个性特点和风格气度。心理学认为气质是不以人的活动目的和内容为转移的心理活动的典型的稳定的动力特征。心理学上，"气质"这一概念与我们平常说的"禀性""脾气"相似。

气质是根据人的姿态、样貌、穿着、性格、行为、学识等元素结合起来的，给别人的一种感觉，就是气质，气质是用来形容人的，气质是一个人生来就具有的，并成为后天性格形成的重要的生物学条件。

(1) 气质的类型。按照感受性、耐受性、反应的敏捷性、可塑性、情绪兴奋性、倾向性等指标，一般把人的气质分为：胆汁质、多血质、黏液质、抑郁质四种气质类型，这是对气质最为经典的划分方法。

①多血质。灵活性高，易于适应环境变化，善于交际，在工作，学习中精力充沛而且效率高；对什么都感兴趣，但情感兴趣易于变化；有些投机取巧，易骄傲，受不了一成不变的生活。

②黏液质。反应比较缓慢，坚持而稳健的辛勤工作；动作缓慢而沉着，能克制冲动，严格恪守既定的工作制度和生活秩序；情绪不易激动，也不易流露感情；自制力强，不爱显露自己的才能；固定性有余而灵活性不足。

③胆汁质。情绪易激动，反应迅速，行动敏捷，暴躁而有力；性急，有一种强烈而迅速燃烧的热情，不能自制；在克服困难上有坚忍不拔的劲头，但不善于考虑能否做到，工作有明显的周期性，能以极大的热情投身于事业，也准备克服且正在克服通向目标的重重困难和障碍，但当精力消耗殆尽时，便失去信心，情绪顿时转为沮丧而一事无成。

④抑郁质。高度的情绪易感性，主观上把很弱的刺激当做强作用来感受，常为微不足道的原因而动感情，且有力持久；行动表现上迟缓，有些孤僻；遇到困难时优柔寡断，面临危险时极度恐惧。

不同气质类型的人，对待同一件事情，其态度和处理方法迥然不同。国外研究了具有上述基本气质类型的人是怎样对待看戏迟到这件事情的。

胆汁质的人与剧场工作人员争执起来，企图进到剧场去（按规定迟到者应在幕间入场，以免影响别人）。他辩解说，戏院的时钟走快了，他不会影响别人，打算推开门径直跑进去。

多血质的人立刻明白，工作人员是不会放他进去的，但他可以找个办法溜进去。

黏液质的人看到不让入场，就想“反正第一场不会太精彩，我先去小卖部转转，等到幕间再进去”。

抑郁质的人说：“我老是不走运，偶尔来看一次戏，竟如此倒霉。”于是返回家去了。

（2）气质与职业选择。气质本身并没有善恶、好坏之分，每种气质都有其积极的一面，也有消极的一面。气质并不能决定一个人活动的社会价值和成就高低。每一种职业领域都可以找出各种不同气质类型的代表，同一气质的人在不同的职业部门都能做出突出的贡献。但是，人们所从事的职业，不同的岗位，却对从业人员的气质有不同的要求。某种气质特征，往往能为胜任某项工作提供有利条件，而对另一些工作又表现出明显的不适应。研究和实践都表明：气质特征是选择职业的重要依据之一。

①胆汁质气质与职业的选择。胆汁质的基本特征是直率，热情，精力旺盛，脾气急躁，情绪兴奋性高，易冲动，反应迅速，心境变化剧烈。择业时，主动性强，具有竞争意识，通常倾向选择且适合于竞争激烈、冒险性和风险性强的职业或社会服务型的职业，如运动员、改革者、探险者等，甚至到偏远及开放地区从业。

②多血质气质与职业选择。多血质的主要特征是活泼，好动，敏感，反应快，善于交际，兴趣与情绪易转换。择业时，积极主动，热情大方，善于推销自己，适应性强，很受用人单位欢迎。通常适合交际方面的职业，如记者、律师、销售人员、秘书、艺术工作者等。

③黏液质气质与职业选择。黏液质的主要特征是安静，稳定，反应迟缓，沉默寡言，情绪不易外露，善于忍耐。择业时，沉着冷静，目标确定后，具有执着追求，坚持不懈的韧性，从而弥补了其他素质的不足。一般适合于医务、图书管理、情报翻译、教员、营业员等工作。

④抑郁质气质与职业选择。抑郁质的典型特征是情绪体验深刻，孤僻，行动迟缓，感受性强，敏感，细致。择业时，思虑周密，有步骤，有计划，一般较适合从事理论研究工作等。

以上只是从气质典型的角度论及各种气质与职业选择的关联。每一个求职者应从自己的实际气质特征出发，认真考察职业气质要求与自身特征的对应关系，选择那些能使自己气质的积极方面得到发挥的职业与岗位，避开消极的一面。

（3）气质类型测试量表。气质类型是天生的，是人心理活动的动力特征，是人格的先天基础。根据前文，人有四种气质类型，各种气质类型有不同的气质特性，分别影响着人的四种气质。通过气质类型测试量表进行四种气质类型测试，就可以知道你属于哪种气质类型。

测试说明导语：下面总共有60道题大致可确定你的气质类型。每个问题没有对错之分，无须再三考虑，把你脑海里想到的第一答案写下来。若与你的情况“很符合”计2分，“较符合”计1分，“一般”计0分，“较不符合”计1分，“很不符合”计2分。请记好题号与相应的分数，以便于计算结果。

1. 做事力求稳妥，不做无把握的事。
2. 遇到可气的事就怒不可遏，想把心里的话全说出来才痛快。
3. 宁肯一个人干事，不愿很多人在一起。
4. 到一个新环境里很快能适应。
5. 厌恶那些强烈的刺激，如尖叫、噪声、危险的情景等。
6. 和人争吵时，总是先发制人，喜欢挑衅。
7. 喜欢安静的环境。
8. 善于和人交往。
9. 羡慕那些善于克制自己情感的人。
10. 生活有规律，及少违反作息制度。
11. 在多数情况下情绪是乐观的。
12. 碰到陌生人觉得很拘束。
13. 遇到令人气愤的事，能很好地自我克制。
14. 做事总是有旺盛的精力。
15. 遇到问题常常举棋不定，优柔寡断。
16. 在人群中从不觉得过分拘束。
17. 情绪高昂时，觉得干什么事都有趣，情绪低落时，又觉得什么都没意思。
18. 当注意力集中于一事物时，别的事很难使我分心。
19. 理解问题总比别人快。
20. 碰到危险情景，常有一种极度恐惧感。
21. 对学习、工作、事业怀有很高的热情。
22. 能够长时间做枯燥、单调的工作。

23. 符合兴趣的事情，干起来劲头十足，否则就不想干。
24. 一点小事就能引起情绪波动。
25. 讨厌做那种需要耐心、细致的工作。
26. 与人交往不亢不卑。
27. 喜欢参加剧烈的活动。
28. 爱看感情细腻、描写人物内心活动的文学作品。
29. 工作学习时间长了，常感到厌倦。
30. 不喜欢长时间谈论一个问题，愿意实际动手干。
31. 宁愿侃侃而谈，不愿窃窃私语。
32. 别人说我总是闷闷不乐。
33. 理解问题常比别人慢些。
34. 疲倦时只要短暂的休息就能精神抖擞，重新投入工作。
35. 心里有话宁愿自己想，不愿说出来。
36. 认准一个目标就希望尽快实现，不达目的，誓不罢休。
37. 学习、工作同样长时间后，常比别人更疲倦。
38. 做事有些莽撞，常常不考虑后果。
39. 老师讲授新知识时，总希望他讲得慢些，多重复几遍。
40. 能够很快忘记那些不愉快的事情。
41. 做作业或做一件事情，总比别人花的时间多。
42. 喜欢运动量大的剧烈的体育活动，或参加各种文艺活动。
43. 不能很快把注意力从一件事转移到另一件事上去。
44. 接受一个任务后就希望尽快把它解决。
45. 认为墨守成规比冒风险强些。
46. 能够同时注意几件事物。
47. 当我烦闷的时候，别人很难使我高兴。
48. 爱看情节起伏跌宕、激动人心的小说。
49. 对工作抱认真严谨、始终一贯的态度。
50. 和周围人们的关系总是相处不好。
51. 喜欢复习学过的知识，重复做已经掌握的工作。
52. 希望做变化大，花样多的工作。
53. 小时候会背的诗歌，我似乎比别人记得清楚。
54. 别人说我“出语伤人”，可我并不觉得这样。

55. 在体育活动中常因反应慢而落后。

56. 反应敏捷、头脑机智。

57. 喜欢有条理而不甚麻烦的工作。

58. 兴奋的事常使我失眠。

59. 老师讲的新概念，常常听不懂，但是弄懂后就难以忘记。

60. 假若工作枯燥无味，马上就会情绪低落。

四种气质类型测试结果的评分与解释如下。

（1）把每题得分按表 6－1 题号相加，并计算各栏的总分。

表 6－1　　气质类型测试题分值

气质类型	题号															合计
胆汁质（A）	2	6	9	14	17	21	27	31	36	38	42	48	50	54	58	
多血质（B）	4	8	11	16	19	23	25	29	34	40	44	46	52	56	60	
黏液质（C）	1	7	10	13	18	22	26	30	33	39	43	45	49	55	57	
抑郁质（D）	3	5	12	15	20	24	28	32	35	37	41	47	51	53	59	

汇总：A（）；B（）；C（）；D（）

如 A 栏得分超出 40 分，并明显高于其他 3 栏（>8 分），则为典型胆汁质，其余类推；

如 A 栏得分在 1～40 分，并高于其他 3 栏，则为一般胆汁质，其余类推；

如果出现两栏得分接近（<6 分），并明显高于其他 2 栏（>8 分），则为混合型气质，如胆汁质—多血质混合型，黏液质—抑郁质混合型等；

如 4 栏分数皆不高且相近（<6 分），则为 4 种气质的混合型。

多数人的气质类型是一般型气质或两种气质的混合型，典型气质和 3、4 种气质混合型的人较少。

（2）四种气质类型的确定。

如果某类型气质得分明显高出其他三种，均高出 8 分以上，则可定为该类气质。如果两种气质得分接近，其差异低于 6 分，而且又明显高于其他两种，则可定为两种气质的混合型。如果三种气质得分均高于第四种，而且接近，则为三种气质的混合型。

人的四种气质类型没有好坏之分，不同气质的人的忍耐性、感受性、可塑性、敏捷性、兴奋性等都有所不同，每个人的气质都有其所长，也有其所短，因此，了解一个人的气质特点有利于发挥其优点，克服其气质特点的消极方面。

资料来源：http：//blog. sina. com. cn/s/blog _ 63a58b130100nmnu. html

4. 性格

性格是指表现在人对现实的态度和相应的行为方式中的比较稳定的、具有核心意义的个性心理特征，它是一种与社会相关最密切的人格特征，在性格中包含有许多社会道德含义。性格表现了人们对现实和周围世界的态度，并体现在行为举止中。性格主要体现在对自己、对别人、对事物的态度和所采取的言行上。简言之，性格是人在对现实的稳定的态度和习惯化了的行为方式中所表现出来的个性心理特征。

人在生活中偶然的表现不能被认为是他的性格特征。人的性格具有稳定性，一旦形成是较难改变的。性格和气质关系十分密切，它们都是人脑的活动，也都是在人的生活实践中形成和发展。

（1）性格的特征。性格的特征主要表现为以下四个方面。

①性格的意志特征。性格的意志特征是指个体在调节自己的心理活动时表现出的心理特征，即个体在对自己行为的自觉调节方式和水平方面的性格特征。自觉性、坚定性、果断性、自制力等是主要的意志特征。

自觉性是指在行动之前有明确的目的，即对行为的目的明确并自觉控制的特征。事先确定了行动的步骤、方法，并且在行动的过程中能克服困难，始终如一地执行。与之相反的是盲从或独断专行。

坚定性是指能采取一定的方法克服困难，以实现自己的目标，即在长时间工作中表现出来的特征。具体表现为理想远大、独立自主。与坚定性相反的是执拗性和动摇性，前者不会采取有效的方法，一味我行我素；后者则是轻易改变或放弃自己的计划。表现为盲目、易受暗示。

果断性是指善于在复杂的情境中辨别是非，迅速作出正确的决定，即在紧急情况下表现出来的特征。具体表现为果断、勇敢。与果断性相反的是优柔寡断或武断、冒失。

自制力是指善于控制自己的行为和情绪。与自制力相反的是放任自流、怯懦和任性。

②性格的情绪特征。性格的情绪特征是指人在情绪活动时在强度、稳定性、持续性和心境方面表出来的性格特征，即个体在情绪表现方面的心理特征。

在情绪的强度方面，有人情绪强烈，热情奔放，不易于控制；有人则情绪微弱，易于控制。

在情绪的稳定性方面，有人情绪波动性大，情绪变化大；有人则情绪稳定，心平气和。

在情绪的持久性方面，有的人情绪持续时间长，对工作学习的影响大；有的人则情绪持续时间短，对工作学习的影响小。

在主导心境方面，有的人经常情绪饱满，乐观开朗，处于愉快的情绪状态；有的人则经常抑郁寡欢。

③性格的理智特征，是指人的认识活动特点与风格。性格的理智特征是指个体在认知活动中表现出来的心理特征。

在感知方面，能按照一定的目的任务主动地独立地观察，属于主动观察型，有的则明显地受环境刺激的影响，属于被动观察型；有的倾向于观察对象的细节，属于分析型，有的倾向于观察对象的整体和轮廓，属于综合型；有的倾向于快速感知，属于快速感知型，有的倾向于精确地感知，属于精确感知型。

在想象方面，有主动想象和被动想象之分；有广泛想象与狭隘想象之分；有的比较现实，有的是幻想。

在记忆方面，有主动与被动之分；有善于形象记忆与善于抽象记忆之分等。

在思维方面，也有主动与被动之分；有独立思考与依赖他人之分；有深刻与浮浅之分等。有的深思熟虑、考虑全面；有的缺乏主见、人云亦云。

④性格的态度特征，是指个体在对现实生活各个方面的态度中表现出来的一般特征。

（2）性格的分类。性格的分类有很多种，常见的分类如下：

①现实型。现实型的人喜欢户外、机械以及体育类的活动或职业。喜欢与“物”打交道而不喜欢与“人”打交道，喜欢制造、修理东西。喜欢操作设备和机器，喜欢看到有形的东西。有毅力、勤勉，缺乏创造性和原创性。喜欢用熟悉的方法做事并建立固定模式，考虑问题往往比较绝对。不喜欢模棱两可，不喜欢抽象理论和哲学思辨。是个传统、保守的人，缺乏良好的人际关系和言语沟通技巧。当成为瞩目中心时会感到不自在，不善于表达自己的情感。别人认为他比较腼腆害羞，但是绝大多数现实主义者都秉承着实事求是的生活和工作作风。

②探索型。探索型的人好奇心强，好问问题。喜欢了解、解释和预测身边发生的事。有科学探索的热情。对于非科学、过于简单或超自然的解释，多持否定和批判的态度。对于喜欢做的事能够全神贯注，心无旁骛。独立自主并喜欢单枪匹马做事。不喜欢管人也不喜欢被管，喜欢从理论和思辨的角度看问题。喜欢解决抽象、含糊的问题，具有创造性，常有新鲜创意，往往难以接受传统价值观。逃避那种高度结构化、束缚性强的环境。处理事情按部就班、精确且有条理，对于自己的智力很有信心。在社交场合常会感到困窘，缺乏领导能力和说服技巧。在人际关系方面拘谨、刻板。不太善于表达情感，可能给人不太友善的感觉，探索型应该更加注重自身的发展与创新

精神。

③艺术型。艺术型的人有创造力、善表达、有原则、天真、有个性。喜欢与众不同并努力做个卓绝出众的人。不喜欢从事笨重的体力活动，不喜欢高度规范化和程序化的任务。喜欢通过艺术作品表现事物，表现自我，希望得到众人的关注和赞赏，对于批评很敏感。在衣着、言行举止上倾向于无拘无束、不循传统。喜欢在无人监督的情况下工作，处事比较冲动。非常重视美及审美的品味，比较情绪化且心思复杂。喜欢抽象的工作及非结构化的环境。寻求别人的接纳和赞美，觉得亲密的人际关系有压力而避免之。主要通过艺术间接与别人交流以弥补疏离感，常常自我省思，思想天马行空，无拘无束，拥有强大的发散性思维。

④社会型。社会型的人友善、热心、外向、合作。善于交流，喜欢与人为伍。能洞察别人的情感和问题。喜欢扮演帮助别人的角色，如教师、顾问、公务员。喜欢表达自己并在人群中具有说服力，喜欢当焦点人物并乐于处在团体的中心位置。对于生活及与人相处都很敏感、理想化和谨慎。喜欢哲学问题，如人生、宗教及道德伦理问题。不喜欢从事与机器或资料有关的工作，或是结构严密、重复性的工作。和别人相处融洽并能自然地表达情感，待人处事圆滑，给别人以仁慈、乐于助人的印象。

⑤管理型。管理型的人外向、自省、有说服力、乐观。喜欢有胆略的活动，敢于冒险。支配欲强，对管理和领导工作感兴趣。通常喜欢追求权力、财富、地位。善于辞令，总是力求使别人接受自己的观点，具有劝说、调配人的才能。自认为很受他人欢迎，缺乏从事细致工作的耐心。不喜欢那些需要长期智力活动的工作，管理型的人头脑清楚，思维敏捷。

⑥常规型。常规型的人做事一板一眼、固执、脚踏实地，喜欢做抄写、计算等遵守固定程序的活动，是个可信赖、有效率且尽责的人。依赖团体和组织已获得安全感并努力成为好成员，在大型机构中从事一般性工作就感到满足，不寻求担任领导职务。知道自己该做什么事时，会感到很自在。不习惯自己对事情作判断和决策，因而不喜欢模棱两可的指示，希望精确了解到底要求自己做什么，对于明确规定的任务可以很好完成。倾向于保守和遵循传统，习惯于服从、执行上级命令。喜欢在令人愉快的室内环境工作，重视物质享受及财物。有自制力并有节制地表达自己的情感，避免紧张的人际关系，喜欢自然的人际关系。在熟识的人群中才会自在。喜欢有计划地做事，不喜欢打破惯例，不喜欢从事笨重的体力劳动。

美国职业指导专家霍兰德认为，每个人都是这六种类型的不同组合，只是占主导地位的类型不同。而每一种职业的工作环境也是由六种不同的工作条件所组成，其中有一种占主导地位。一个人的职业是否成功，是否稳定，是否称心如意，在很大程度上取决于其个性类型和工作条件之间的适应情况。

（3）如何完善自己的性格。

①改正认知偏差。由于受不良环境影响，或受存在不良性格人的教育和影响，可能使人产生错误的认知，如认为这个世界上坏人多、好人少；同人打交道，要防人三分；疑心重；以小人之心度君子之腹等。因此，要想改变这些，必须改变自己不正确的认知，可多参加有意义的集体活动，去充分体验感受生活，多看些进步的书籍和伟人、哲人传记，看看他们成功史和为人处世之道，这对自己性格的改变都会有帮助。

②试着去帮助别人，从中体验乐趣。不良性格的人，往往以自我为中心，他们对人冷漠，一般不多愿人际交往，生活在自我的小天地里。要想改变这样的性格，平常可以主动去帮助别人，因为人人都需要关怀，你去帮助别人，同样，别人也会主动来帮助你。同时，在这种帮助中，能体现自身的价值，心情改善了，对人的看法和态度也会随之改变，从而有利于人性格的改善。

③有意识地进行自我锻炼，自我改造。人是一个自我调节的系统，一切客观的环境因素都要通过主观的自我调节起作用，每个人都在不同的程度上，以不同的速度和方式塑造着自我，包括塑造自己的性格。随着一个人的认识能力的发展和相对成熟，随着一个人独立性和自主性的发展，其性格的发展也从被动的外部控制逐渐向自我控制转化。如果每一个人都意识到这一变化，促进这一变化，自觉地确立性格锻炼的目标，从而进行自我锻炼，就能使现实态度、意志、情绪、理智等性格特征不断完善。

④积极的心态与情绪。一个人偶尔心情不好，其性格不至于影响，若长期心情不好，对性格就有影响了。如长年累月爱生气，为一点小事而激动的人，就容易形成暴躁、易怒、神经过敏、冲动、沮丧等特征，这是一种异常情绪性的性格。因此，要乐观地生活，要胸怀开朗，始终保持愉快的生活体验。当遇到挫折和失败时，要从好的方面去想，“塞翁失马，焉知非福”？想得开，烦恼就会自然消失。有时，心里实在苦恼，可以找一个崇拜的长者或知心朋友交谈，或去看心理医生，不要让苦闷积压在心，否则，容易导致性格的畸形发展。

⑤乐于交际，与人和谐相处。兴趣广、爱交际的人会学到许多知识，训练出多种才能，有益于性格的形成和发展。但是，与品德不良的人交往，也会沾染不良的习气。因此，要正确识别和评价周围的人和事，不要与坏人混在一起，更不要加入不健康的小团体中。人与人之间要互敬、互爱、互谅、互让，善意地评价人，热情地帮助人，克己奉公，助人为乐，努力搞好人与人之间的关系，长此以往，性格就能得到和谐发展。

⑥提高文化水平，加强道德修养，改造不良的性格。有的人已经形成了某种不良的性格特征，例如懒惰、孤僻、自卑、胆小等，那他们就要下决心进行“改型”。人的

性格虽有一定的稳定性，但它又是可变的，只要自己下决心去改，是能产生明显效果的，懒汉可以成为勤奋者，悲观失望的人也可以成为生机勃勃的人。方法有两种，一是提高文化水平，二是加强道德修养。因为人的性格的形成是受人的文化水平和道德水平影响的。有文化、有道德的人，就有理智感，就能以正确的态度去对待现实生活，这就有助于形成良好的性格特征。提升自己的STAR法则见表6-2。

表6-2　　提升自己的STAR法则

类别	情况（Situation）	目标（Target）	行动方案（Action）	结果（Results）	
内容	事情是在什么情况下发生的，特别是面临哪些障碍和局限	需要完成的事情	逐步叙述你做的事情，包括解决方案与步骤	结果，以及对结果的量化评估	收获、启发、经验和教训

5. 能力

能力，是完成一项目标或者任务所体现出来的素质。人们在完成活动中表现出来的能力有所不同。是指顺利完成某一活动所必需的主观条件。能力是直接影响活动效率，并使活动顺利完成的个性心理特征。

能力总是和人完成一定的实践相联系在一起的。离开了具体实践既不能表现人的能力，也不能发展人的能力。达成一个目的所具备的条件和水平。

能力是指人们顺利完成某种活动所必须具备的个性心理特征。只有顺利地完成某种活动所必需的个性心理特征，才称为能力。

能力是保证一个人顺利地完成某种活动的必要条件，但不是唯一的条件，因为顺利地完成某种活动所需要的条件是多方面的。

（1）能力的分类。能力的分类有以下几种。

①一般能力和特殊能力。一般能力是指观察，记忆，思维，想象等能力，通常也叫智力。它是人们完成任何活动所不可缺少的，是能力中最主要的部分。特殊能力是指人们从事某种特殊职业或专业需要的能力。例如音乐中所需要的听觉表象能力。人们从事任何一项专业性活动既需要一般能力，也需要特殊能力。二者也是相互促进的。

②流体智力和晶体智力。晶体智力是以学得的经验为基础的认知能力，如人类学会的技能、语言文字能力、判断力、联想力等。与流体智力相对应。晶体智力受后天的经验影响较大，主要表现为运用已有知识和技能去吸收新知识和解决新问题的能力，这些能力不随年龄的增长而减退，只是某些技能在新的社会条件下变得无用了。流体

智力指基本心理过程的能力，它随年龄的衰老而减退。晶体能力在人的一生中一直在发展，它与教育、文化有关，并不因年龄增长而降低。

③模仿能力和创造能力。模仿能力指通过观察别人的行为、动作、活动来学习各种知识，然后以相同的方式做出反应的能力。而创造力则是指产生新思想和新产品的能力。能力与大脑的机能有关，它主要侧重于实践活动中的表现，即顺利地完成一定活动所具备的稳定的个性心理特征。

④认知能力、操作能力和社交能力。

认知能力：认知能力指接收、加工、储存和应用信息的能力。它是人们成功地完成活动最重要的心理条件。知觉、记忆、注意、思维和想象的能力都被认为是认知能力。美国心理学家加涅提出三种认知能力：言语信息（回答世界是什么的问题的能力）；智慧技能（回答为什么和怎么办的问题的能力）；认知策略（有意识地调节与监控自己的认知加工过程的能力）。

操作能力：操作能力指操纵、制作和运动的能力。劳动能力、艺术表现能力、体育运动能力、实验操作能力都被认为是操作能力。操作能力是在操作技能的基础上发展起来，又成为顺利地掌握操作技能的重要条件。认知能力和操作能力紧密地联系着。认知能力中必然有操作能力，操作能力中也一定有认知能力。

社交能力：社交能力指人们在社会交往活动中所表现出来的能力。组织管理能力、言语感染能力等都被认为是社交能力。在社交能力中包含有认知能力和操作能力。

（2）职业能力。通过对劳动力市场的分析和调查得出的结论，在当今时代，人们从事任何职业都应具有下述五项基本能力。

①合理利用与支配各类资源的能力。时间——选择有意义的行为，合理分配时间，计划并掌握工作进展；资金——制定经费预算并随时做必要调整；设备——获取、储存与分配利用各种设备；人力——合理分配工作，评估工作表现。

②处理人际关系的能力。能够作为集体的一员参与工作；向别人传授新技术；诚心为顾客服务并使之满意；坚持以理服人并积极提出建议；调整利益以求妥协；能与背景不同的人共事。

③获取信息并利用信息的能力。获取信息和评估、分析与传播信息，使用计算机处理信息。

④综合与系统分析能力。理解社会体系及技术体系，辨别趋势，能对现行体系提出修改建议或设计替代的新体系。

⑤运用特种技术的能力。选出适用的技术及设备，理解并掌握操作设备的手段、程序；维护设备并处理各种问题，包括计算机设备及相关技术。

（3）职业素质。人们从事各种职业应具备的三项基本素质。

①基本技能。阅读能力——会搜集、理解书面文件；书写能力——正确书写书面报告、说明书。倾听能力——正确理解口语信息及暗示；口头表达能力——系统地表达想法；数学运算能力——基本数学运算以解决实际问题。

②思维能力。创造性思维，能有新想法；考虑各项因素以作出最佳决定；发现并解决问题；根据符号、图像进行思维分析；学习并掌握新技术；分析事物规律并运用规律解决问题。

③个人品质。有责任感，敬业精神；自重，有自信心；有社会责任感，集体责任感；自律，能正确评价自己，有自制力；正直、诚实、遵守社会道德行为准则。

（4）职业能力的培养。加强职业能力的培养与实践，可以树立正确的职业、择业观，正确定位，根据社会及企业需求，可以更客观、科学地设计自己的职业生涯，合理安排在校的学习时间、学习资源，增强学习效能，实现人与职业的合理配置，有效缩短从“校园人”到“职业人”转变的时间，实现大学生由择业、就业逐步发展到职业、事业的终身的可持续发展。

①加强个体指导。根据学生的个性特点，目标及能力特长，通过对学生进行职业测评，增强学生“职业”及“职业化能力”的意识。同时加强学生个体指导力度。根据个体特点，“量体裁衣”，从而确定学生职业发展目标和职业生涯规划。

②根据教学规律职业能力按不同培养阶段，进行企业实训。入学时进行“认知实训”，通过走访实训基地，了解专业特征及未来工作的基本条件，为确立学习目标打下基础；进行完认知实训后，进行“专业实训”，通过进行理论与实践相结合的职业能力与技能训练，掌握一定的职业知识，同时通过社会调研，了解社会需求情况，并利用多种渠道收集与就业相关的信息，初步确定自己长期发展的职业目标，掌握一定的求职技巧；最后，通过就业实训，进行职业适应，进一步提高职业技能水平，增强市场就业竞争能力，同时不断完善自己的知识结构。学生应该未出校门先上岗，经过具体的实践，知道自己的知识能力与社会的差距，及时调整，以便更快地适应社会，更好地实现既积累了经验，又客观准确地为自己定位，从而实现由“校园人”到“职业人”的转变，缩短走向社会的适应期。

③整合教学资源，进行全程就业指导。建立专业化、专家化的“职业能力培养”队伍，同时建立专业的职业能力测评工具。入学就进行毕业生就业形势、职业生涯规划方面的指导，使大学生对就业形势有清醒的认识，初步建立目标；其次，进行就业观念、心理素质、就业法律知识、求职技巧等方面的指导，同时加强校园文化活动，增强能力与素质锻炼；最后，进行就业政策指导，加强就业信息交流，为学生成功就

业创业打下基础。

④加强学校人才培养与企业需求的衔接，适时引入企业文化及企业培训，建立全员就业指导，架构人才培养立交桥。一个系统越开放，就越能与外界进行物质信息交流。职业能力培养作为一个系统，具有很强的社会性，需要社会力量的参与。企业和社会对人才的要求已从知识型、技能型转向应用型、适应型。这要求学校人才培养除了仍重视知识和能力外，更应突出对素质的广泛关注，即具备的能力应该不受所学知识的限制，而能尽快适应所处环境、位置对知识的需求。职业能力培养是一项系统工程，需要全社会的参与。学校应与用人单位、实习基地建立长期合作关系，对毕业生进行经常性的联系沟通，将教育与市场紧密的联系起来，使就业指导工作更加有效。通过对毕业生进行跟踪调查，走访用人单位，聘请社会人士担任兼职指导教师等形式，加强与企业的交流与合作，架构学校人才培养与企业、市场人才需求目标一致的桥梁。

6. 情商

1995年，美国哈佛大学心理学教授丹尼尔·戈尔曼提出了“情商”（Emotional Quotient）的概念。情商（EQ）通常是指情绪商数，简称EQ，主要是指人在情绪、情感、意志、耐受挫折等方面的品质。总的来讲，人与人之间的情商并无明显的先天差别，更多与后天的培养相关。它是近年来心理学家们提出的与智力和智商相对应的概念。

从最简单的层次定义，情商是理解他人及与他人相处的能力。戈尔曼和其他研究者认为，这种智力是由五种特征构成的：自我意识、控制情绪、自我激励、认知他人情绪和处理相互关系。

情商越来越多地被应用在企业管理学上。对于组织管理者而言，情商是领导力的重要构成部分。情商是个体的重要的生存能力，是一种发掘情感潜能、运用情感能力影响生活各个层面和人生未来的关键的品质因素。

戈尔曼认为，在人成功的要素中，智力因素是重要的，但更为重要的是情感因素。人们流行一句话：“智商（IQ）决定录用，情商（EQ）决定提升”。

（1）情商的内容。戈尔曼认为情感智商包含五个主要方面：

①了解自我，监视情绪时时刻刻的变化，能够察觉某种情绪的出现，观察和审视自己的内心体验，它是情感智商的核心，只有认识自己，才能成为自己生活的主宰。

②自我管理，调控自己的情绪，使之适时适度地表现出来，即能调控自己。

③自我激励，能够依据活动的某种目标，调动、指挥情绪的能力，它能够使人走出生命中的低潮，重新出发。

④识别他人的情绪，能够通过细微的社会信号、敏感地感受到他人的需求与欲望，是认知他人的情绪，这是与他人正常交往，实现顺利沟通的基础。

⑤处理人际关系，调控自己与他人的情绪反应的技巧。

（2）情商的作用。

①情商是指情绪控制能力或情绪智力高下，虽然它不适于像智商那样用数值尺度来测量，但可以通过一些科学的方式来了解。

②情商与智商不是对立的。有的人既有较高的智商又有较高的情商，有的人则只有其中之一。研究人员一直都在努力了解情商与智商之间是怎样互相补充的，例如，一个人对付压力的能力是怎样使他集中智力并将智力付诸实际的。

③在预测人的成功时，了解情绪智力比通过智商测试以及其他标准化成就测试测量出的人的智力水平更有价值。

④可以采取适当的方式提高人们调节情绪、控制情绪的能力，使情商因素有利于提高工作效率，有助于个人成功。

（3）提高情商的方法。提高情商有五个比较突出方法。

①训练情绪、情感。首先是认知情绪，分析情绪，评估情绪。看你的情绪情感有哪些欠缺，欠缺在哪里？其次是控制情绪，调节情绪，情感和情绪不要大起大落，不要喜怒无常，要保持一种稳定的情绪，顺境的时候不要忘乎所以，得意忘形；逆境的时候不要垂头丧气，消极萎靡，遭受打击的时候要泰然处之，应付自如。

②学会处理人际关系。处理人际关系的建议，对人宽容；换位思考；关心别人；充满爱心；富有同情心；沟通协调；诚信正直；善于合作；不怕吃亏。

③要乐观豁达。乐观还是悲观，这是情商高低的重要体现。乐观会反败为胜，悲观可能相反。

④积极向上，进取心强。情商高的人有很高的上进心，进取心，有进取心总是对未来充满希望。要充满对未来，对社会，对自己的希望，有希望就是一种积极向上的精神。法国作家莫泊桑有一句名言，人是生活在希望中的。

⑤善待人生机会，有人说智商高的人会发现机会，情商高的人会抓住机会，不会轻易放弃机会。

第二节　物流管理专业的学业规划

大学是人生非常重要的一个阶段，大学学业要经过这样几个步骤：

大一时要博业。就是说要看大量的书，从中发现自己喜欢的知识领域；同时要大量的学习关于职业方面的知识，从中发现喜欢的职业。看书会积累深厚和广泛的知识，为日后的发展打下基础。

大二时要通业。把喜欢的领域、职业的通用基础知识学好，学科领域与所选职业有可能不是相关的，重要的是要把这些通用知识学好。

大三时要择业。在喜欢的学科内选择一个或几个具体领域，然后深入学习一年。如选择了国际运输管理和港口管理，大三就要重点学这两门课程，包括所有的概念、理论与应用，同时梳理行业内的相关企业信息，确定自己要求职的企业，在不断完善知识的同时，还要不断地关注这个行业的情况，并建立一个了解这个行业的渠道。如果大三下学期发现自己的选择是对的，那就可以找相关企业去实习，实习的目的一是在实践中检验自己是否真的喜欢和适合做这份工作，二是找到所欠缺的理论知识和操作技能，然后再去学习补充知识。如果在大三上学期发现自己不喜欢这个领域，那就要迁业，再重新选择。

大四时要试业。就是真正地进行专业实习，去有关的物流公司工作。专业实习就是要提前适应这个工作，做到最大限度与公司工作匹配，同时最大化地补充自己所欠缺的知识与能力，尤其是操作性的技能，最大化减少自己能力与工作要求的差距。要时刻关注自己要应聘的物流公司动态，了解招聘的要求。专业实习可有效提高工作经验。

一、大一的学习规划

1. 必修课的学习

(1) 重视基础，扎实学习。本科四年的学习是一个对所学领域基础知识普及的学习，对于专业知识的深入与拓展涉及不多。大一期间任何学科的学习都是从基础学科入手，一切基础知识都是后来深造的基础，基础知识的积累非常重要，必须要打好基础。

(2) 注重兴趣，专业定向。学习必修课要充分考虑个人对于学科的兴趣以及培养学科兴趣等方面。对于专业的兴趣分为两方面：一是开始就有浓厚的兴趣；二是在学习中培养了浓厚的兴趣，所以兴趣是可以后天培养的，要在学习中积极培养对于专业的兴趣，定位专业发展方向，选择继续读研深造或就业。

(3) 关注授课重点、感受人文气息。在学习中一定要注意学习重点的梳理，特别是对于听课笔记的总结。在大学中，完整的笔记就是最好的考试复习材料和考研的复习材料。所以，要学会记录课堂内容，并能及时整理总结学术重点，对于个别重点问题，可以查阅其他资料做进一步的研究学习。

2. 选修课的学习

(1) 大面积选听、重点选择。大学的学习中，选修课是丰富多彩的，形式是多样的。根据自己的爱好去选择喜欢的学科，可整理出所有的选修课列表，重点选择自己喜欢的课程。在大学中，很多选修课都可以自由旁听，可在选修课和旁听课中充分涉猎知识，提高人文涵养，培养兴趣和陶冶情操。

（2）博而不专与专而不博。选修课与必修课最大的不同是，可以完全按照自己的兴趣进行学习。可以简单了解，也可以深入研究。在选修课中没有行为上的对与错，这也体现了大学的本意。

3. 课外知识的涉猎

大学是一个知识水平迅速提高的中转站，要充分利用大学的知识资源，提取自己所需的课外知识，获取知识的途径主要有：

（1）图书馆。图书馆是大学学习的主战场，也是“学习人”聚集的地方，这里能提供安静的学习环境，能提供大量的图书资料和网络资源，一定要充分利用图书馆进行学习。

（2）聆听讲座。大学中各个学院都会不定期地举办各种免费的讲座，邀请国内外知名专家学者来讲授各专业学科的知识。可以积极学习讲座内容，亲自感受他们的人格与道德魅力，接受他们的知识与经验的洗礼。

（3）学习交流。大学中各院校的学生互相交流学习的机会较多，学生如果在学术方面足够优秀，可以主动申请去其他学校进行学术交流。这样可以看到更精彩的学术世界，获取的知识和成就会更多。

（4）课外实践活动。实践活动是衔接大学与社会的关键环节。大学生在参加工作之初都会感觉很无助，就是因为不了解社会，不懂得企业的规则。所以在大学期间，经常参加社会活动，经常到企业实习锻炼，对未来参加工作大有好处。

（5）师生、同学间交流。这是提高沟通能力的最佳方法，最好的交友方式。在大学中，要善于交流和倾听，在倾听与交流中学习知识，学习周围人的优点，不断提高自己。

二、大二的学习规划

经过一年的学习和总结，逐渐掌握了自己的优势和不足。为了毕业后能更好地在社会上立足，要通过在大学期间的学习学到更多的本领，提高自己认识事物判断事物的能力。

大二是非常关键的一年，要学很多专业课，要制订切实可行的学习计划，学习计划可帮助自己达到学习目的，可推动自己积极主动学习和克服困难。所以，对大二的学业做一个整体细致的规划非常重要。

1. 学习目的

就是要学习专业基础知识和专业知识，打下坚实的理论基础，提高自己的专业知识和专业技能。

2. 学习目标

学习目标是学习和努力的方向，正确的学习目标能提高学习针对性，并产生为实现这一目标去奋斗的力量。没有明确的学习目标，就像漫步在街头不知走向何处的流浪汉一样，是对学习时光的极大浪费。大二的学习其中一项目标主要是学好英语，争取通过英语四级和计算机二级考试。并努力学好其他课程，争取在期末拿到奖学金。同时可利用周末课余时间实习接触社会，了解社会需求，明确学习方向，或为考研做好准备。

3. 学习计划

要想学习成绩好，就要制订一个切实可行的学习计划，用以指导自己的学习。“凡事预则立，不预则废”。有计划就可以合理安排时间，恰当分配精力。在努力学习本专业知识的前提下，充分利用课后业余时间，查阅与本专业相关的其他书籍，广泛学习物流专业的相关知识，扩大专业知识范围，从而明确什么是物流管理，毕业后从事什么样的职业及今后的努力方向。如果准备考研，还要重点制订相应的考研学习计划。在总的学习计划制订的基础上还要制订分科学习计划，保证各科都能顺利通过考试。

在大二期间，一定要珍惜自己所做过的努力，充分发挥自己的长处，树立信心，学习计划制订后，也应根据平时的学习情况做适当的调整。一定要持之以恒，坚决执行学习计划，努力过好大二的学习生活。

三、大三的学习规划

大三是整个大学生活中最为关键的一年，学生面临两种选择，一是继续深造考研，二是选择就业。这就要求大三这一年要特别努力，做好学业规划，为考研或就业做好充分准备，打好基础。在这一学年里要做到以下几点：

1. 学习方面

努力学好专业课程，掌握专业的基本知识和技能。没有扎实的专业基础，就没法进入专业领域里去深入探究。因此在大三的学习中，将专业知识的学习放在首位是毋庸置疑的。

在大三学习专业知识的过程中，要改进学习方法，做到认真追求科学，深入探究，用适用的方法去攻克难题，掌握基础知识和解决问题的方法，并多思考为什么。提炼老师讲解知识的思路，学会总结概括知识的框架，通过归纳和联想，将整个知识体系构建起来。课前认真预习课本知识，课上高效认真地听老师讲解，自主思考，积极主动，课后及时独立地完成老师布置的学习任务，并选择多看参考书籍，勤于思考，做一定量的题目来夯实基础。在专业知识学习中，不懂的问题要主动向老师和同学请教，并能提出问题，把握老师和同学讲解的重点和思路，及时进行总结和回顾。对于专业知识，不但要把握理论基础，还要学会实践技能，学会知识的拓展和利用，不做死读书的“书呆子”。

2. 阅读方面

要广泛阅读与专业相关的文献期刊或其他拓展类的书籍。大学生不可只通一业，也不可通万业而无专长。大三的一年中，要拓展专业知识面，培养学习能力，养成良好的阅读习惯。

3. 资格考试方面

要力争考取相关的职业资格证和英语六级证书，争取得到与专业领域有关的资格认证，为就业增加砝码。

4. 职业规划方面

做到未雨绸缪，尽量多参加学校和社会举办的各种招聘会，面对众多的工作和实习机会，主动向职场前辈咨询，根据个人兴趣与职业取向做好职业规划，逐步思考自己的就业兴趣和未来的职业目标。

5. 考研方面

考研在大三学年阶段将不再是一个心里的想法、冲动或计划，而是一种行动。每个人的性格和学习方法不同，有的人大三学年就开始准备考研，有的人认为大四学年再准备也好。但是英语、政治和高等数学这三门必考课要尽早准备，为以后的专业课复习提供更多的时间。要确定考研的目标，有了目标才有动力，了解目标，才更有方向感。要了解所报考学校、专业及导师的相关信息，了解这所学校要求的考研科目，如果有自己的短板可以考虑改变目标；了解专业信息，好的学校不一定都是好的专业，好的专业不一定在好的学校；了解未来的导师，导师的高度在一定程度上决定研究生毕业后工作平台的高度。要尽量多了解这方面的信息。

大三的学生，已经没有了犹豫没有了稚气，需要做的是坚定自己的信念，脚踏实地、一步一个脚印地走好这一年。

四、大四的学习规划

大四是整个大学学习生活的最后一个学年，这个学年往往是学生比较懈怠，缺乏学习动力的一个学年。千万不要忽视大四这个学年，面临就业、考研、毕业实习和毕业设计（论文）的压力，一旦放松了自己的学习，将会造成严重的后果。大四的规划如下：

1. 专业课和专业选修课的学习

大四学年的第七学期还有几门专业课要学习，一定要一如既往，保持前几年的学习劲头，顺利通过专业课和专业选修课的考试，掌握这些课程的基本理论和方法。

2. 毕业实习

毕业实习是指学生在毕业之前、学完全部课程之后到实习现场参与一定实际工作，通过综合运用专业知识及基础知识解决实际问题，使学生获取独立工作能力，在思想上、业务上得到全面锻炼，并进一步掌握专业技术的实践教学形式。它往往是与毕业设计（或毕业论文）相联系的一个准备性教学环节。有目的的围绕毕业设计（或毕业论文）进行毕业实习，以便在实践中获得有关资料，为进行毕业设计或撰写毕业论文做好准备，培养学生的综合职业能力。要根据自己的专业和工作取向，联系实习的公司，为毕业设计撰写做好准备。根据要求，要认真记好实习日记，写好实习报告。

3. 毕业论文

毕业设计（论文）是高等学校本科生教学计划的重要组成部分，是理论与实践相结合，教学与科研、生产相结合的过程，是本科生必不可少的教学阶段，是对学生进行综合素质教育的重要途径，它有着任何课堂教学或教学实习所不可替代的功能，因而在培养高级专门人才过程中有着特殊的地位。要认真做好毕业设计（论文），选题要结合实际，认真写作，完成一份合格的毕业设计（论文）。

4. 考研

考研，即参加硕士研究生入学考试。考研要符合国家标准，按照以下程序：与学校联系、先期准备、报名、初试、调剂、复试、复试调剂、录取依次进行。

硕士研究生入学考试的初试通常于12月底或者下一年的1月进行，复试通常于下一年的3—5月进行，具体日期各高等院校会自行安排。考研的学生要做好充分的准备，争取考出好成绩。

5. 就业准备

就业的含义是指在法定年龄内的有劳动能力和劳动愿望的人们所从事的为获取报酬或经营收入进行的活动。毕业生要参加各类招聘会，广泛联系就业单位，达成就业意向后，要和用人单位签订由学校发放的就业协议书。该协议书是转递毕业生档案和户口关系，办理报到落户手续的依据，学校凭毕业生已签订的就业协议书派遣毕业生的档案、户口。如果不签订就业协议书，毕业生毕业后的人事档案、户口等关系就可能会被派回到生源地，因此，毕业生在找到合适的工作单位后，就可与单位签订就业协议书。就业协议书上除了用人单位盖章外，还需由用人单位上级人事主管部门盖章。

毕业生到民营企业、三资企业、乡镇企业等单位工作时会碰到一个具体问题，这些法人实体没有上级人事主管部门。这就需要用人单位到各地的人才交流中心办理人事代理手续，来解决该单位接收毕业生人事关系的问题。只要用人单位持营业执照和公章到有关人才交流中心免费办理人事代理开户手续，就业协议书的鉴证、档案的接收、落户、党组织关系、甚至驾驶执照关系，都可由有关人才交流中心来为用人单位接收和办理。

大四是人生最重要的一个转折点，是由学生进入社会的关键一步，必须把握好，为自己今后的职业生涯打好基础。

第三节　职业生涯规划

一、职业的概念

职业是指人们从事的相对稳定的、有收入的、专门类别的工作。职业是参与社会分工，利用专门的知识和技能，为社会创造物质财富和精神财富，获取合理报酬作为物质生活来源，并满足精神需求的工作。

1. 职业的社会学界定

(1) 职业是社会分工体系中的一种社会位置；

(2) 职业是从事某种相同工作内容的职业群体；

(3) 职业同权利紧密相连；

(4) 职业是国家确定和认可的。

2. 职业的经济学界定

(1) 职业是社会分工体系中劳动者所获得的一种劳动角色；

(2) 职业是一种社会性的活动，具有社会性；

(3) 职业具有连续性和稳定性；

(4) 职业具有经济性。

3. 职业的特征

(1) 职业的社会属性。职业是人类在劳动过程中的分工现象，它体现的是劳动力与劳动资料之间的结合关系，其实也体现出劳动者之间的关系，劳动产品的交换体现的是不同职业之间的劳动交换关系。这种劳动过程中结成的人与人的关系无疑是社会性的，他们之间的劳动交换反映的是不同职业之间的等价关系，这反映了职业活动职业劳动成果的社会属性。

(2) 职业的规范性。职业的规范性应该包含两层含义：一是指职业内部的规范操作要求性，二是指职业道德的规范性。不同的职业在其劳动过程中都有一定的操作规范性，这是保证职业活动的专业性要求。当不同职业在对外展现其服务时，还存在一个伦理范畴的规范性，即职业道德。这两种规范性构成了职业规范的内涵与外延。

(3) 职业的功利性。职业的功利性也叫职业的经济性，是指职业作为人们赖以谋生的劳动过程中所具有的逐利性一面。职业活动中既满足职业者自己的需要，同时，也满足社会的需要，只有把职业的个人功利性与社会功利性相结合起来，职业活动及其职业生涯才具有生命力和意义。

(4) 职业的技术性和时代性。职业的技术性指不同的职业具有不同的技术要求，每一种职业往往都表现出一定相应的技术要求。职业的时代性指职业由于科学技术的变化，人们生活方式、习惯等因素的变化导致职业打上那个时代的烙印。

4. 我国职业的划分

社会分工是职业分类的依据。在分工体系的每一个环节上，劳动对象、劳动工具以及劳动的支出形式都各有特殊性，这种特殊性决定了各种职业之间的区别。世界各国国情不同，其划分职业的标准有所区别。根据我国不同部门公布的标准分类，我国职业分类主要有两种类型：

第一种：《职业分类与代码》(GB/T 6565—2015)。该《标准》依据在业人口所从事的工作性质的同一性进行分类，将全国范围内的职业划分为大类、中类、小类三层。其中8个大类的排列顺序是：第一大类，党的机关、国家机关、群众团体和社会组织、企事业单位负责人；第二大类，专业技术人员；第三大类，办事人员和有关人员；第四大类，社会生产服务和生活服务人员；第五大类，农、林、牧、渔业生产及辅助人员；第六大类，生产制造及有关人员；第七大类，军人；第八大类，不便分类的其他劳动者。在八个大类中，第一、二大类主要是脑力劳动者，第三大类包括部分脑力劳动者和部分体力劳动者，第四、五、六、七大类主要是体力劳动者，第八类是不便分类的其他劳动者。

第二种：《国民经济行业分类》(GB/T 4757—2011)。这项标准主要按企业、事业单位、机关团体和个体从业人员所从事的生产或其他社会经济活动的性质的同一性分类，即按其所属行业分类，将国民经济行业划分为门类、大类、中类、小类四级。门类共20个：A. 农、林、牧、渔业；B. 采矿业；C. 制造业；D. 电力、热力、燃气及水生产和供应业；E. 建筑业；F. 批发和零售业；G. 交通运输、仓储和邮政业；

H. 住宿和餐饮业；I. 信息传输、软件和信息技术服务业；J. 金融业；K. 房地产业；L. 租赁和商务服务业；M. 科学研究和技术服务业；N. 水利、环境和公共设施管理业；O. 居民服务、修理和其他服务业；P. 教育；Q. 卫生和社会工作；R. 文化、体育和娱乐业；S. 公共管理、社会保障和社会组织；T. 国际组织。这两种分类方法符合我国国情，简明扼要，具有实用性，也符合我国的职业现状。

二、职业生涯的内涵

生涯具有人生经历、生活道路和职业、专业、事业的含义。

1. 职业生涯的含义

根据中国职业规划师协会定义：职业生涯就是一个人的职业经历，它是指一个人一生中所有与职业相联系的行为与活动以及相关的态度、价值观、愿望等连续性经历的过程，也是一个人一生中职业、职位的变迁及工作、理想的实现过程。简言之，职业生涯是指个体职业发展的历程，一般是指一个人终生经历的所有职业发展的整个历程。社会学家麦克·法兰德指出：职业生涯是指一个人依据理想的长期目标，所形成的一系列工作选择以及相关的教育和训练活动，是有计划的职业发展历程。职业生涯也是个人职业、社会与人际关系的总称，即个人终身发展的历程。美国学者舒伯；中国台湾学者林幸台等对职业生涯的定义都有详细的论述。

职业生涯是一个动态的过程，它并不包含在职业上成功与否，每个工作着的人都有自己的职业生涯。职业生涯是贯穿一生职业历程的漫长过程。科学地将其划分为不同的阶段，明确每个阶段的特征和任务，做好规划，对更好地从事自己的职业，实现确立的人生目标有重要作用。

2. 对职业生涯的理解

(1) 职业生涯表示一个人一生在各种职业岗位上的整个经历；

(2) 职业生涯由行为活动与态度、价值观等方面组成；

(3) 职业生涯是一种过程，是一生中所有与工作相关的连续经历；

(4) 职业生涯受各方面因素的影响。影响个人职业生涯发展的因素包括进取心与责任心、自信心、自我表现认识和自我表现调节、情绪稳定性、社会敏感性、社会接纳性、社会影响力等。

中国儒教圣人孔子曾说："吾十有五而志于学，三十而立，四十而不惑，五十而知天命，六十而耳顺，七十而从心所欲，不逾矩。"这段话正是他的职业生涯和他的人生成长过程的精辟写照。

三、职业生涯规划

1. 职业生涯规划的含义

职业生涯规划，是指将个人发展与组织发展相结合，对决定一个人职业生涯的主客观因素进行分析、总结和测定，确定一个人的事业奋斗目标，并选择实现这一事业目标地职业，编制相应的工作、教育和培训的行动计划，对每一步骤的时间、顺序和方向做出合理的安排。也可以理解为通过个人和组织相结合，对个人职业生涯的主客观条件进行测定、分析、研究和总结，尤其是在对自己的兴趣、爱好、个性、能力、价值观、特长、经历以及存在的不足等各方面进行综合分析的基础上，确定最佳的职业奋斗目标，并为实现这一目标做出行之有效的安排。

2. 职业生涯规划的期限

（1）短期规划，为五年以内的规划，主要是确定当下的职业目标和需要完成的任务。

（2）中期规划，一般为规划五年至十年内的目标与任务。

（3）长期规划，其规划时间是十年以上，主要设定较长远的目标。

3. 职业生涯规划的特性

（1）可行性。规划要有事实依据，不要做美好幻想或不着边际的想象，否则将会耽误良机。

（2）适时性。规划是预测未来的行动，确定将来的目标，因此各项主要活动，何时实施、何时完成，都应有时间和时序上的妥善安排，以作为检查行动的依据。

（3）适应性。规划未来的职业生涯目标，牵涉到多种可变因素，因此规划应有弹性，以增加其适应性。

（4）连续性。人生每个发展阶段应能持续连贯性衔接。

4. 职业生涯规划必须考虑的因素

（1）个人自身的因素。

（2）所在组织提供的发展条件的因素。

（3）社会环境所给予的支持和制约因素。

5. 职业生涯规划的作用

（1）确认人生的方向，提供奋斗的策略。

（2）突破并塑造清新充实的自我。

（3）准确评价个人特点和强项。

（4）评估个人目标和现状的差距。

(5) 准确定位职业方向。

(6) 重新认识自身的价值并使其增值。

(7) 发现新的职业机遇。

(8) 增强职业竞争力。

案例：砌墙工人的命运

三个工人在砌一堵墙。有人过来问："你们在干什么？"第一个人没好气地说："没看见吗？砌墙。"第二个人抬头笑了笑，说："我们在盖一幢高楼。"第三个人边干边哼着歌曲，他的笑容很灿烂开心："我们正在建设一个新城市。"

10 年后，第一个人在另一个工地上砌墙；第二个人坐在办公室中画图纸，他成了工程师；第三个人呢，是前两个人的老板。

四、职业生涯规划系统

职业生涯规划系统中，要处理好自我与职业、组织与职业、环境与职业的关系，这样才能制定出切合实际的职业生涯规划。

1. 自我与职业

自我亦称自我意识或自我概念，主要是指个体对自己存在状态的认知，是个体对其社会角色进行自我评价的结果。在我们的经验中，觉察到自己的一切而区别于周围其他的物与其他的人，这就是自我，就是自我意识。这里所说自己的一切指我们的躯体，我们的生理与心理活动。

(1) 弗洛伊德的人格结构。精神分析学派的创始人弗洛伊德在他的心理学中阐述了他的自我概念。弗洛伊德认为，人格由本我、自我、超我组成。

①"本我"即原我，指原始的自己。来自人的本能，在社会生活中表现出追求各种个人欲望的满足和追求个人利益实现的特征；本我是人的生物性本能，只知快乐，活动盲目。

②"自我"是人的理性部分，往往处于社会生活的现实要求、超我的道德追求与本我的利益追求之间，按照现实原则协调矛盾，尽可能地寻找权宜之计，是个体最终行为表现的决策者，时而管理本我，时而服从超我。只有自我知道活动的目的和方向。

③"超我"来自社会文化，是个体在成长经历中已经内化为自身价值观念的种种文化信念，其中以道德、信仰为主要内容，超我是人内化了的社会道德原则。这些社会文化与道德信念对个体的要求，往往以牺牲个人服从整体为主，甚至要求个体行为完全道德化，因而与本我相对立。超我是人格结构中代表理想的部分。

（2）费茨的自我概念维度。①生理自我，指一个人对自己的身体、健康状况、外貌、动作技能等方面的感受；②道德伦理自我，指一个人对自己的道德价值，人生观的看法；③心理自我，指一个人对个人价值与能力的评价；④家庭自我，指一个人对于自己成长的感受与作为家庭一份子的价值感与胜任感；⑤社会自我，指一个人在与他人交往中对自己的能力、价值的一种看法。

2. 组织与职业

大学生刚刚进入职场，一定要了解学校与职场、个体与组织的不同，这样才能制定出既符合组织要求，又满足个人发展的职业生涯规划。

（1）学校与职场的不同。表现为：①目标的不同；②压力的不同；③人际关系的不同；④考核的不同；⑤思维的不同。

（2）个体与组织的不同。表现为：①任何一个组织都是由个体构成的；②组织具有单个个体之外的特质；③个体可以同时跨越多个组织；④个体的职业生涯可能涉及多个组织。

3. 环境与职业

（1）每个人都是环境中的一员，很难去改变环境；

（2）社会环境的变化体现在不同行业的变迁；

（3）学会适应环境。

五、职业生涯规划理论

1. 帕森斯的特质因素理论

美国波士顿大学帕森斯的特质因素理论又称帕森斯的人职匹配理论，特质因素论是最早的职业辅导理论，1909 年美国波士顿大学教授弗兰克·帕森斯（Frank Parsons）在其《选择一个职业》的著作中提出了人与职业相匹配是职业选择的焦点的观点，他认为，个人都有自己独特的人格模式，每种人格模式的个人都有其相适应的职业类型。所谓“特质”，就是指个人的人格特征，包括能力倾向、兴趣、价值观和人格等，这些都可以通过心理测量工具来加以评量。所谓“因素”，则是指在工作上要取得成功所必须具备的条件或资格，这可以通过对工作的分析而了解。帕森斯提出职业选择的三大要素：

（1）自我了解。

（2）获得有关职业的知识。

（3）整合有关自我与职业世界的知识。

2. 弗鲁姆的择业动机理论

美国心理学家弗鲁姆（Victor. H. Vroom）通过对个体择业行为的研究认为，个体行为动机的强度取决于效价的大小和期望值的高低，动机强度与效价及期望值成正比，1964年在《工作和激励》一书中，他提出了解释员工行为激发程度的期望理论。期望理论的公式为：

$$F=V\cdot E$$

式中，员工个体行为动机的强度（F）取决于效价大小（V）和期望值（E）的高低。效价越大，期望值越高，员工行为动机越强烈，就是说为达到一定目标，他将付出极大努力。如果效价为零乃至负值，表明目标实现对个人毫无意义。在这种情况下，目标实现的可能性再大，个人也不会产生追逐目标的动机，不会为此付出任何积极性，付出任何的努力。如果目标实现的概率为零，那么无论目标实现意义多么重大，个人同样不会产生追求目标的动机。弗鲁姆提出个人如何进行职业选择可分两步：

（1）确定择业动机（择业动机=职业效价×职业概率）。

（2）比较择业动机，确定选择的职业。

3. 舒伯的终身职业生涯发展理论（彩虹理论）

从1957年到1990年，美国著名职业生涯规划大师舒伯（Donald E. Super）拓宽和修改了他的终身职业生涯发展理论，这期间他最主要的贡献是“生涯彩虹图”。1976到1979年间，舒伯在英国进行了为期四年的跨文化研究，提出了一个更为广阔的新观念——生活广度、生活空间的生涯发展观（Life－span，Life－space career development）(1981)，舒伯加入了角色理论，并将生涯发展阶段与角色彼此间交互影响的状况，描绘出一个多重角色生涯发展的综合图形。这个生活广度、生活空间的生涯发展图形，舒伯将它命名为“一生生涯的彩虹图”（Life－career rainbow），形象地展现了生涯发展的时空关系，更好地诠释了生涯的定义。舒伯提出了职业生涯发展5阶段论。

（1）成长阶段（0～14岁）。该阶段孩童开始发展自我概念，开始以各种不同的方式来表达自己的需要，且经过对现实世界不断地尝试，修饰他自己的角色。

这个阶段发展的任务是，发展自我形象，发展对工作世界的正确态度，并了解工作的意义。这个阶段共包括三个时期：一是幻想期（4～10岁），它以“需要”为主要考虑因素，在这个时期幻想中的角色扮演很重要；二是兴趣期（11～12岁），它以“喜好”为主要考虑因素，喜好是个体抱负与活动的主要决定因素；三是能力期（13～14岁），它以“能力”为主要考虑因素，能力逐渐具有重要作用。

（2）探索阶段（15～24岁）。该阶段的青少年，通过学校的活动、社团休闲活动、打零工等机会，对自我能力及角色、职业作了一番探索，因此选择职业时有较大弹性。

这个阶段发展的任务是，使职业偏好逐渐具体化、特定化并实现职业偏好。这阶段共包括三个时期：一是试探期（15～17岁），考虑需要、兴趣、能力及机会，做暂时的决定，并在幻想、讨论、课业及工作中加以尝试；二是过渡期（18～21岁），进入就业市场或专业训练，更重视现实，并力图实现自我观念，将一般性的选择转为特定的选择；三是试验并稍作承诺期（22～24岁），生涯初步确定并试验其成为长期职业生活的可能性，若不适合则可能再经历上述各时期以确定方向。

（3）建立阶段（25～44岁）。由于经过上一阶段的尝试，合适者会谋求变迁或作其他探索，因此该阶段较能确定在整个事业生涯中属于自己的“位子”，并在31～40岁，开始考虑如何保住这个“位子”，并固定下来。

这个阶段发展的任务是统整、稳固并求上进。这个阶段细分又可包括两个时期：一是试验承诺稳定期（25～30岁），个体寻求安定，也可能因生活或工作上若干变动而尚未感到满意；二是建立期（31～44岁），个体致力于工作上的稳固，大部分人处于最具创意时期，由于资深往往业绩优良。

（4）维持阶段（45～64岁）。个体仍希望继续维持属于他的工作“位子”，同时会面对新的人员的挑战。

这一阶段发展的任务是维持既有成就与地位。

（5）衰退阶段（65岁以后）。由于生理及心理机能日渐衰退，个体不得不面对现实从积极参与到隐退。这一阶段往往注重发展新的角色，寻求不同方式以替代和满足需求。

在上述舒伯的生涯发展阶段中，每一阶段都有一些特定的发展任务需要完成，每一阶段需达到一定的发展水准或成就水准，而且前一阶段发展任务的达成与否关系到后一阶段的发展。在以后的研究岁月中，舒伯对发展任务的看法又向前跨了一步。他认为在人一生的生涯发展中，各个阶段同样要面对成长、探索、建立、维持和衰退的问题，因而形成“成长—探索—建立—维持—衰退”的循环。

举例来说，如一个大学一年级的新生，必须适应新的角色与学习环境，经过“成长”和“探索”。一旦“建立”了较固定的适应模式，同时“维持”了大学学习生活之后，又要开始面对另一个阶段——准备求职。原有的已经适应了的习惯会逐渐衰退，继而对新阶段的任务又要进行“成长”“探索”“建立”“维持”直至“衰退”。

4. 格林豪斯的职业生涯发展阶段理论

美国心理学博士格林豪斯（Greenhouse）的研究侧重于不同年龄段职业生涯所面临的主要任务，并以此为依据将职业生涯划分为五个阶段：职业准备阶段、进入组织阶段、职业生涯初期、职业生涯中期和职业生涯后期。形成他的职业生涯发展理论。

（1）职业准备（0～18岁）。主要任务：发展职业想象力，对职业进行评估和选择，接受必需的职业教育。

（2）进入组织（18～25岁）。主要任务是在一个理想的组织中获得一份工作，在获取足量信息的基础上，尽量选择一种合适的、较为满意的职业。

（3）职业生涯初期（25～40岁）。学习职业技术，提高工作能力；了解和学习组织纪律和规范，逐步适应职业工作，适应和融入组织；为未来的职业成功做好准备，是该期的主要任务。

（4）职业生涯中期（40～55岁）。主要任务：需要对早期职业生涯重新评估，强化或改变自己的职业理想；选定职业，努力工作，有所成就。

（5）职业生涯后期（55岁以后）。继续保持已有职业成就，维护尊严，准备引退，是这一阶段的主要任务。

六、职业生涯规划的方法与步骤

1. 生涯兴趣与类型分析

（1）实际型（Realistic）：具有运动或机械活动倾向，喜欢需要动手使用工具或机器来完成任务的工作。要求明确的、具体的体力任务和操作技能；需要立即行动和获得强化；较低的人际关系要求；喜欢户外的活动。适合电机、电子工程师、建造师等。

（2）调研型（Investigative）：具有技术倾向，逻辑、系统，并喜欢科学地解决抽象问题。具备思考和创造能力；社交要求不高；思考任务定向；要求实验室设备但不需要强体力劳动。适合化学师、营养师、玻璃工艺师、修理师、记者等。

（3）艺术型（Artistic）：具有敏感、情感化、直觉和想象倾向，注重美感，喜欢通过各种媒体表达自己，具有持续的创造动机。倾向于通过语言、动作、色彩和形体表达审美原则；喜好单独工作；对友谊有特殊标准；长时间埋头苦干。适合艺术家、厨师、橱窗设计师、都市规划师等。

（4）社会型（Social）：具有理想化、乐于助人、善解人意和乐于支持的倾向，喜欢教课、培训、发展他人，致力于提高他人的生活质量。解释和修正人类行为；要求高水平的沟通技能；热情助人；延迟强化；强调威望。适合饭店经理、拍卖师、报纸经销商、贸易商等

（5）企业型（Enterprising）：具有雄心、鼓动性、有活力的倾向，喜欢竞争性和有影响的活动，有实现组织目标或经济目的的强烈动机。有说服他人的能力；需要管理行为；完成督察性角色；需要作言语反应。适合教师、护士、社会工作人员、保姆、旅游业者等。

（6）常规型（Conventional）：具有有规则、有效率、尽职的、坚持的、有系统的倾向，喜欢已经界定好的口头和数字任务，坚持按照程序和步骤进行活动。要求系统的、常规的行为；人际技能要求低；规章制度明确。适合银行经理、系统分析师、秘书、个人助理、饭店接待员等。

2. 职业生涯规划制定的具体方法

许多职业咨询机构和心理学专家进行职业咨询和职业规划时常常采用的一种方法就是有关 5 个“W”的思考的模式。从问自己是谁开始，然后顺着问下去，共有 5 个问题：

①Who are you? 你是谁？②What you want? 你想干什么？③What can you do? 你能干什么？④What can support you? 环境支持或允许你干什么？⑤What you can be in the end? 最终的职业目标是什么？回答了这五个问题，找到它们的最高共同点，你就有了自己的职业生涯规划。

第一个问题“我是谁?”应该对自己进行一次深刻地反思，有一个比较清醒地认识，优点和缺点，都应该一一列出来。

第二个问题“我想干什么?”是对自己职业发展的一个心理趋向的检查。每个人在不同阶段的兴趣和目标并不完全一致，有时甚至是完全对立的。但随着年龄和经历的增长而逐渐固定，并最终锁定自己的终身理想。

第三个问题“我能干什么?”则是对自己能力与潜力的全面总结，一个人职业的定位最根本的还要归结于他的能力，而他职业发展空间的大小则取决于自己的潜力。对于一个人潜力的了解应该从几个方面着手去认识，如对事的兴趣、做事的韧性、临事的判断力以及知识结构是否全面、是否及时更新等。

第四个问题“环境支持或允许我干什么?”这种环境支持在客观方面包括本地的各种状态比如经济发展、人事政策、企业制度、职业空间等；人为主观方面包括同事关系、领导态度、亲戚关系等，两方面的因素应该综合起来看。有时我们在职业选择时常常忽视主观方面的东西，没有将一切有利于自己发展的因素调动起来，从而影响了自己的职业切入点。而在国外通过同事、熟人的引进找到工作是最正常也是最容易的。当然我们应该知道这和一些不正常的“走后门”等不提倡的方式有着本质的区别。这种区别就是这里的环境支持是建立在自己的能力之上的。

第五个问题“自己最终的职业目标是什么?”明晰了前面四个问题，就会从各个问题中找到对实现有关职业目标有利和不利的条件，列出不利条件最少的、自己想做而且又能够做的职业目标，那么自然就有了一个清楚明了的框架。最后，将自我职业生涯计划列出来，建立形成个人发展计划书档案，通过系统的学习、培训，实现就业理想目标：选择一个什么样的单位，预测自我在单位内的职务提升步骤，个人如何从低到高逐级而上。例如从技术员做起，在此基础上努力熟悉业务领域、提高能力，最终达到技术工程师的理想生涯目标；预测工作范围的变化情况，不同工作对自己的要求及应对措施；预测可能出现的竞争，如何相处与应对，分析自我提高的可靠途径；如果发展过程中出现偏差，如果工作不适应或被解聘，如何改变职业方向。

3. 职业生涯规划制定的基本步骤

每个人都渴望成功，但并非都能如愿。了解自己、有坚定的奋斗目标，并按照情况的变化及时调整自己的计划，才有可能实现成功。这就需要进行职业生涯的自我规划。职业生涯规划的步骤是：

（1）自我评估。自我评估包括对自己的兴趣、特长、性格的了解，也包括对自己的学识、技能、智商、情商的测试，以及对自己思维方式、思维方法、道德水准的评价等。自我评估的目的，是认识自己、了解自己，从而对自己所适合的职业和职业生涯目标做出合理的抉择。

（2）职业生涯机会的评估。职业生涯机会的评估，主要是评估周边各种环境因素对自己职业生涯发展的影响。在制定个人的职业生涯规划时，要充分了解所处环境的特点、掌握职业环境的发展变化情况、明确自己在这个环境中的地位以及环境对自己提出的要求和创造的条件等。只有对环境因素充分了解和把握，才能做到在复杂的环境中避害趋利，使你的职业生涯规划具有实际意义。环境因素评估主要包括：组织环境、政治环境、社会环境、经济环境。

（3）确定职业发展目标。俗话说：“志不立，天下无可成之事。”立志是人生的起跑点，反映着一个人的理想、胸怀、情趣和价值观。在准确地对自己和环境做出了评估之后，我们可以确定适合自己、有实现可能的职业发展目标。在确定职业发展的目标时要注意自己性格、兴趣、特长与选定职业的匹配，更重要的是考察自己所处的内外环境与职业目标是否相适应，不能妄自菲薄，也不能好高骛远。合理、可行的职业生涯目标的确立决定了职业发展中的行为和结果，是制定职业生涯规划的关键。

（4）选择职业生涯发展路线。在职业目标确定后，向哪一路线发展，如是走技术路线，还是管理路线，是走技术＋管理（技术管理）路线，还是先走技术路线、再走管理路线等，此时要做出选择。由于发展路线不同，对职业发展的要求也不同。因此，在职业生涯规划中，必须对发展路线做出抉择，以便及时调整自己的学习、工作以及各种行动措施沿着预定的方向前进。

（5）制定职业生涯行动计划与措施。在确定了职业生涯的终极目标并选定职业发展的路线后，行动便成了关键的环节。这里所指的行动，是指落实目标的具体措施，主要包括工作、培训、教育、轮岗等方面的措施。对应自己行动计划可将职业目标进行分解，即分解为短期目标、中期目标和长期目标，其中短期目标可分为日目标、周目标、月目标、年目标，中期目标一般为三至五年；长期目标为五至十年。分解后的目标有利于跟踪检查，同时可以根据环境变化制订和调整短期行动计划，并针对具体计划目标采取有效措施。职业生涯中的措施主要指为达成既定目标，在提高工作效率、学习知识、掌握技能、开发潜能等方面选用的方法。行动计划要对应相应的措施，要层层分解、具体落实，细致的计划与措施便于进行定时检查和及时调整。

（6）评估与回馈。影响职业生涯规划的因素很多，有的变化因素是可以预测的，而有的变化因素难以预测。在此状态下，要使职业生涯规划行之有效，就必须不断地对职业生涯规划执行情况进行评估。首先，要对年度目标的执行情况进行总结，确定哪些目标已按计划完成，哪些目标未完成。然后，对未完成目标进行分析，找出未完成原因及发展障碍，制定相应解决障碍的对策及方法。最后，依据评估结果对下年的计划进行修订与完善。如果有必要，也可考虑对职业目标和路线进行修正，但一定要谨慎考虑。

4. 职业生涯规划书的撰写

职业生涯规划书主要包括以下几部分：

（1）前言。

（2）自我分析：气质、性格、兴趣爱好、价值观、能力素质等。

（3）专业就业方向及前景分析。

（4）职业分析：职业选择、自身 SWOT 分析、职业要求、存在差距等。

（5）行动计划。

（6）结语。

实践课程　撰写职业生涯规划书

完成时间：一周。

作业形式：交 A4 纸打印稿、电子稿各一份。

要求字数：3000 字以上。

第七章　创业管理

引例

物流公司创业计划书

一、背景

美国专家预言：21 世纪将是物流的世界，谁掌握了物流就等于掌握了市场的主动权。

我国近年来物流业发展迅速，形成了一些著名的有实力的物流公司，如中铁快运、中远集团、中外运集团和中储集团等。著名企业海尔已经进入物流行业。专业化的第三方物流公司发展迅速，物流配送社会化、专业化日益明显。

沿海大城市的区域性物流格局正在形成，北京、深圳、广州、上海等地区都在勾画区域性物流圈。深圳市规划建设了以国际物流为导向的六大物流园区。广州市正在启动建设四大物流中心。上海市把物流作为产业替代、结构升级的新兴产业，正建设集国际、区域和市域三个层面并举的综合物流节点。北京市把物流业发展作为提升北京经济辐射聚集能力的重点战略。

××市第××届人民代表大会第×次会议上，市长所作的政府工作报告中明确提出：制定实施《××市现代物流业发展规划》，重点建设×综合物流园、×物流配送中心、×物流配送中心、×物流中心、×物流中心和×物流中心等“一园五中心”工程，加快构筑区域性物流中心框架。

我们将目标选定在一个有开发潜力市场——××地区，选择一个有良好的基础设施的城市——××市，依靠当地优惠的政策，一切从零开始，凭借我们的能力，依靠我们的技术去发展该地区的物流产业，进而联合国内市场，进军国际市场。

二、公司简介

公司将是该地区的一家第三方物流公司。公司致力于整合地区的物流资源优势，使地方的优势条件充分发挥，形成完备的物流系统，为地方的经济建设提供可靠的保障和有力的支持。

公司将在1～3年内对地区性的物流资源进行整合，形成四省五市交界处的服务一流、设备完备、技术先进、管理到位的地区性的物流公司。

三、提供的服务

服务形式：主要业务包含物流的基本业务即运输、保管（即仓储）、代加工、包装及配送。

服务优势：综合利用资源，减少资源浪费，取代小散企业“各自为战”的现有局面。

四、区域优势分析

××市是新兴的交通枢纽城市，××高速、××高速从境内穿过，××铁路与××铁路在此交汇形成铁路枢纽，这将给企业提供交通的优势。

境内的工业产业发展迅速，有良好的工业基础，农产品丰富。周边地区的工业状况良好。××市周围的五个地级市，有6000万人口。这将为企业提供广阔的物流市场。

五、市场分析

初期，我们所面对的××市的市场是一个完全开放的市场，我们的任务是将本地的现有资源进行整合，形成完整的物流体系。与周边的物流企业协作，国内的生产厂商联合，逐渐扩大规模，完善服务业务和运作及管理水平。

优势在于：××市综合性的第三方物流公司非常少且功能不全，但物流市场完全开放，政策支持，有办物流企业的优惠条件。

六、市场营销

营销目标：以最快的速度进入本地市场，并在周边地区取得一定的市场份额。本着用心服务的原则，与国内的厂商和客户建立良好的合作伙伴关系。

营销策略：凭借过硬的服务，较低的价位去开拓市场。公司将在创业初期采用如下策略：以服务赢得市场的经营策略，完善自身的服务水准。根据市场的需要制定灵活的价格策略，与客户培养良好的伙伴关系，提升公司的区域影响力。通过广告的宣传将我们的品牌打出，用服务支撑我们的品牌。通过电子平台，建立可靠的信息支持系统，为我们公司的决策和服务提供有力的保障。

七、公司组织与人力资源

公司成立之初采用树形结构与横向工作相结合建立完善的部门，依靠项目经理与各个部门通力合作，完成我们的服务。各级管理人员形成一个团队，明确职责，各尽其能。建立有效的激励机制，为员工建立良好的工作环境。

我们相信“我为人人”的服务理念，物流的服务从实质上将依然是为人服务。人不仅是公司以外的客户群，在公司内部我们也会人尽其才，才能确保物尽其用，本着尊重人，团结人，服务人的理念塑造企业文化。

我们将与附近的大学联合，定期培训我们业务骨干，不断提高员工素质，将人的成长视为企业成长的基础，对人的继续教育视为企业可持续发展的关键。

八、风险分析及对策

我们已经认识到，机遇与挑战并存。我们将全面分析公司所面临的风险，制定出行之有效的对策，使公司走上可持续发展的道路，

充分考虑市场准入及退出的细则，保证投资商得到应有的收益。

九、财务分析

公司将享受××市特殊的 3 年免税政策。公司总投资 1200 万元，前 3 年平均资产回报率达到 68%，4 年内将收回全部投资。

我们将根据市场的变化及周边地区客户的情况，及时调整财务指标，制订切合实际的预算方案。建立财务审核及监督体系，确保资产的不流失，即投资的收益最大化。实现财务系统电算化，完善基本财务制度，提高财务人员的业务水平。

资料来源：http：//www.diyifanwen.com/zhichangzhinan/cyjhs/1192200214991926.htm

第一节　创业管理的内容和学习方法

一、学习创业管理的必要性

1. 大学生创业的重要意义

(1) 大学生创业可以为社会和个人创造财富。大学生创业有利于激活人才资源和

科技资源，从而促使许多新创意、新科技能够迅速实现应用，为社会带来巨大的财富和价值。与传统就业相比，创业具有较高的风险，但也有较高的回报。现实生活中很少有人仅仅依靠为别人工作而变得非常富有，创业是最有希望实现致富目标的方式之一。

（2）大学生创业有利于实现自我价值。创业会促使大学生不断创新、超越自我、充分运用个人能力，将聪明才智最大限度地转化为社会的需要，从而获得成功。创业是大学生谋求生存乃至自我价值实现的途径之一。

（3）大学生创业有利于大学生自身的成长。创业的过程，也是锤炼大学生意志品质的过程，会促进大学生更快成长和更加成熟。创业可以使大学生全方位地投入社会实践，使大学生获得宝贵的社会经验，弥补以往经验不足的缺点，创业的大学生能够自己控制自己的工作，自己决定何时何地怎样工作，有助于大学生锻炼自我管理能力。即便创业失败，带来的有益经验也会使创业者比同龄人更快地成长。

2. 学习创业管理的必要性

创业创新是国家战略，是实现中华民族伟大复兴中国梦的必由之路。国家提倡思进思变思发展，创业创新创一流，只有企业创造财富才能推动社会发展，我国的经济发展到了需要全民创业创新的阶段。大学生面临严峻的就业形势，政府对创业前所未有的扶持力度，对创业与创新提出了更高的要求。因此，学习创业管理非常必要。

对于大学生创业，自国家提倡以来，社会上一直有两种截然相反的意见。一种意见认为大学生有较高的素质，创业成功的概率高，国家应该鼓励、多方扶持，将其作为化解大学生就业难的根本办法。另一种意见则认为大学生社会经验少，风险承担能力低，创业很容易失败，故对创业一定要保持冷静的态度。

大学生到底该不该创业，两种意见分歧的焦点在于大学生是否具备创业者的素质。否定者认为，大学生连就业都难，何谈创业，再者，当前的大学教育体制能否培养出真正的创业者，这种观点也有一定的道理。大学生是否具有创业者的素质，创业者的基本素质是什么？大学生在大学里又该如何培养自己的创业素质？这些问题就说明学习创业管理是非常必要的。

大学生一定要搞清楚三个基本问题：该不该创业，想不想创业，能不能创业。

二、创业管理学习的内容

创业管理的学习内容包括：要树立创业的观念、学习创业需要的知识、掌握创业的技能，为进行创业的行动打下基础。

1. 创业意识的培养

创业意识是指人们从事创业活动的强大内驱动力，是创业活动中起动力作用的个性因素，是创业者素质系统中的第一个子系统即驱动系统。主要培养以下意识：

（1）商机意识。真正的创业者，会在他创业之前、创业中和创业后，始终面临着识别商机、发现市场的考验。他必须有足够的市场敏锐度，可以宏观地审视经济环境，洞察未来市场形势的走向，以便作出正确的决策来保证企业的持续发展。

（2）转化意识。仅有商机意识是不够的，还要在机会来临时抓住它，也就是把握机会，把商机转化成实实在在的收入和公司的持续运作，最终实现自己的创业梦想。转化意识就是把商机、机会等转化为生产力；把创业者的才能、在学校学到的知识转化为智力资本、人际关系资本和营销资本。

（3）战略意识。创业初期给自己制订一个合理的创业计划，解决如何进入市场，如何卖出产品等基本问题。创业中期需要制定整合市场、产品、人力方面的创业策略，转换创业初期战略。需要指出的是，创业战略不只有一种，也没有绝对的好坏之分，关键要适合自己的创业之路。在这条路上应时刻保持着战略的高度，不以朝夕得失论成败。

（4）风险意识。创业者要认真分析自己在创业过程中可能会遇到哪些风险，一旦这些风险出现，要懂得应该如何应对和化解。大学生是否具备风险意识和规避风险的能力，将直接影响到创业的成败。

（5）勤奋/敬业意识。大学生创业，一定要务实，要勤奋，不能光停留在理论研究上。可以从小投资开始，逐步积累经验，不能只想着“一口吃个胖子”。资金和人脉虽然重要，但也要有好的思路和想法，并有勇气去迈出第一步。

2. 创业知识的积累

广义的创业知识是指对创业实践过程具有意义的个体的知识系统及其结构，主要包括专业知识、经营管理知识、综合性知识等。只有系统地掌握了有关学科的基本理论和技能，才能为今后创业打下坚实的基础。

狭义的创业知识是指有关创业过程、步骤、方式等本身所运用到的具体知识。比如大学生创业时机的选择、创业机遇的寻找、怎样编写创业计划书、如何开办小型企业、如何进行工商注册、如何向银行贷款等。

创业知识能够体现创业者的文化素质，文化素质越高，创业成功的概率越高。创业知识包括专业知识、经营管理知识和综合性知识。

（1）专业知识。专业是从事某一专业或职业所必须具备的知识，一般是与专业、职业能力结合在一起发挥作用的。

（2）经营管理知识。经营管理知识是从事经营管理工作必须具备的知识。

（3）综合性知识。综合性知识是发挥社会关系运筹作用的多种专门知识，其中包括政策、法规、工商、税务、金融、保险、人际交往、公共关系等知识。

在创业知识的构成中，经营管理知识、综合性知识与经营管理能力和综合性能力一样，具有内部资源配置和社会关系运筹的特征，并与经营管理能力和综合性能力结合在一起，共同发挥作用。

3. 创业能力的培养

创业能力指拥有发现或创造一个新的领域，致力于理解创造新事物（新产品，新市场，新生产过程或原材料，组织现有技术的新方法）的能力，能运用各种方法去利用和开发它们，然后产生各种新的结果。

创业能力分为“硬件”和“软件”，“硬件”就是人力、物力和财力；“软件”就是创业者的个人能力，包括专业技能和创业素质。创业素质包括创业热情、价值观、发现能力及创新能力。其中任何一个方面都是可以再细分的。与就业能力相比较，创业能力比就业能力多的是发现的眼光，创新的智慧。

4. 创业素养的提升

创业素质是指大学生必须具备的思想政治素质、人文素质、专业素质、职业素质、心理素质、身体素质等。通过学习使大学生的综合素质得到明显的提升。

第二节　创业的基本知识

一、创业的基本概念

创业是指承担风险的创业者，通过寻找和把握商业机会，投入已有的技能知识，配置相关资源，创建新企业，为消费者提供产品和服务，为个人和社会创造价值和财富的过程。这里的创业专指创办企业。

创业是从无到有的过程；是一种在资源约束与环境不确定条件下的价值创造过程。

创业是创业者对自己拥有的资源或通过努力能够拥有的资源进行优化整合，从而创造出更大经济或社会价值的过程。创业是一种劳动方式，是一种需要创业者运营、组织、运用服务、技术、器物作业的思考、推理和判断的行为。根据杰夫里·提蒙斯（Jeffry A. Timmons）所著的创业教育领域的经典教科书《创业创造》（*New Venture Creation*）的定义：创业是一种思考、推理结合运气的行为方式，它为运气带来的机会所驱动，需要在方法上全盘考虑并拥有和谐的领导能力。

创业作为一个商业领域，致力于理解创造新事物（新产品，新市场，新生产过程或原材料，组织现有技术的新方法）的机会，如何出现并被特定个体发现或创造，这些人如何运用各种方法去利用和开发它们，然后产生各种结果。

创业是一个人发现了一个商机并加以实际行动转化为具体的社会形态，获得利益，实现价值。科尔（Cole）在1965年把创业定义为：发起、维持和发展以利润为导向的企业的有目的性的行为。

二、创业的要素

1. 创业者

创业者是指某个人发现某种信息、资源、机会或掌握某种技术，利用或借用相应的平台或载体，将其发现的信息、资源、机会或掌握的技术，以一定的方式，转化、创造成更多的财富、价值，并实现某种追求或目标的过程的人。

创业者（Entrepreneur）是一种主导劳动方式的领导人，是一种需要具有使命、荣誉、责任能力的人，是一种组织、运用服务、技术、器物作业的人，是一种具有思考、推理、判断的人，是一种能使人追随并在追随的过程中获得利益的人，是一种具有完全权利能力和行为能力的人。

在欧美学术界和企业界，创业者被定义为组织、管理一个生意或企业并承担其风险的人。创业者的对应英文单词是 entrepreneur，entrepreneur 有两个基本含义：一是指企业家，即在现有企业中负责经营和决策的领导人；二是指创始人，通常理解为即将创办新企业或者是刚刚创办新企业的领导人。

创业者一词由法国经济学家 Cantillon 于 1755 年首次引入经济学。1800 年，法国经济学家萨伊（Say）首次给出了创业者的定义，他将创业者描述为将经济资源从生产率较低的区域转移到生产率较高区域的人，并认为创业者是经济活动过程中的代理人。著名经济学家熊彼特则认为创业者应为创新者；这样，创业者概念中又加了一条，即具有发现和引入新的更好的能赚钱的产品、服务和过程的能力。

2. 商业机会

凡是有利于促进企业生产，有利于企业产品开发和市场开拓，能促进企业经济效益的提高，有利于企业摆脱困境等方面的信息、条件、事件等，都可称之为商业机会。商业机会通常体现为市场上尚未满足和尚未完全满足的有购买力的消费需要，也称为市场机会。

商业机会客观存在于市场过程之中，是一种有利于企业发展的机会或偶然事件，是还没有实现的必然性。

3. 技术

技术是指人们利用现有事物形成新事物，或是改变现有事物功能、性能的方法。技术应具备明确的使用范围和被其他人认知的形式和载体，如原材料（输入）、产成品（输出）、工艺、工具、设备、设施、标准、规范、指标、计量方法等。

技术是人类为了满足自身的需求和愿望，遵循自然规律，在长期利用和改造自然的过程中，积累起来的知识、经验、技巧和手段，是人类利用自然改造自然的方法、技能和手段的总和，但是也是需在实际中多多磨炼才能找到自己技术所在地。

4. 资源

资源是指一国或一定地区内拥有的物力、财力、人力等各种物质要素的总称。分为自然资源和社会资源两大类。前者如阳光、空气、水、土地、森林、草原、动物、矿藏等；后者包括人力资源、信息资源以及经过劳动创造的各种物质财富。

5. 资金

资本是投入（生产资料）的一部分，投入包括：劳务，土地，资本。资本是指生产出来的生产要素，是耐用品。根据现今主流宏观经济学观点，资本可以划分为物质资本、人力资本、自然资源、技术知识。

（1）物质资本（Physical Capital）。物质资本是指用于生产物品与劳务的设备和建筑物存量。

（2）人力资本（Human Capital）。人力资本是经济学家用来指工人通过教育、培训和经验而获得的知识与技能的一个术语。

（3）自然资源（Natural Resources）。自然界提供的生产投入。

（4）技术知识（Technological Knowledge）。对生产物品与劳务的最好方法的了解。

资本是企业经营活动的一项基本要素，是企业创建、生存和发展的一个必要条件。企业创建需要具备必要的资本条件，企业生存需要保持一定的资本规模；企业发展需要不断地筹集资本。

6. 组织

从广义上说，组织是指由诸多要素按照一定方式相互联系起来的系统。从狭义上说，组织就是指人们为实现一定的目标，互相协作结合而成的集体或团体，如党团组织、工会组织、企业、军事组织等。狭义的组织专门指人群而言，运用于社会管理之中。在现代社会生活中，组织是人们按照一定的目的、任务和形式编制起来的社会集团，组织不仅是社会的细胞、社会的基本单元，而且可以说是社会的基础。

7. 产品与服务

产品是指能够提供给市场，被人们使用和消费，并能满足人们某种需求的任何东西，包括有形的物品、无形的服务、组织、观念或它们的组合。产品一般可以分为三个层次，即核心产品、形式产品、延伸产品。核心产品是指整体产品提供给购买者的直接利益和效用；形式产品是指产品在市场上出现的物质实体外形，包括产品的品质、特征、造型、商标和包装等；延伸产品是指整体产品提供给顾客的一系列附加利益，包括运送、安装、维修、保证等在消费领域给予消费者的好处。

产品是“一组将输入转化为输出的相互关联或相互作用的活动”的结果，即“过程”的结果。在经济领域中，通常也可理解为组织制造的任何制品或制品的组合。在《现代汉语词典》当中的解释为“生产出来的物品”。

服务是指为他人做事，并使他人从中受益的一种有偿或无偿的活动。不以实物形式而以提供劳动的形式满足他人某种特殊需要。服务是一种特殊的产品。

三、创业精神及特征

创业精神是指在创业者的主观世界中，那些具有开创性的思想、观念、个性、意志、作风和品质等。创业精神在心理层面是一种思维方式，其基础是创新，在行为层面是发现和把握机会，无论当时如何受资源的制约，都能努力通过创新，从无到有地创造和建立某些事物以满足社会需求、创造价值。创业精神具有以下几方面特征：

1. 高度的综合性

创业精神是由多种精神特质综合作用而成的。诸如创新精神、拼搏精神、进取精神、合作精神等都是形成创业精神的特质精神。

2. 三维整体性

无论是创业精神的产生、形成和内化，还是创业精神的外显、展现和外化，都是由哲学层次的创业思想和创业观念，心理学层次的创业个性和创业意志，行为学层次的创业作风和创业品质三个层面所构成的整体，缺少其中任何一个层面，都无法构成创业精神。

3. 超越历史的先进性

创业精神的最终体现就是开创前无古人的事业，创业精神本身必然具有超越历史的先进性，想前人之不敢想、做前人之不敢做。

4. 鲜明的时代特征

不同时代的人们面对着不同的物质生活和精神生活条件，创业精神的物质基础和精神营养也就各不相同，创业精神的具体内涵也就不同。创业精神对创业实践有重要意义，它是创业理想产生的原动力，是创业成功的重要保证。

四、创业与就业的差异

就业的含义是指在法定年龄内的有劳动能力和劳动愿望的人们所从事的为获取报酬或经营收入进行的活动。如果再进一步分析，则需要把就业从三个方面进行界定：一是就业条件，指在从业者法定劳动年龄内，有劳动能力和劳动愿望；二是收入条件，指就业者获得一定的劳动报酬或经营收入；三是时间条件，即就业者每周工作时间的长度。

从创业与就业之间的关系看，创业与就业之间是相互依存的。但是创业是主动的，就业是被动的；创业是就业的前提，就业依赖于创业。没有创业也就没有就业，如果社会上创业的人少了，那么社会上就会出现大量的失业者。创业与就业的区别见表 7－1。

表 7－1　　创业与就业的区别

	创业者	就业者
角色	老板	打工仔
技能	多项	单一
收益	不可估量	已知
风险	大，但可控	基本无风险
成功的关键因素	多项	单一
自主权和才华施展	大，充分施展	小，受到很大的限制
社会贡献	大	相对较小
抗挫折能力	比较强	比较弱
综合素质和能力要求	比较高	相对较低

“创业教父”马云曾说过：当你决定要创业时，便意味着：没有了稳定的收入，没有了请假的权利，没有了得红包的机会；然而却意味着：收入不再受限制，时间运用更有效，手心向下不求人。

五、成功创业者的特征与素质

成功创业者的心理与行为特征可以概括为：①强烈的欲望，积极的心态；②充分的自信，敢于冒险；③坚韧的毅力，足够的耐心；④开阔的眼界、敏锐的反应；⑤把握趋势，明确方向；⑥善借资源，懂得分享；⑦坚持学习，经常反省；⑧勇于创新，出奇制胜；⑨健康的体魄，健全的心理。

1. 创业者的特征

《科学投资》通过对上千个案例的研究，发现成功创业者具有多种共同的特性，从中提炼出最为明显，同时也是最为重要的十种将其称为“中国创业者十大素质”，也有人将其称为我国成功创业者的十大特征。

（1）欲望。“欲”，实际就是一种生活目标，一种人生理想。创业者的欲望与普通人欲望的不同之处在于，他们的欲望往往超出他们的现实，往往需要打破他们现在的立足点，才能够实现。所以，创业者的欲望往往伴随着行动力和牺牲精神，这不是普通人能够做得到的。平时可以发现那样一种人：他们表情木然，行动萧索，心态落寞，他们唯一的心愿，就是眼前的局面能够维持。他们祈愿的就是改革千万不要改到自己的身上，再就是每月工资能够按时足额发放。他们本来是有足够的学识、有足够的能力以及资源来开创一番事业的，但是没有这样的欲望，他们觉得眼前的生活就足够好。一个真正的创业者一定是强烈的欲望者。他们想拥有财富，想出人头地，想获得社会地位，想得到别人的尊重。

（2）忍耐。“艰难困苦，玉汝于成”，意思是说创业不易。创业者要忍受肉体上和精神上的折磨，对创业者来说，忍耐却是必须具备的品格。对创业来说，肉体上的折磨算不得什么，精神上的折磨才是致命的，如果有心自己创业，一定要先在心里问一问自己，面对从肉体到精神上的全面折磨，有没有那样一种宠辱不惊的“定力”与“精神力”。如果没有，那么一定要谨慎创业。

（3）眼界。对于创业者来说，就是要见多识广。广博的见识，开阔的眼界。可以很有效地拉近自己与成功的距离，使创业活动少走弯路。《科学投资》研究了上千个创业案例，其中亲自走访的创业者不下数百名，发现这些创业者的创业思路有几个共同来源。

①职业。由原来所从事的职业领域进行创业，对行业的运作规律、技术、管理都非常熟悉，市场也熟悉，这样的创业活动成功的概率很大。这是最常见的一种创业思路的来源。

②阅读，包括书、报纸、杂志、网络等。要大量读书、看报、上网，思考企业战略。对创业者来说，阅读就是工作的一部分，一定要有这样的意识。

③行路。俗话说，“读万卷书，行万里路”。各处走走看看，是开阔眼界的好方法。行路不是为了玩，而是去增长见识，更好地领导企业。

④交友。很多创业者最初的创业“IDEA”（主意）是在朋友启发下产生的，或是

由朋友直接提出的。所以，这些人在创业成功后，都会更加积极地保持与从前的朋友联系，并且广交朋友，不断地开拓自己的社交圈子。

（4）明势。明势的意思分两层，作为一个创业者，一要明势，二要明事。势就是趋向。势分大势、中势、小势。创业的人，一定要跟对形势，要研究政策，这是大势。很多创业者是不太注意这方面工作的，认为政策研究“假、大、虚、空”，没有意义。实则不然，在政策方面国家鼓励发展什么，限制发展什么，对创业之成败更有莫大关系。做对了方向，顺着国家鼓励的层面努力，可能事半功倍。观察政府，研究政策，是为了明大势。

中势指的是市场机会。市场上现在需要什么，流行什么，人们现在喜欢什么，不喜欢什么，可能就标明了你创业的方向。

小势指的是个人的能力、性格、特长。创业者在选择创业项目时，一定要找那些适合自己能力，契合自己兴趣，可以发挥自己特长的项目，这样才有利于做持久性的全身心的投入。

明势的另一层含义，就是明事，一个创业者要懂得人情事理。“世事洞明皆学问，人情练达即文章。”

创业者一定要明势，不但要明政事、商事，还要明世事、人事，这应该是一个创业者的基本素质。

（5）敏感。创业者的敏感，是对外界变化的敏感，尤其是对商业机会的快速反应。有些人的商业感觉是天生的，更多人的商业感觉则依靠后天培养。如果有心做一个创业者，就应该像训练猎犬一样训练自己的商业感觉。良好的商业感觉，是创业者成功的最好保证。

（6）人脉。创业不是引“无源之水”，栽“无本之木”。每一个人创业，都必然有其凭依的条件，也就是其拥有的资源。其中最重要的一项是人脉资源，即创业者构建其人际网络或社会网络的能力。一个创业者如果不能在最短时间之内建立广泛的人际网络，那他的创业一定会非常艰难，即使其初期能够依靠领先技术或者自身素质获得某种程度上的成功，其可拓展性也会降低。

（7）谋略。商场如战场，创业者的智谋，将在很大程度上决定其创业成败。尤其是在目前产品日益同质化，市场有限，竞争激烈的情况下，创业者不但要能够“守正”，更要有能力“出奇”。对于创业者来说，智慧是不分等级的，它没有好坏、高明不高明的区别，只有好用不好用，适用不适用的问题。

（8）胆量。创业需要胆量，需要冒险。冒险精神是创业家精神的一个重要组成部分，但创业毕竟不是赌博。创业家的冒险，迥异于冒进。创业者一定要分清冒险与冒进的关系，要区分清楚什么是勇敢，什么是无知。无知的冒进只会使创业活动失败。

（9）与他人分享的愿望。作为创业者，一定要懂得与他人分享。一个不懂得与他人分享的创业者，不可能将事业做大。美国心理学家马斯洛的需要层次理论，说明人按层次一共有五种需要，第一是生存需要，第二是安全需要，第三是社交需要，第四是尊重需要，第五是自我实现需要。员工出于感激，同时也因为害怕失去眼前所获得的一切，就会产生“自我实现的需要”，通过自我实现，为企业做更多的事，赚更多的钱，做更大的贡献，回报老板。这五种需要具体到企业环境里，具体到公司员工身上，就是需要老板与员工共同分享。当老板舍得付出，舍得与员工分享，员工的生存需要、安全需要、尊重需要就从老板这里都得到了满足。这样就构成了一个企业的正向循环、良性循环。这是对马斯洛理论在企业层面上的恰当解释。分享不是慷慨，对创业者来说，分享是明智。

（10）自我反省的能力。反省是一种学习能力。创业既然是一个不断摸索的过程，创业者就难免在此过程中不断地犯错误。反省，正是认识错误、改正错误的前提。对创业者来说，反省的过程，就是学习的过程。有没有自我反省的能力，具不具备自我反省的精神，决定了创业者能不能认识到自己所犯的错误，能不能改正所犯的错误，是否能够不断地学到新东西。

作为一个创业者，遭遇挫折，碰上低潮是常有的事，在这种时候，反省能力和自我反省精神能够很好地帮助创业者渡过难关。对创业者来说，应该时刻警醒、反省自己。

2. 创业者的素质

创业者需要的是综合素质，每一项素质都很重要，不可偏废。缺少哪一项素质，都必然影响创业事业的发展。有些素质是天生的，但大多数可以通过后天的努力改善。创业者需从现在做起，时时磨砺，培养自己的素质提高创业成功率。创业者应锻炼以下几个方面的基本素质：

（1）心理素质。指创业者的心理条件，包括自我意识、性格、气质、情感等心理构成要素。作为创业者，其自我意识特征应自信和自主。性格应刚强、坚持、果断和开朗。情感应更丰富并有理性。

（2）身体素质：创业与经营是艰苦而复杂的，创业者工作繁忙，时间长，压力大。如果身体素质不好，必然力不从心，难以承受创业重任。

（3）知识素质：创业者要进行创造性思维，要作为正确决策，必须掌握广博的知识，具有一专多能的知识结构。具体来说，创业者应具有以下几个方面的知识：学习并理解政策，依法行事，用法律维护自己的合法权益。了解科学的经营管理知识和方法，提高管理水平。掌握与本行业本企业相关的科学技术知识，依靠科技增强竞争能力。具备市场经济方面的知识，如财务会计，市场营销，国际贸易，国际金融等。具备一些有关世界历史，世界地理，社会生活，文学，艺术等方面的知识。

3. 成功创业者必备的品质

（1）诚实和谦虚。中华民族的美德是诚实和谦虚，拥有诚实和谦虚的品德才能获得别人的信任。

（2）克制和忍耐。克制力和忍耐力是衡量一个人有无坚强意志的标志。而如果缺少这样东西，有可能导致创业的失败。

（3）热情和责任感。创业者是企业的核心，其对事业的热情必会感染企业的职员，从而提高各项工作的效率。同时，拥有强烈的责任感、使命感，能使创业者无论遇到什么样的困难，都有完成事业的决心。

（4）积极性和创造性。创业是一种需全身心投入的事，积极的态度才能使创业成功。在这个过程中，没有人会给创业者部署安排，没有人会给创业者决策计划，面临困难、问题、危机，创业者只有积极去寻求发展，才能取得创业带来的效益。具有创造性的精神，才能让创业者发挥自己的潜能，打破各种约束，开创新的局面。

（5）公道正派。公道正派和对事业的无私，可以在创业者身上产生巨大的向心力和凝聚力。

（6）自信心。对于创业活动，自信心是非常重要的。

六、创业的类型

1. 机会型创业与生存型创业

机会型创业指为了追求一个商业机会而从事创业的活动。生存型创业是创业者为了生存，没有其他选择而无奈进行的创业，显示出创业者的被动性。GEM（全球创业观察）在2001年的报告中第一次提出了生存型创业和机会型创业的概念，是依据创业动机对创业所作的一种分类。

机会型创业和生存型创业不是创业者的主观选择结果，而是由创业者面临的环境和自身能力决定的。创业环境是个宏观因素，需要社会有意识和有计划地改善；而创业能力特别是开创新市场的能力可以通过教育来提高。当然，创业能力中所包含的创业意识一定程度上说也是一种天赋，既有自主选择的一面，也有被迫选择的可能。

2. 创建新企业与企业内创业

狭义的创业概念为“创建一个新企业的过程”。次广义的创业概念为“通过企业创造事业的过程”，包括两个层次的内容：创建新企业和企业内部创业。广义的创业概念为“创造新的事业的过程”，即所有创造新的事业的过程都是创业，既包括营利性组织，也包括非营利性组织；既包括政府设置的部门和机构，也不排除非政府组织；既包括大型的事业，也包括小规模的事业甚至“家业”。

3. 独立创业与合伙创业

独立创业是指创业者个人或创业团队进行创业。其特点是：

（1）创业人员单一。独立创业是创业者独自出资、独自经营的企业形态，它的外在行为上体现为创业者的个体活动。无论企业中的从业人员有多少，真正承担创业风险并享有创业利益的人只有创业者一个人，其他人都仅仅是员工，并不承担创业的风险，当然也无法享有创业的利益。在这里，唯一的一个创业者就是老板，既没有人来分担他的责任，也没有人来分享他的利益。

（2）权利义务统一。理想中，权利和义务应该是统一的。但在独立创业中，责、权、利是高度统一的，创业者为自身的活动负完全的责任，为实现自己的创业理想做出不懈的努力，积极履行各种义务，与之相适应的是，他在企业拥有充分的权利，可获得最大值的企业利益。

（3）经营决策独立。独立创业的创业人员单一、权利和义务统一的情况，决定了创业者行为自由度很高，不受影响和限制，因而在创业过程中能够保持最大限度的自主性。创业者周围没有较多约束，可以使企业按照自己的意愿运作，随时可以根据自己的判断以自己为主作出决策。

合伙创业是指两个或两个以上的创业者通过订立合伙协议，共同出资、合伙经营、共享收益、共担风险，并对合伙企业债务承担无限连带责任的创业模式，其创建的企业被称为合伙企业。

合伙创业是一种相对“高起点、高规格、高层次”的创业模式（相对于独立创业而言），是适应相对更大的创业规模和更大的风险承受能力而产生的创业模式，也是应独立创业再发展、再提高的客观要求而产生并存在的创业形态，通常投资规模要大于独立创业，但小于创办有限责任公司的要求。在社会主义市场经济中，采取合伙创业已成为现代创业的一种普遍现象。

4. 传统技能型、高新技术型和知识服务型创业

传统技能型创业具有永恒的生命力，因为使用传统技术、工艺的创业项目，如独特的技艺或配方，都会拥有市场优势。

高新技术型项目就是人们常说的知识经济项目、高科技项目，知识密集度高，带有前沿性、研究开发性质。创业难度较大。

知识服务型项目是一种投资少、见效快的创业选择。知识服务型企业主要是为了

满足人们节省精力，提高效率的需求。

5. 依附型、尾随型、独创型和对抗型创业

依附型创业或者依附于大企业或产业链而生存，在产业链中确定自己的角色，为大企业提供配套服务，或者是使用特许经营权创业。围绕一个主项目进行的子项目建设就是依附型创业，例如有一个汽车制造厂需要某一个零部件，就投资建设了一个工厂生产这个零部件满足汽车制造厂的需要。

尾随型创业即模仿他人创业，所开办的企业和经营项目均没有新意，行业内已经有很多同类企业，新创企业尾随他人之后，学习其方式进行创业。

独创型创业是指提供的产品或服务能够填补市场空白。大到商品独创性，小到某种技术的独创性及经营项目的独创性。一是填补市场需求内容的空白，二是填补市场需求形式的空白。独创型的创新度越高，潜在的市场份额和利润也就越大。

对抗型创业是指进入其他企业业已形成垄断地位的某个市场，与之对抗较量。这类创业风险最高，必须在知己知彼、科学决策的前提下进行。

此外还有基于产品、营销模式和组织管理体系创新而进行的创业方式。

七、创业过程的一般分析

广义的创业过程（Venture Creation Process）通常包括一项有市场价值的商业机会从最初的构思到形成创业以及创业的成长管理过程。

狭义的创业过程往往只是指新企业的创建。但在大多数研究中，创业过程常指广义上的含义。

创业过程包括：创业动机的产生→创业机会的寻找与识别→资源的整合→企业的创建→新创企业的成长→创业的收获等。创业的步骤如下：

1. 怎样寻找创业模式

想要创业，创业者首先要有自己的构想，要有一个好的创业点，考虑怎么样组成一个团队，怎样把这个公司发展成为一个完整的公司，怎样预见公司的发展前景，确定公司的发展方向。

2. 怎样确立创业目标

盈利是重要的目标，但并不是唯一的目标，因为创业本身应该有独特理念，理念会带动很多新的产品创意和实践。

3. 怎样制订创业原则

在创立公司的时候，不应该短视。今天还没有盈利，但创业项目优秀就迟早会盈利。创业应制定原则，为创业活动提供有效保障。

4. 怎样规划创业步骤

这是一个循环的过程。首先要看创意从哪里来？怎么会有这个创意？资金怎么找？怎么组织一个团队？产品的市场行销怎么做？明确创业步骤。

5. 怎样创造创业条件

创业时，不一定要有一个很重大的发明，重要的是你所做的东西，在市场上会不会成功？市场上需求怎么样？自己的能力是什么？最后再把这些都结合起来创造创业条件。

6. 怎样确定创业期限

创业时间太长，风险也大，因为市场是不断变化和发展的。因此创业最好应明确创业期限，要想办法在创业期限内把产品做好。

7. 怎样处理与投资人关系

很多创业者觉得，自己占这个公司的股份应该是99%，投资人应该是1%。这种想法对风险投资来讲是不对的。通常创业者与投资人会各占一半股权。创业者去找投资，一半的股权要交给投资人，以后如果需要更多投资的话，创业者在公司持有的股份会越来越少，但这并不表示你拥有的报酬越来越少，因为公司的价值会越来越高。

8. 怎样产生好创意

很多好创意都已经有人想到了，重要的是在好创意里面，是否包含着市场需求。

9. 怎样组织好的团队

在组建团队时，很多人认为要把最好的人才都网罗起来。事实上创业团队简单一点，朴素一点，每个人不一定都很强，但只要能凝聚起来，就是一个非常好的团队。

10. 怎样选择风险投资商

第一要确定好各自的股份占多少；第二要选择能够跟你一起持续跟进的风险投资商；第三要找有一定影响力的风险投资商，借助他们的经验和力量。

八、大学生创业准备

大学生创业群体主要是在校大学生和大学毕业生群体组成，现今大学生创业问题越来越受到社会各界的密切关注，因为大学生属于高级知识人群，并且经过多年的教育往往背负着社会和家庭的种种期望。在现今社会经济不断发展，就业形势却不容乐观的情况下，大学生创业也自然成为大学生就业之外另一种主要步入社会的渠道。

教育部2014年12月10日正式公布《关于做好2015年全国普通高等学校毕业生就业创业工作的通知》，其中指出，即日起将全面推进创新创业教育和自主创业工作，其中包括“高校要建立弹性学制，允许在校学生休学创业”。

1. 大学生创业的意义

（1）有利于缓解大学生就业压力。大学的创业有利于解决大学生就业难的问题。创业能力是一个人在创业实践活动中的自我生存、自我发展的能力。一个创业能力很强的大学毕业生不但不会增加社会的就业压力，相反还能通过自主创业活动来增加就业岗位，以缓解社会的就业压力。为此，国家各级部门，纷纷把“鼓励和支持高校毕业生自主创业”作为化解当前社会就业难的主要政策之一。

（2）有利于大学生自我价值实现。大学毕业生通过自主创业，可以把自己的兴趣与职业紧密结合，做自己最感兴趣、最愿意做和自己认为最值得做的事情。在五彩缤纷的社会舞台中大显身手，最大限度地发挥自己的才能，并获得合理的报酬。当前社会鼓励大学生创业，虽然是从化解就业难的角度出发，但从大学生自身来说，其创业的主要原动力则在于谋求自我价值的实现。而只有提高大学生创业的比例，整个社会才能形成创业的风气，才能建立“价值回报”的社会新风气。

（3）有利于大学生自身素质的提高。我国高校扩招以后，伴随着就业压力，某些大学生素质与某些高校的高等教育的水平一直为人所诟病。在提高大学教育管理水平与大学生素质的各类探索实践中，大学生创业无疑是最经济、最有效的办法之一。通过创业实践，大学生可以充分调动自己的主观能动性，改变自身就业心态，自主学习，独立思考，并学会自我调节与控制。也只有这样，大学生创业才能成功。对于一个能自我学习，懂得如何管理自己的时间与财务，善于拓展人脉关系，并能够主动调适工作心态，积极适应社会的大学生，其就业将不存在任何问题。

（4）有利于培养大学生的创新精神。创新是一个民族的灵魂，是一个国家兴旺发达的不竭动力。青年大学生作为中国最具活力的群体，如果失去了创新的意识和想法，那么中华民族将失去重要的发展动力。大学生的创业活动，有利于培养勇于开拓创新的精神，把就业压力转化为创业动力，培养出越来越多的各行各业的创业者。美国作为世界最发达的国家，其大学生的创业比率一直在20%以上。美国前总统里根曾说：“一个国家最珍贵的精神遗产就是创新，这是国家强大与繁荣的根源。”

2. 大学生创业的准备工作

大学生应该创业或不该创业，创业应从哪些方面做好准备？这些方面各需要做些什么具体的准备？这是大学生创业面临的必须解决的问题。

（1）心理准备。要有创业者的心态、失败的准备、压力承受、孤独承受、满怀激情等。

（2）项目准备。选择具有可操作性、有发展前景、满足市场需求的项目。

（3）资源准备。需要资金、人脉、渠道、供应商等资源。

（4）时间准备。创业需要一定时间筹备，一般小项目可能需要数月、较大项目需要 1 年或以上。

3. 大学生创业的原因

大学生为什么要创业，分析其原因主要有：以此为生计；获取财富；实现个人抱负；为社会提供必需的服务和产品；寻求人生的价值；运用一项特殊的技能和实施一种新的观念等。

第三节　创业机会与商业模式

一、创业机会的概念

1. 创业机会的定义

创业机会主要是指具有较强吸引力的、较为持久的有利于创业的商业机会，创业者据此可以为客户提供有价值的产品或服务，并同时使创业者自身获益。机会主要由未被满足的需求和未被充分使用的资源或能力、环境机会与环境威胁、市场机会与公司机会等。其可从以下几方面来理解：

（1）创业机会是可以为购买者或使用者创造或增加价值的产品或服务，它具有吸引力、持久性和适时性；

（2）创业机会是可以引入新产品、新服务、新原材料和新组织方式，并能以高于成本价出售的情况；

（3）创业机会是一种新的“目的—手段”（Means—End）关系，它能为经济活动引入新产品、新服务、新原材料、新市场或新组织方式；

（4）创业机会主要是指具有较强吸引力的、较为持久的有利于创业的商业机会，创业者据此可以为客户提供有价值的产品或服务，并同时使创业者自身获益。

2. 优势较大的创业机会

个人投资创业要善于抓住好机会，把握住投资创业机会，就等于成功了一半。新兴行业发展的空间大，创业机会较多，优势较大，具体表现在以下几个方面：

（1）变化就是机会。环境的变化，会给各行各业带来良机，人们透过这些变化，就会发现新的前景。变化可以包括：①产业结构的变化；②科技进步；③通信革新；④政府放松管制；⑤经济信息化、服务化；⑥价值观与生活形态化；⑦人口结构变化。

以人口因素变化为例，可以举出以下一些机会：①为老年人提供健康保障用品；

②为儿童服务的业务项目；③为年轻女性和上班女性提供的用品；④为家庭提供文化娱乐用品。

（2）从“低科技”中把握机会。随着科技的发展，开发高科技领域是时下热门的课题，例如美国近年来设立的风险性公司中计算机企业占25%、医疗和遗传基因企业占16%，半导体、电子零件企业占13%、通信企业占9%。但是，公司机会并不只属于“高科技领域”。在运输、金融、保健、饮食、流通这些领域也有很多机会，关键在于创新。

（3）集中盯住某些顾客的需要就会有机会。而实际上需求都是有差异的，如果我们紧紧关注某些市场的需求情况，就会从中发现某些机会。

（4）追求“问题”就会找到机会。所谓追求“问题”就是着眼于那些大家“苦恼的事”和“困扰的事”。人们总是迫切希望解决这类问题，如果能提供解决的办法，实际上就找到了创业机会。例如双职工家庭，没有时间照顾小孩，于是有了家庭托儿所，没有时间买菜，就产生了送菜公司。这些都是从“问题”寻找机会的例子。

3. 创业机会的特征

有的创业者认为自己有很好的想法和点子，对创业充满信心。有想法有点子固然重要，但是并不是每个大胆的想法和新异的点子都能转化为创业机会的。许多创业者因为仅仅凭想法去创业而失败了。那么如何判断一个好的商业机会呢？《21世纪创业》的作者杰夫里·A. 第莫斯教授提出，好的商业机会有以下四个特征：

（1）它很能吸引顾客。

（2）它能在既定的商业环境中行得通。

（3）它必须在机会之窗存在的期间被实施（注：机会之窗是指商业想法推广到市场上去所花的时间，若竞争者已经有了同样的思想，并把产品已推向市场，那么机会之窗也就关闭了）。

（4）必须有资源（人、财、物、信息、时间）和技能才能创立业务。

二、创业机会的来源

创业机会的来源主要有以下几方面：

1. 问题

创业的根本目的是满足顾客需求。而顾客需求在没有满足前就是问题。寻找创业机会的一个重要途径是善于去发现和体会自己或者他人在需求方面的问题或生活中的难处。比如，上海有一位大学毕业生发现住在郊区的本校师生往返市区交通十分不便，于是创办了一家客运公司并获得成功，这就是把问题转化为创业机会的成功案例。

2. 变化

创业的机会大都产生于不断变化的市场环境，环境变化了，市场需求、市场结构必然发生变化。著名管理大师彼得·德鲁克将创业者定义为那些能“寻找变化，并积极反应，把它当作机会充分利用起来的人”。这种变化主要来自于产业结构的变动、消费结构升级、城市化加速、人口思想观念的变化、政府政策的变化、人口结构的变化、居民收入水平提高、全球化趋势等方面。比如居民收入水平提高，私人轿车的拥有量将不断增加，这就会派生出汽车销售、修理、配件、清洁、装潢、二手车交易、陪驾等诸多创业机会。

3. 创造发明

创造发明提供了新产品、新服务，更好地满足顾客需求，同时也带来了创业机会。比如随着电脑的诞生，电脑维修、软件开发、电脑操作的培训、图文制作、信息服务、网上开店等创业机会随之而来，即使不发明新产品的人，也能成为销售和推广新产品的人，从而获得商机。

4. 竞争

如果能弥补竞争对手的缺陷和不足，这也将成为新的创业机会。如果能比竞争对手更快、更可靠、更便宜地提供产品或服务，就找到了好的机会。

5. 新知识、新技术的产生

随着健康知识的普及和技术的进步，围绕“水”的绿色商机就带来了许多创业机会。

三、创业机会的评价标准

创业机会、项目选择的评价标准主要考虑：技术上的领先程度和持续程度；市场上的接受程度、容量或规模；时机上的合适程度；经济上的投入程度、产出时间与效果；竞争上的优势体现程度；人员上的满足程度等。

1. 创业机会的识别

创业机会识别是创业领域的关键问题之一。从创业过程角度来说，它是创业的起点。创业过程就是围绕着机会进行识别、开发、利用的过程。识别正确的创业机会是创业者应当具备的重要技能。

创业机会以不同形式出现。虽然以前的研究中，焦点多集中在产品的市场机会上，但是在生产要素市场上也存在机会，如新的原材料的发现等。许多好的商业机会并不是突然出现的，而是对于“一个有准备的头脑”的一种“回报”。在机会识别阶段，创业者需要弄清楚机会在哪里和怎样去寻找。现有的市场机会对创业者来说，在现有的市场中发现创业机会，是很自然和较经济的选择。一方面，它与我们的生活息息相关，能真实地感觉到市场机会的存在；另一方面，由于总有尚未全部满足的需求，在现有市场中创业，能减少机会的搜寻成本，降低创业风险，有利于成功创业。现有的创业机会存在于：不完全竞争下的市场空隙、规模经济下的市场空间、企业集群下的市场空缺等。

（1）不完全竞争下的市场空隙。不完全竞争理论或不完全市场理论认为，企业之间或者产业内部的不完全竞争状态，导致市场存在各种现实需求，再大的企业也不可能完全满足市场需求，必然使中小企业具有市场生存空间。中小企业与大企业互补，满足市场上不同的需求。大中小企业在竞争中生存，市场对产品差异化的需求是大中小企业并存的理由，细分市场以及系列化生产使得小企业的存在更有价值。

（2）规模经济下的市场空间。规模经济理论认为，无论任何行业都存在企业的最佳规模或者最适度规模的问题，超越这个规模，必然带来效率低下和管理成本的提升。产业不同，企业所需要的最经济、最优成本的规模也不同，企业从事的不同行业决定了企业的最佳规模，大小企业最终要适应这一规律，发展适合自身的产业。

（3）企业集群下的市场空缺。企业集群主要指地方企业集群，是一组在地理上靠近的相互联系的公司和关联的结构，它们同处在一个特定的产业领域，由于具有共性和互补性而联系在一起。集群内中小企业彼此间发展高效的竞争与合作关系，形成高度灵活专业化的生产协作网络，具有极强的内生发展动力，依靠不竭的创新能力保持地方产业的竞争优势。

（4）潜在的市场机会。潜在的创业机会来自新科技应用和人们需求的多样化。成功的创业者能敏锐地感知社会大众的需求变化，并能够从中捕捉市场机会。

①新科技应用可能改变人们的工作和生活方式，出现新的市场机会。通信技术的发展，使人们在家里办公成为可能；互联网的出现；改变了人们工作、生活、交友的方式；网络游戏的出现，使成千上万的人痴迷其中，乐此不疲；网上购物、网络教育的快速发展，使信息的获取和共享日益重要。

②需求的多样化源自人的本性，人类的欲望是很难得到满足的。在细分市场里，可以发掘尚未满足的潜在市场机会。一方面，根据消费潮流的变化，捕捉可能出现的市场机会；另一方面，根据消费者的心理，通过产品和服务的创新，引导需求并满足需求，从而创造一个全新的市场。

（5）衍生的市场机会。衍生的市场机会来自于经济活动的多样化和产业结构的调整等方面。

①经济活动的多样化为创业拓展了新途径。一方面，第三产业的发展为中小企业

提供了非常多的成长点，现代社会人们对信息情报、咨询、文化教育、金融、服务、修理、运输、娱乐等行业提出了更多更高的需求，从而使社会经济活动中的第三产业日益发展。由于第三产业一般不需要大规模的设备投资，它的发展为中小企业的经营和发展提供了广阔的空间。另一方面，社会需求的易变性、高级化、多样化和个性化，使产品向优质化、多品种、小批量、更新快等方面发展，也有力地刺激了中小企业的发展。

②产业结构的调整与国企改革为创业提供了新契机。深化国有企业改革，进一步探索公有制特别是国有制的多种有效实现形式，大力推进企业的体制、技术和管理创新。除极少数必须由国家独资经营的企业外，积极推进股份制，发展混合所有制经济。因此，随着国企改革的推进，民营中小企业除了涉足制造业、商贸餐饮服务业、房地产等传统业务领域外，将逐步介入中介服务、生物医药、大型制造等有更多创业机会的领域。

2. 创业机会识别所需的条件

面对具有相同期望值的创业机会，并非所有潜在创业者都能把握。成功的机会识别是创业愿望、创业能力和创业环境等多因素综合作用的结果。

（1）创业的愿望是机会识别的前提。创业愿望是创业的原动力，它推动创业者去发现和识别市场机会。没有创业意愿，再好的创业机会也会视而不见，或失之交臂。

（2）创业能力是机会识别的基础。识别创业机会在很大程度上取决于创业者的个人（团队）能力，这一点在《当代中国社会流动报告》中得到了部分佐证。报告通过对私营企业主阶层变迁的分析发现，私营企业主的社会来源越来越以各领域精英为主，经济精英的转化尤为明显，而普通百姓转化为私营企业主的机会越来越少。国内外研究和调查显示，与创业机会识别相关的能力主要有：远见与洞察能力、信息获取能力、技术发展趋势预测能力、模仿与创新能力、建立各种关系的能力等。

（3）创业环境的支持是机会识别的关键。创业环境是创业过程中多种因素的组合，包括政府政策、社会经济条件、创业和管理技能、创业资金和非资金支持等方面。一般来说，如果社会对创业失败比较宽容，这个社会就会有较浓厚的创业氛围；国家对个人财富创造比较鼓励，就会有各种渠道的金融支持和完善的创业服务体系；产业有公平、公正的竞争环境，那就会鼓励更多的人创业。

3. 创业机会的评价标准

所有的创业行为都来自于绝佳的创业机会，创业团队与投资者均对于创业前景寄予极高的期待，创业家更是对创业机会在未来所能带来的丰厚利润满怀信心。不过，几乎九成以上的创业梦想最后会落空。事实上，新创业获得高度成功的概率不到1%。

成功与失败之间，除了不可控制机遇运气因素之外，有许多创业机会在开始的时候，就已经注定了失败的命运。创业本身是一种高风险行为，但失败所带来的经验也可能是奠定下一次创业成功的基础。针对先天体质不良，市场进入时机不对，或者具有致命瑕疵的创业构想，如果创业者能先以比较客观的方式进行评估，那么许多失败的结局就不至于发生，创业成功的概率也可以因此而大幅提升。

以下针对创业机会的市场与效益，提出一套评估准则，并说明各准则因素的内涵，目的是为创业者提供是否创业的决策参考。

（1）市场评估准则。

①市场定位：一个好的创业机会，必然具有特定市场定位，专注于满足顾客需求，同时能为顾客带来增值的效果。因此评估创业机会的时候，可由市场定位是否明确、顾客需求分析是否清晰、顾客接触通道是否流畅、产品是否持续衍生等，来判断创业机会可能创造的市场价值。创业带给顾客的价值越高，创业成功的机会也会越大。

②市场结构：针对创业机会的市场结构进行 5 项分析，包括进入障碍、供货商、顾客、经销商的谈判力量、替代性竞争产品的威胁，以及市场内部竞争的激烈程度。由市场结构分析可以得知新企业未来在市场中的地位，以及可能遭遇竞争对手竞争的程度。

③市场规模：市场规模大小与成长速度，也是影响新企业成败的重要因素。一般而言，市场规模大者，进入障碍相对较低，市场竞争激烈程度也会略为下降。如果要进入的是一个十分成熟的市场，那么纵然市场规模很大，由于市场规模已经不再成长，利润空间必然很小，因此这项新企业恐怕就不值得再投入。反之，一个正在成长中的市场，通常也会是一个充满商机的市场，只要进入时机正确，必须会有获利的空间。

④市场渗透力：对于一个具有巨大市场潜力的创业机会，市场渗透力（市场机会实现的过程）评估将会是一项非常重要的影响因素。聪明的创业家知道选择在最佳时机进入市场，此时机也就是市场需求正要大幅成长之际。

⑤市场占有率：从创业机会预期可取得的市场占有率目标，可以显示这家新创公司未来的市场竞争力。一般而言，若成为市场的领导者，最少需要拥有 20%以上的市场占有率。但如果市场占有率低于 5%，则这个企业的市场竞争力并不高，自然也会影响未来企业上市的价值。尤其是高科技产业，新企业必须拥有排名市场占有率前列的能力，才比较具有投资价值。

⑥产品的成本结构：产品的成本结构，也可以反映新企业的前景是否较好。例如，从物料与人工成本所占比重情况、变动成本与固定成本的比重情况，以及产量规模大小，可以判断企业创造附加价值的大小以及未来可能的获利空间。

（2）效益评估准则。

①合理的税后净利：一般而言，具有吸引力的创业机会，至少需要能够创造15%以上税后净利。如果创业预期的税后净利是在5%以下，那么这就不是一个好的投资机会。

②达到损益平衡所需的时间：合理的损益平衡时间应该能在两年以内达到，但如果3年还达不到，恐怕就不是一个值得投入的创业机会。不过有的创业机会确实需要经过比较长的运营时间，通过前期投入保证后期的持续获利。在这种情况下，可以允许较长的损益平衡时间。

③投资回投率：考虑到创业可能面临的各项风险，合理的投资回报率应该在25%以上。一般而言，15%以下的投资回报率，是不值得考虑的创业机会。

④资本需求：资金需求量较低的创业机会，投资者一般会比较欢迎。事实上，许多个案显示，投资额过高其实并不利于创业成功，有时还会带来降低投资回报率的负面效果。通常，知识密集型的创业机会，对资金的需求量较低，投资回报则较高。因此在创业开始的时候，不要募集太多资金，最好通过盈余积累的方式来创造资金。而比较低的投资额，将有利于提高每股盈余，并且还可以进一步提高未来上市的价格。

⑤毛利率：毛利率高的创业机会，相对风险较低，也比较容易取得损益平衡。反之，毛利率低的创业机会，风险则较高，遇到决策失误或市场产生较大变化的时候，企业会很容易遭受损失。一般而言，理想的毛利率是40%。当毛利率低于20%的时候，这个创业机会就不值得再予以考虑。软件业的毛利率通常都很高，所以只要能找到足够的业务量，从事软件创业在财务上遭受严重损失的风险相对会比较低。

⑥策略性价值：能否创造新企业在市场上的策略性价值，也是一项重要的评价指标。一般而言，策略性价值与产业网络规模、利益机制、竞争程度密切相关，而创业机会对于产业价值链所能创造的增值效果，也与它所采取的经营策略与经营模式密切相关。

⑦资本市场活力：当新企业处于一个具有高度活力的资本市场时，它的获利回收机会相对也比较高。不过资本市场的变化幅度极大，在市场高点时投入，资金成本较低，筹资相对容易。但在资本市场低点时，投资新企业开发的诱因则较低，好的创业机会也相对较少。不过，对投资者而言，市场低点的成本较低，有的时候反而投资回报会更高。一般而言，新创企业活跃的资本市场比较容易创造增值效果，因此资本市场活力也是一项可以被用来评价创业机会的外部环境指标。

⑧退出机制与策略：所有投资的目的都在于盈利，因此退出机制与策略就成为一项评估创业机会的重要指标。企业的价值一般也要由具有客观鉴价能力的交易市场来

决定，而这种交易机制的完善程度也会影响新企业退出机制的弹性。由于退出的难度普遍要高于进入，所以一个具有吸引力的创业机会，应该要为所有投资者考虑退出机制，以及退出的策略规划。

四、商业模式的概念与类型

商业模式（Business Model），是管理学的重要研究对象之一，MBA、EMBA 等主流商业管理课程均对“商业模式”给予了不同程度的关注。在分析商业模式过程中，主要关注一类企业在市场中与用户、供应商、其他合作伙伴的关系，尤其是彼此间的物流、信息流和资金流。

1. 商业模式的概念

商业模式是指一个完整的产品、服务和信息流体系。商业模式是创业者创意，商业创意来自于机会的丰富和逻辑化，并有可能最终演变为商业模式。其形成的逻辑是：机会是经由商业模式创造性资源组合传递更明确的市场需求的可能性，是未明确的市场需求或者未被利用的资源或者能力。尽管它第一次出现在 20 世纪 50 年代，但直到 90 年代才开始被广泛使用和传播，已经成为挂在创业者和风险投资者嘴边的一个名词。

有一个好的商业模式，成功就有了保障。商业模式就是公司通过什么途径或方式来盈利。简言之，饮料公司通过卖饮料来盈利，快递公司通过送快递来盈利；网络公司通过点击率来盈利；通信公司通过收话费盈利；超市通过平台和仓储来盈利等。只要有盈利的地方，就有商业模式存在。

商业模式是一个企业满足消费者需求的系统，这个系统组织管理企业的各种资源（资金、原材料、人力资源、作业方式、销售方式、信息、品牌和知识产权、企业所处的环境、创新力，又称输入变量），形成能够提供消费者无法自给而必须购买的产品和服务（输出变量），因而具有自己能复制但不被别人复制的特性。

2. 商业模式的基本元素

创业公司在商业模式上常见的失误有：做出来的解决方案没有市场需求，产品缺乏特定的市场，产品总是免费赠送。一个好的商业模式至少要包含以下七个基本元素。

（1）价值定位。创业公司要明确所要填补的需求是什么或者说要解决什么样的问题，价值定位必须清楚地定义目标客户、客户的问题和痛点、独特的解决方案以及这种解决方案的净效益。

（2）目标市场。目标市场是创业公司打算通过营销来吸引的客户群，并向他们出售产品或服务。这个细分市场应该有具体的客户统计以及购买产品的方式。

（3）销售和营销。如何接触到客户？口头演讲和病毒式营销是目前最流行的方式，但是用来启动一项新业务还是远远不够的。创业公司在销售渠道和营销提案上要做的具体一些。

(4) 生产。创业公司是如何做产品或服务的？常规的做法包括家庭制作、外包或直接购买现成的部件。关键问题是进入市场的时间和成本。

(5) 分销。创业公司如何销售产品或服务？有些产品和服务可以在网上销售，有些产品需要多层次的分销商、合作伙伴或增值零售商。创业公司要规划好自己的产品是只在当地销售还是在全球范围内销售。

(6) 收入模式。你如何赚钱的？关键要向你自己和投资人解释清楚你如何定价，收入现金流是否会满足所有的花费，满足日常开支和售后支持费用，并拥有很好的回报。

(7) 成本结构。创业公司的成本有哪些？新手创业者只关注直接成本，低估了营销和销售成本、日常开支和售后成本。在计算成本时，可以把预估的成本与同类公司发布出来的报告进行对比。

3. 商业模式的构成

任何一个商业模式都是一个由客户价值、企业资源和能力、盈利方式构成的三维立体模式。

由哈佛大学教授约翰逊（Mark Johnson）、克里斯坦森（Clayton Christensen）和SAP公司的CEO孔翰宁（Henning Kagermann）共同撰写的《商业模式创新白皮书》把这三个要素概括为：

(1) 客户价值主张，指在一个既定价格上企业向其客户或消费者提供服务或产品时所需要完成的任务；

(2) 资源和生产过程，即支持客户价值主张和盈利模式的具体经营模式；

(3) 盈利方式，即企业用以为股东实现经济价值的过程。

4. 商业模式的特征

长期从事商业模式研究和咨询的公司认为，成功的商业模式具有三个特征。

(1) 成功的商业模式要能提供独特价值。有时候这个独特的价值可能是新的思想；而更多的时候，它往往是产品和服务独特性的组合。这种组合要么可以向客户提供额外的价值；要么使得客户能用更低的价格获得同样的利益，或者用同样的价格获得更多的利益。

(2) 商业模式是难以模仿的。企业通过确立自己的与众不同，如对客户的悉心照顾、无与伦比的实施能力等，来提高行业的进入门槛，从而保证利润来源不受侵犯。比如，直销模式（仅凭“直销”一点，还不能称其为一个商业模式），人人都知道其如何运作，也都知道戴尔公司是直销的标杆，但很难复制戴尔的模式，原因在于“直销”

的背后，是一整套完整的、极难复制的资源和生产流程。

(3) 成功的商业模式是脚踏实地的。企业要做到量入为出、收支平衡。这个看似不言而喻的道理，要想年复一年、日复一日地做到，却并不容易。现实当中的很多企业，不管是传统企业还是新型企业，对于自己的钱从何处赚来，为什么客户看中自己企业的产品和服务，乃至有多少客户实际上不能为企业带来利润、反而在侵蚀企业的收入等关键问题，都不甚了解。

5. 商业模式的类型

(1) 店铺模式。一般地说，服务业的商业模式要比制造业和零售业的商业模式更复杂。最古老也是最基本的商业模式就是“店铺模式”（Shopkeeper Model），具体点说，就是在具有潜在消费者群的地方开设店铺并展示其产品或服务。

一个商业模式，是对一个组织如何行使其功能的描述，是对其主要活动的提纲挈领的概括。它定义了公司的客户、产品和服务。它还提供了有关公司如何组织以及创收和盈利的信息。商业模式与（公司）战略一起，主导了公司的主要决策。商业模式还描述了公司的产品、服务、客户市场以及业务流程。

大多数的商业模式都要依赖于技术。互联网上的创业者们发明了许多全新的商业模式，这些商业模式完全依赖于现有的和新兴的技术。利用技术，企业们可以以最小的代价，接触到更多的消费者。

(2) “饵与钩”模式。随着时代的进步，商业模式也变得越来越精巧。“饵与钩（Bait and Hook）”模式——也称为“剃刀与刀片（Razor and Blades）”模式，或是“搭售（Tied Products）”模式，出现在20世纪早期年代。在这种模式里，基本产品的出售价格极低，通常处于亏损状态；而与之相关的消耗品或是服务的价格则十分昂贵。比如说，剃须刀（饵）和刀片（钩），手机（饵）和通话时间（钩），打印机（饵）和墨盒（钩）等等。这个模式还有一个很有趣的变形：软件开发者免费发放他们的文本阅读器，但是对其文本编辑器的定价却很高。

(3) 其他模式。在20世纪50年代，新的商业模式是由麦当劳（McDonald's）和丰田汽车（Toyota）创造的；20世纪60年代的创新者则是沃尔玛（Wal-Mart）和混合式超市（Hypermarkets，指超市和仓储式销售合二为一的超级商场）；到了20世纪70年代，新的商业模式则出现在FedEx快递和Toys R US玩具商店的经营里；20世纪80年代是Blockbuster，Home Depot，Intel和Dell；90年代则是西南航空（Southwest Airlines），Netflix，eBay，Amazon和星巴克咖啡（Starbucks）。

(4) 21世纪的商业模式。随着科学技术不断发展，商业模式也有了多样化趋势，互联网的免费模式就是其中典型代表，由于新兴商业模式太多，故不一一列举。

每一次商业模式的革新都能给公司带来一定时间内的竞争优势。但是随着时间的改变，公司必须不断地重新思考它的商业设计。随着消费者的价值取向从一个工业转移到另一个工业，公司必须不断改变它们的商业模式。一个公司的成败与否最终取决于它的商业设计是否符合了消费者的优先需求。

①电子商务模式。IT行业是电子商务最肥沃的土壤：客户们都有一定的网络知识，最先接受电子商务的理念，企业内部的计算机管理系统完善。开展电子商务的成功，就在于在一定的时机、一定的环境下率先做了必须做的事情。

②快递模式。经过不断升级与改进，快递公司已经摆脱了落后的形象，甚至成了网络经济中第一批赢家。大家都在网上消费，快递企业是能将商品及时送到顾客家门的配送系统，是网络生活中的重要组成部分。

但是，网络时代的快运公司已不是过去的模样。UPS公司在美国全国范围内建立了仓储和包装系统，可以在顾客需要的时间内送货上门。配送单也是在网上流通，最难能可贵的是，顾客能在网上看到配送过程中自己的商品到达什么地方，把顾客的不安全感减到最低。UPS公司还为自己的客户提供免费接入，客户可以随时查看货物的流动状况。

FedEx公司过去就有自己的网络系统，只不过不在互联网上。FedEx公司的网络收入高达56亿美元，所以FedEx公司收购了一家软件公司，全面改造过去的系统以便与互联网接轨，为客户提供“一站式”服务：只要你发来一个电子邮件，剩下的就全部由我来做。网络和电子商务，似乎一下子让这些“老兵”找到了新的、更好的模式。

③O2O模式。O2O即Online To Offline，即将线下商务的机会与互联网结合在了一起，让互联网成为线下交易的前台。这样线下服务就可以用线上商业模式来提供，消费者可以在线上来筛选服务，成交可以在线结算，线上模式发展迅速。该模式最重要的特点是，推广效果可查，每笔交易可跟踪。

④网站模式。通过网站模式，最大化地实现信息和实物之间、线上和线下之间、实体店与实体店之间的无缝衔接，创建一个全新的、共赢的商业模式。网站可涵盖休闲娱乐、美容美发、时尚购物、生活服务、餐饮美食等多种类目，旨在打造一个绿色、便捷、低价的O2O购物平台，为用户提供诚信、安全、实惠的网购新体验。

⑤B2C、C2C模式。B2C、C2C是企业对个体客户，个体客户对个体客户。购买的商品会通过物流公司送到客户手中；O2O是在线支付，购买线下的商品、服务，再到线下去享受服务。

⑥BNC 模式。BNC 就是 Business Name Consumer，智能商城 BNC 具有 B2C、C2C、O2O 等模式的优势，同时解决了以上模式解决不了的弊端，每个企业拥有自己品牌名的商城，可做到快速免费的推广企业和产品，从而最大限度地挖掘出每个企业的资源和潜力。智能商城是一个集高端云技术和独特裂变技术为一体的网络平台；这是一个超越所有传统商业模式和电子商务模式的新型商务模式；这是一个真正符合广大创业者零起步创业的舞台。

BNC 模式悄然兴起，它是以商家、消费者和个人姓名组成的独立消费平台，让每个人都拥有自己姓名的产权式独立网站。它的特点是快速裂变，防止竞争对手模仿，正成为互联网及电子商务的一个创举。

第四节　创业计划书的编写

一、创业计划书的概念

创业计划是创业者叩响投资者大门的“敲门砖”，是创业者计划创立的业务的书面摘要，一份优秀的创业计划书往往会使创业者达到事半功倍的效果。

创业计划书是一份全方位的商业计划，其主要用途是递交给投资商，以便于他们能对企业或项目做出评判，从而使企业获得融资。它是用以描述与拟创办企业相关的内外部环境条件和要素特点，为业务的发展提供指示图和衡量业务进展情况的标准。通常创业计划是结合了市场营销、财务、生产、人力资源等职能计划的综合计划。

创业计划书是把想法变成一家公司的详细文本。一个好的创业计划一定要有：一个好的项目（产品、服务、赢利模式等）；一个好的团队（人力资源、组织架构）；一个好的营销方案（市场、竞争）；一个好的财务计划（融资、赢利）等。

二、创业计划书的格式与内容

1. 创业计划书的格式

创业计划书的结构主要由封面、目录、摘要、正文、附录等几部分组成。正文部分是创业计划书的重点，由表 7－2 所示的九部分组成（供参考）。

表 7-2　　　创业计划书组成部分

章	节	目
1　执行总结	1.1　项目背景	—
	1.2　目标规划	—
	1.3　市场前景	—
2　市场分析	2.1　客户分析	—
	2.2　需求分析	—
	2.3　竞争分析	2.3.1　竞争优势
		2.3.2　竞争对手
3　公司概述	3.1　公司	—
	3.2　总体战略	—
	3.3　发展战略	3.3.1　初期战略
		3.3.2　中期战略
		3.3.3　终期战略
	3.4　人力资源组织	—
	3.5　财务管理制度	—
	3.6　企业文化	—
	3.7　服务概述	—
4　组织管理体系	4.1　组织机构	—
	4.2　部门职责	—
	4.3　管理模式	—
5　投资策略	5.1　股份募资	—
	5.2　项目融资	—
6　营销战略	6.1　营销目标	—
	6.2　营销模式	—
	6.3　产品流动模式	—
7　财务分析	7.1　营业费用预算	—
	7.2　销售预算	—
	7.3　现金流量表	—
	7.4　盈亏分析	—
8　风险分析	8.1　机遇	—
	8.2　风险及策略	—
9　退出策略	—	—

2. 创业计划书的内容规范

一般来说，在创业计划书中应该包括创业的种类、资金规划及基金来源、资金总额的分配比例、阶段目标、财务预估、行销策略、可能风险评估、创业的动机、股东名册、预定员工人数，具体内容一般包括以下十一个方面。

(1) 封面。要有好的项目名称，封面的设计要有审美观和艺术性，一个好的封面会使阅读者产生最初的好感，形成良好的第一印象。

(2) 计划摘要。计划摘要是浓缩了的创业计划书的精华，要吸引投资人阅读。计划摘要涵盖了计划的要点，以求一目了然，以便读者能在最短的时间内评审计划并作出判断。

计划摘要一般包括以下内容：公司介绍；管理者及其组织团队；主要产品和业务范围；市场及竞争情况；营销策略；销售计划；生产管理计划；财务计划；资金需求状况；机遇及风险等。

摘要要尽量简明、生动。特别要说明自身企业的不同之处以及企业获取成功的市场因素。

(3) 企业介绍。这部分的目的不是描述整个计划，也不是提供另外一个概要，而是对你的公司作出介绍，因而重点是你的公司理念和如何制定公司的战略目标。

(4) 行业分析。在行业分析中，应该正确评价所选行业的基本特点、竞争状况以及未来的发展趋势等内容。关于行业分析的典型问题有：①该行业发展程度如何？现在的发展动态如何？②创新和技术进步在该行业扮演着一个怎样的角色？③该行业的总销售额有多少？总收入为多少？发展趋势怎样？④价格趋向如何？⑤经济发展对该行业的影响程度如何？政府是如何影响该行业的？⑥是什么因素决定着它的发展？⑦竞争的本质是什么？你将采取什么样的战略？⑧进入该行业的障碍是什么？你将如何克服？该行业典型的回报率有多少？

(5) 产品（服务）介绍。产品介绍应包括以下内容：产品的概念、性能及特性；主要产品介绍；产品的市场竞争力；产品的研究和开发过程；发展新产品的计划和成本分析；产品的优势；产品的市场前景预测；产品的品牌和专利等。

在产品（服务）介绍部分，企业家要对产品（服务）做出详细的说明，说明要准确，也要通俗易懂，使不是专业人员的投资者也能明白。一般地，产品介绍都要附上产品原型、照片或其他介绍。

(6) 人员及组织结构。在企业的生产活动中，存在着人力资源管理、技术管理、财务管理、作业管理、产品管理等。而人力资源管理是其中很重要的一个环节。因为社会发展到今天，人已经成为最宝贵的资源，这是由人的主动性和创造性决定的。企业要管理好这种资源，更要遵循科学的原则和方法。

在创业计划书中，必须要对主要管理人员加以阐明，介绍他们所具有的能力，他们在本企业中的职务和责任，他们过去的详细经历及背景。此外，在这部分创业计划书中，还应对公司结构做一简要介绍，包括：公司的组织机构图；各部门的功能与责任；各部门的负责人及主要成员；公司的报酬体系；公司的股东名单，包括认股权、比例和特权；公司的董事会成员；各位董事的背景资料。

经验和过去的成功比学位更有说服力。如果准备把一个特别重要的位置留给一个没有经验的人，一定要给出充分的理由。

（7）市场预测。应包括以下内容：①需求进行预测；②市场规模和趋势预测；③竞争厂商概览；④目标顾客和目标市场；⑤本企业产品的市场地位；⑥市场现状综述等。

（8）营销策略。对市场错误的认识是企业经营失败的最主要原因之一。在创业计划书中，营销策略应包括以下内容：①市场机构和营销渠道的选择；②营销队伍和管理；③促销计划和广告策略；④产品、价格、渠道、促销决策。

（9）制造计划。创业计划书中的生产制造计划应包括以下内容：①产品制造和技术设备现状；②新产品投产计划；③技术提升和设备更新的要求；④质量控制和质量改进计划。

（10）财务规划。财务规划一般要包括以下内容：融资、相关财务指标测算，其中重点是现金流量表、资产负债表以及损益表的制备。流动资金是企业的生命线，因此企业在初创或扩张时，对流动资金需要预先有周详的计划和进行过程中的严格控制；损益表反映的是企业的盈利状况，它是企业在一段时间运作后的经营结果；资产负债表则反映在某一时刻的企业状况，投资者可以用资产负债表中的数据得到的比率指标来衡量企业的经营状况以及可能的投资回报率。

（11）风险与风险管理。主要进行以下几方面的分析：①公司在市场、竞争和技术方面都有哪些基本的风险？②准备怎样应付这些风险？③公司还有一些什么样的附加机会？④在现有资本基础上如何进行扩展？⑤在最好和最坏情形下，五年计划表现如何？

如果预计不那么准确，应该计算出误差范围到底有多大。如果可能的话，对关键性参数做最好和最坏的设定。主要是技术、市场、竞争、经营管理上的风险及对策。

三、撰写创业计划书的注意事项

对初创的风险企业来说，创业计划书的作用尤为重要，一个酝酿中的项目，往往很模糊，通过制定创业计划书，把正反理由都书写下来，然后再逐条推敲，这样创业者就能对这一项目有更清晰的认识。可以这样说，创业计划书是把计划中要创立的企业推销给了创业者自己。

创业计划书还能帮助把计划中的风险企业推销给风险投资家，公司创业计划书的主要目的之一就是为了筹集资金。因此，创业计划书必须要说明：①创办企业的目的——为什么要冒风险，花精力、时间、资源、资金去创办风险企业？②创办企业所需多少资金？为什么要这么多的钱？为什么投资人值得为此注入资金？

对已成立的风险企业来说，创业计划书可以为企业的发展定下比较具体的方向和重点，从而使员工了解企业的经营目标，并激励他们为共同的目标而努力。更重要的是，它可以使企业的出资者以及供应商、销售商等了解企业的经营状况和经营目标，说服出资者（原有的或新来的）为企业的进一步发展提供资金。在撰写创业计划书时要注意以下事项：

（1）计划书要精练。计划书要突出重点，不能长篇大论，没有边际，要侧重于企业内部经营计划和预算的部分内容，而涉及具体财务数据可以在日后面谈时再商讨。

（2）要说明公司的经营目标。经营目标要符合实际，要对市场、管理、运营等进行分析，阐述为达到目标而制定的策略和战术。

（3）要说明公司需要多少资金，说明公司资金运用状况，拟定需要的资金数额，及这些资金将投向何处。

（4）要制定一个准确地让投资者撤资的策略。要给投资者一个好的风险应急方案，让其安心投资。

（5）要阐述公司的经营风险。对经营风险进行具体分析，并要提出抵抗这些风险需要采取什么措施。

（6）要有具体资料。文字与数据相结合，不能只写文字没有数据，数据最有说服力。

（7）用语要让投资者容易接受。最好不要用过于技术化的词语形容产品或生产营运过程，尽可能用通俗易懂的条款，使投资者容易接受。

总之，要做到五个一定：①项目（产品或服务）一定要简单，该业务有明确的客户价值吗？有足够的市场规模吗？有相当的创新程度吗？有一定的可行性和赢利性吗？②赢利模式一定要清晰，赢利模式是独创吗？有何独特之处？能持久吗？对手容易模仿吗？③营销计划一定要可行，市场信息全面吗？目标市场清晰吗？市场定位准确吗？促销推广策略周全吗？④财务计划一定要仔细，企业运行费用测算可行吗？各项指标清楚吗？⑤细节一定要重视，有错别字吗？格式一致吗？内容前后有矛盾或不一致吗？借助图表了吗？有目录和页码吗？

四、怎样写好创业计划书

创业计划书将是创业者所写的商业文件中最主要的一个。那些既不能给投资者以充分的信息也不能使投资者激动起来的创业计划书，其最终结果只能是被扔进垃圾箱里。为了确保创业计划书能“击中目标”，创业者制定的创业计划书应做到以下几点：

1. 关注产品

在创业计划书中，应提供所有与企业的产品或服务有关的细节，包括企业所实施的所有调查。这些问题包括：产品正处于什么样的发展阶段？它的独特性怎样？企业分销产品的方法是什么？谁会使用企业的产品，为什么？产品的生产成本是多少，售价是多少？企业发展新的现代化产品的计划是什么？把出资者拉到企业的产品或服务中来，这样出资者就会和创业者一样对产品有兴趣。在创业计划书中，企业家最好使用简单的词语来描述每件事——商品及其属性的定义对企业家来说是非常明确的，但其他人却不一定清楚它们的含义。制定创业计划书的目的不仅是要出资者相信企业的产品会在市场上取得成功，同时也要使他们相信企业有实现它的论据。创业计划书对产品的阐述，要让出资者感到：“噢，这种产品是多么美妙、多么令人鼓舞啊！”

2. 敢于竞争

在创业计划书中，创业者应细致分析竞争对手的情况。竞争对手都是谁？他们的产品是如何生产的？竞争对手的产品与本企业的产品相比，有哪些相同点和不同点？竞争对手所采用的营销策略是什么？要明确每个竞争者的销售额，毛利润、收入以及市场份额，然后明确说明本企业相对于每个竞争者所具有的竞争优势。要向投资者展示，顾客偏爱本企业的原因是：本企业的产品质量好，送货迅速，定位适中，价格合适等。创业计划书要使它的客户相信，本企业不仅是行业中的有力竞争者，而且将来还会是行业的领先者。在创业计划书中，企业家还应阐明竞争者给本企业带来的风险以及本企业所采取的对策。

3. 了解市场

创业计划书要给投资者提供企业对目标市场的深入分析和理解。要细致分析经济、地理、职业以及心理等因素对消费者选择购买本企业产品这一行为的影响以及各个因素所起的作用。创业计划书中还应包括一个主要的营销计划，计划中应列出本企业打算开展广告、促销以及公共关系活动的情况，明确每一项活动的预算和收益。创业计划书中还应简述一下企业的销售战略：企业是使用外面的销售代表还是使用内部职员？企业是使用转卖商、分销商还是特许商？企业将提供何种类型的销售培训？此外，创业计划书还应特别关注一下销售中的细节问题。

4. 表明行动的方针

企业的行动计划应该是无懈可击的。创业计划书中应该明确下列问题：企业如何把产品推向市场？如何设计生产线，如何组装产品？企业生产需要哪些原料？企业拥有哪些生产资源，还需要什么生产资源？生产和设备的成本是多少？企业是买设备还是租设备？解释与产品组装、储存以及配送有关的固定成本和变动成本的情况。

5. 展示你的管理团队

把一个思想转化为一个成功的风险企业，其关键的因素就是要有一支强有力的管理团队。这个管理团队的成员必须有较高的专业技术知识、管理才能和多年工作经验，要给投资者这样一种感觉："看，这个管理团队里都有谁！如果这个公司是一支足球队的话，他们就会一直杀入世界杯决赛！"管理者的职能就是计划、组织、控制和指导公司实现目标的行动。在创业计划书中，应首先描述一下整个管理团队及其职责，然而再分别介绍每个管理人员的特殊才能、特点和造诣，细致描述每个管理人员将对公司所做的贡献。创业计划书中还应明确管理目标以及组织机构图。

6. 出色的计划摘要

创业计划书中的计划摘要也十分重要。它必须能让客户有兴趣并渴望得到更多的信息，它将给他们留下长久的印象。计划摘要将是创业者所写的最后一部分内容，但却是出资者首先要看的内容，它将从计划中摘录出与筹集资金最相干的细节：包括对公司内部的基本情况、公司的能力以及局限性、公司的竞争对手、营销和财务战略、公司的管理团队等情况的简明而生动的概括。如果公司是一本书，它就像是这本书的封面，做得好就可以把投资者吸引住。它会让风险投资家有这样的印象："这个公司将会成为行业中的巨人，我已等不及要去读计划的其余部分了。"

五、创业计划书的检查

在创业计划书写完之后，创业者最好再对计划书认真检查一遍，看一下该计划书是否能准确回答投资者的疑问，争取投资者对本企业的信心。通常，可以从以下几个方面对计划书加以检查：

（1）创业计划书是否显示出创业者具有管理公司的经验。如果缺乏能力去管理公司，那么一定要明确地说明，已经雇了一位经营者来管理公司。

（2）创业计划书是否显示了有能力偿还借款。要保证给预期的投资者提供一份完整的回报比率分析。

（3）创业计划书是否显示出已进行过完整的市场分析。要让投资者坚信在计划书中阐明的产品需求量是可靠的。

（4）创业计划书是否容易被投资者所领会。创业计划书应该备有索引和目录，以便投资者可以较容易地查阅各个章节。此外，还应保证目录中的信息流是有逻辑的和现实的。

（5）创业计划书中是否有计划摘要并放在了最前面，计划摘要相当于公司创业计划书的封面，投资者首先会看它。为了保持投资者的兴趣，计划摘要应写的引人入胜。

（6）创业计划书是否在文笔上全部正确。如果不能保证，那么最好请人再检查一下。计划书的拼写错误和排印错误很快就会使投资者丧失信心。

（7）创业计划书能否打消投资者对产品/服务的疑虑。如果需要，可以准备一件产品模型。

创业计划书中的各个方面都会对筹资的成功与否有影响。因此，如果对创业计划书缺乏成功的信心，那么最好去查阅一下计划书编写指南或向专门的顾问请教。

第五节　创业融资、团队组建与公司设立

一、创业融资渠道

任何创业都是要成本的，就算是较少的启动资金，也要包含一些最基本的开支。目前国内创业者的融资渠道较为单一，主要依靠银行等金融机构来实现，创业融资要多管齐下。创业融资有多种渠道来选择。

1. 政策基金

政府提供的创业基金通常被所有创业者所高度关注，政府政策性扶持基金包括创业基金、创新基金等。其优势在于利用政府资金不用担心投资方的信用问题；而且，政府的投资一般都是免费的，进而降低或免除了筹资成本。但申请创业基金有严格的申报要求；同时，政府每年的投入有限，筹资者需要面对其他筹资者的竞争。

2. 亲情融资

个人筹集创业启动资金，包括个人积蓄（含信用卡借贷）、家庭支持和亲朋借贷，

众筹是一种最常见、最简单而且最有效的方式。向亲友借钱，属于负债筹资的一种方式，是成本最低的创业“贷款”。其优势在于向亲友借取资金一般不需要承担利息，也就是说，向亲友借钱没有资金成本。因此，这种方式只在借钱和还钱时增加现金的流入和流出。这个方法筹措资金速度快、风险小、成本低。缺陷又体现在向亲友借钱创业，会给亲友带来资金风险，甚至是资金损失。

3. 金融机构贷款

由于银行财力雄厚，是创业者的资金“蓄水池”。从目前的情况看，银行贷款有抵押贷款、信用贷款、担保贷款、贴现贷款等。银行贷款的优点是利息支出可以在税前抵扣，融资成本低，运营良好的企业在债务到期时可以续贷。缺点是一般要提供抵押（担保）品，还要有不低于30%的自筹资金，由于要按期还本付息，如果企业经营状况不好，就有可能导致债务危机。创业者从申请银行贷款起，就要做好打“持久战”的准备，因为申请贷款并非与银行一家打交道，而是需要经过工商管理部门、税务部门、中介机构等一道道“门槛”，而且手续烦琐，任何一个环节都不能出问题。

4. 网络借贷平台

网络借贷平台在西方资本市场发达的国家早已建立，近些年随着人们信用意识的提高和我国资本市场的发展，也陆陆续续出现一些网络借贷平台。如比较规范和正规的搜好贷（www. sohodai. cn)，是目前网上综合评价较好的网络借贷平台。其工作原理就是运用网络技术将创新的理念与借贷行为结合起来。通过平台，创业者可以向十几个甚至几十个出借者借款，这些出借者一般是没见过面的网友，还可以是专业的投资人，借出者与借入者不用见面就可以完成整个借款和还款的过程，这就是网络借贷模式。对于大学生来说，一般资金需求不是很大的，可以考虑在这样的网络借贷平台上尝试一下。

5. 风险投资

风险投资也称天使投资人投资，是一种高风险高回报的投资，风险投资家以参股的形式进入创业企业，被称为创业者的“天使投资人”。风险投资比较青睐高科技创业企业。风险投资家更关注创业企业的赢利模式和创业者本人的能力。

6. 民间资本

民间资本的投资操作程序较为简单，融资速度快，门槛也较低。很多民间投资者在投资的时候会把所有问题一一列举出来，并清楚地用书面形式表达出来。此外，对民间资本情况进行调研，是融资前的“必修课”。

7. 创业融资宝

创业融资宝，是指创业者将自有合法财产或在有关法规许可下将他人合法财产进行质（抵）押的形式，从而为其提供创业急需的启动资金、运转资金和经营资金。该融资项目主要针对下岗人员以及希望自主创业的社会青年群体，贷款期限最长为半年。创业融资宝的融资“力度”不是很大，因此，解决创业资金问题一般要经过几轮融资后才能实现。

8. 融资租赁

融资租赁是一种以融资为直接目的的信用方式，表面上看是借物，而实质上是借资，以租金的方式分期偿还。融资租赁这种筹资方式，比较适合需要购买大件设备的初创企业，但在选择时要挑那些实力强、资信度高的租赁公司，且租赁形式越灵活越好。

二、创业团队组建

1. 团队的概念

团队（Team）是由基层和管理层人员组成的一个共同体，它合理利用每一个成员的知识和技能协同工作，解决问题，达到共同的目标。群体（Community），也称为社群，是指聚集在一起的同类人或物种，人类虽有各种不同人种，但仍可以组成一个群体。

团队的构成要素总结为“5P”，分别为目标、人、定位、权限、计划。团队和群体有着根本性的一些区别，群体可以向团队过渡。

团队的核心是共同奉献、同舟共济，团队的核心成员对项目一定要有信心与热情，团队成员要注意互补，补齐短板。木桶原理的启示见图 7－1。

图 7－1　木桶原理的启示

2. 构建团队应注意的问题

对于任何企业来说，招聘都非常重要。而对于刚刚起步的创业企业来说，拉起一支队伍、组建一个团队，更是首要的工作。特别是初创企业往往在竞争人才方面，比不过大企业。在招聘人才，建构公司团队时，必须要关注以下问题：

（1）别急着招聘新员工。刚创业的公司缺少专业人才，非常着急想要招聘新员工。但是，在招聘之前，先考虑一下招聘是否真有必要，团队里现有的人是否有这方面的专业知识。可以给团队里的成员布置一个新任务：负责一项新工作、学习一项新技能、成长为一个新角色。这个方法可以扩展有限的资源，这并不意味着让员工过度负担非核心的职责，而是锻炼和增强团队成员独立成长和创新的能力。

（2）团队构成。如果想建立一个科技公司，在企业初创时期，团队应主要由开发人员、工程师和程序员组成。应尽可能地建立一个技能互补的团队。如果这项计划不可行，必须专注于公司的核心任务。市场营销和其他传统业务雇员，可以晚些雇佣，创业一开始，可以将这些服务外包出去。

（3）把基础工作外包。将财务、人力和法律事务外包出去是明智的选择，这些对企业都很重要。如果公司处在起步阶段，创始成员拥有这方面专门知识几乎是不可能的。将这些职位外包，可以确保集中内部资源开发业务，并且运营压力较小。

（4）主动挖掘招聘对象。最好招聘那些已经被别人聘用过的人，说服这些还没有准备加入公司团队的人放弃他们现在稳定的工作而加入新团队是非常困难的事。但是，为了获得他们掌握的知识和经验，值得公司主动去挖掘他们。招募熟悉的人加入团队，也有利于对团队的契合度。

（5）行业经验。这个条件不容易满足，但是，如果招来的员工已经对所处的领域有一定的经验，就会大大缩短他们的学习曲线。

（6）共同视野。要求员工和公司有共同的目标，他们要理解公司的目标，并且共同致力于实现这些目标。每个人都对企业有信仰，并且充满激情。

（7）创业性格。员工必须有正确的价值观，若招聘的员工有行业经验，但是他的工作理念和企业文化格格不入，也是不行的。什么样的性格适合企业的发展，因公司不同而标准不同，员工普遍的核心品质是创新性、灵活性、敢于冒险、有求知欲。

3. 招聘时的思考

招聘人才并不能很快为公司创造更多的价值，如果招错了人，会让公司陷入瓶颈，应认真考虑招聘工作，深入思考以下几点。

（1）团队的所有人要志同道合，大家有统一的目标和想法。

（2）创业团队最好都是自己了解透彻的多年朋友或同事。

（3）创业团队中的每个人应该分工明确，各有优势，并能互补。

（4）创业团队中的每个人对自己都要很认可，并能在将来的创业中积极配合合作。

（5）根据公司的创业内容选择所需的各类人才，形成精简、高效、富有激情的创业团队。

三、公司设立

公司设立是指按照法律规定的条件和程序，发起人为组建公司，使其取得法律人格，必须采取和完成的一系列行为之总称。初创业时，可在个体户、个人独资企业、合伙企业、有限责任公司中做出选择。

1. 公司设立与公司成立的区别

人们通常把公司设立与公司成立相混淆，以致造成对公司设立的误解，不能正确地认识公司设立的法律性质、公司设立过程中责任的特殊性和设立中公司特殊的法律地位。事实上，公司设立与公司成立二者并不相同，其区别主要如下：

（1）概念不同。公司设立的概念前已述及。公司成立则是指公司在实质上依公司法组织设立，完成申请设立登记程序，经登记机关审核发给执照，取得法人资格的一种状态。

（2）性质不同。公司的设立，系为组织公司之发起人的设立行为，有法律行为，亦有非法律行为；有民事法律行为，亦有行政法律行为。而公司的成立则不是一种行为，而是指公司已取得法人资格的一种状态，是对公司合法身份存在的一种表现形式。

（3）二者与公司登记的关系不同。所谓公司登记，是指公司登记机关对公司法人团体资格确认的一种法律宣告，是一种公示和监督法律行为。公司登记在本质上仍属公司设立行为，是公司设立这一系列行为的最后一个阶段，而公司成立则是公司设立和公司登记的法律后果。

（4）效力不同。公司在成立后，才能取得公司法人资格和公司名称的排他使用权等，而公司设立则无上述资格和权利。

公司设立与公司成立的联系是：公司设立是公司成立的前提条件，公司成立则是公司设立追求的目的和法律后果。有的学者将公司成立的性质说成是一种公法上之行政（国家）行为。不妥之处在于其将公司成立与公司登记相混淆。公司登记从主管机关或公司登记机关之行为看，是一种对公司进行审核和发照的行政处分行为；而公司成立则是公司登记的法律后果，是一种确认具备公司法人资格的状态，而不是一种行为，更不是一种行政（国家）行为。

2. 有限责任公司设立的条件

有限责任公司，简称有限公司（Co.，Ltd.），是指根据《中华人民共和国公司登记管理条例》规定登记注册，由 50 个以下的股东出资设立，每个股东以其所认缴的出资额对公司承担有限责任，公司以其全部资产对其债务承担责任的经济组织。有限责任公司包括国有独资公司以及其他有限责任公司。

《公司法》所称的有限责任公司是指在中国境内设立的，股东以其认缴的出资额为限对公司承担责任。根据《公司法》的规定，设立有限责任公司，应当具备下列五个条件：

（1）股东符合法定人数。设立有限责任公司的法定人数分两种情况：一是通常情况下，法定股东数须是 2 人以上 50 人以下。二是特殊情况下，国家授权投资的机构或国家授权的部门可以单独设立国有独资的有限责任公司。

（2）股东出资达到法定资本最低限额。法定资本是指公司向公司登记机关登记时，实缴的出资额，即经法定程序确认的资本。在中国，法定资本又称为注册资本，既是公司成为法人的基本特征之一，又是企业承担亏损风险的资本担保，同时也是股东权益划分的标准。

关于出资方式，股东可以用货币出资，也可以用实物、工业产权、非专利技术、土地使用权作价出资。其中以工业产权、非专利技术作价出资的金额不得超过有限责任公司注册资本的 20%，但国家对采用高新技术成果有特别规定的除外。

（3）股东共同制定章程。公司章程是关于公司组织及其活动的基本规章。制定公司章程既是公司内部管理的需要，也是便于外界监督管理和交往的需要。根据《公司法》的规定，公司章程应当载明的事项有：公司名称和地址、公司经营范围、公司注册资本、股东姓名或名称、股东的权利和义务、股东的出资方式和出资额、股东转让出资的条件、公司的机构及其产生办法和职权及议事的规则、公司的法定代表人、公司的解散事项与清算办法、其他事项。确定公司的组织机构、人力资源管理（人员招聘、薪酬管理、劳动关系）等事项。

（4）有公司名称，建立符合有限责任公司要求的组织机构。公司名称构成有四个要素“行政区划、字号、行业、组织形式”。如宁波中通物流有限责任公司，“宁波”为行政区划；“中通”为字号；“物流”为行业；“有限责任公司”为组织形式。组织机构有董事会，股东会，监事会。有限责任公司股东会由全体股东组成，是公司的权力机构。有限责任公司可以设立董事会（3～13 人）也可以不设。设的话，就要有董事长，也可有副董事长。还可以设经理，由董事会决定聘任或者解聘。规模较小的有限责任公司可以不设监事会，监事会若设立则设主席一人。

（5）有公司场所，即公司的主要办事机构所在地。主要办事机构所在地，通常是公司发出指令的业务中枢机构所在地。公司的地址是公司章程载明的地点，是公司章程的必要记载事项，具有公示效力。

3. 公司设立的流程

普通的有限责任公司，最低注册资金 3 万元，需要 2 个（或以上）股东，从 2006 年 1 月起新的公司法规定，允许 1 个股东注册有限责任公司，这种特殊的有限责任公司又称“一人有限公司”（但公司名称中不会有“一人”字样，执照上会注明“自然人独资”），最低注册资金 10 万元。如果和朋友、家人合伙投资创业，可选择普通的有限公司，最低注册资金 3 万元；如果只有你一个人作为股东，则选择一人有限公司，最低注册资金 10 万元。公司设立程序见图 7－2，注册公司的步骤如下：

（1）核名。到工商局去领取一张“企业（字号）名称预先核准申请表”，填写你准备取的公司名称，由工商局上网（工商局内部网）检索是否有重名，如果没有重名，就可以使用这个名称，工商局会核发一张“企业（字号）名称预先核准通知书”。

（2）租房。去专门的写字楼租一间办公室，如果你自己有厂房或者办公室也可以，有的城市不允许在居民楼里办公。租房后要签订租房合同，并让房东提供房产证的复印件。签订好租房合同后，还要到税务局去买印花税，按年租金的千分之一的税率购买，例如你的房租每年是 1 万元，那就要买 10 元钱的印花税，贴在房租合同的首页，后面凡是需要用到房租合同的地方，都需要提供贴了印花税的合同复印件。

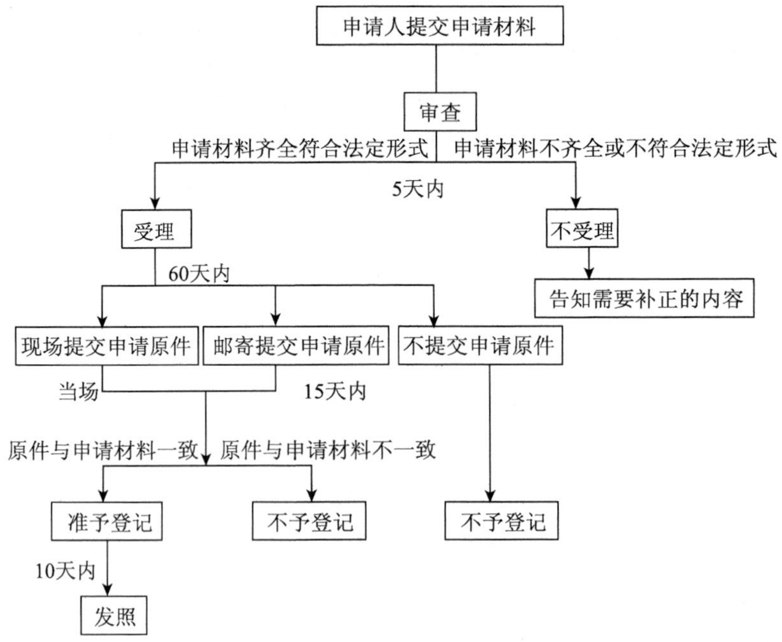

图 7－2　公司设立程序

（3）编写公司章程。可以在工商局网站下载公司章程的样本并修改，章程的最后由所有股东签名。

（4）刻法人私章。

（5）到会计师事务所领取“银行询征函”。联系一家会计师事务所，领取一张“银行询征函”（必须是原件，会计师事务所盖章）。

（6）去银行开立公司验资户。所有股东带上自己入股的那一部分钱到银行，带上公司章程、工商局发的核名通知、法人代表的私章、身份证、用于验资的钱、空白询征函表格，到银行去开立公司账户，需告诉银行是开验资户。开立好公司账户后，各个股东按自己出资额向公司账户中存入相应的钱。银行会发给每个股东缴款单、并在询征函上盖银行的章。注意：公司法规定，注册公司时，投资人（股东）必须缴纳足额的资本，可以以货币形式（也就是人民币）出资，也可以以实物（如汽车）、房产、知识产权等出资。到银行办的只是货币出资这一部分，如果你有实物、房产等作为出资的，需要到会计师事务所鉴定其价值后再以其实际价值出资。

（7）办理验资报告。拿着银行出具的股东缴款单、银行盖章后的询征函以及公司章程、核名通知、房租合同、房产证复印件，到会计师事务所办理验资报告。

（8）注册公司。到工商局领取公司设立登记的各种表格，包括设立登记申请表、股东（发起人）名单、董事经理监理情况、法人代表登记表、指定代表或委托代理人登记表，进行企业名称登记。填好后，连同核名通知、公司章程、房租合同、房产证复印件、验资报告一起交给工商局。

（9）凭营业执照到公安局指定的刻章社，去刻公章、财务章。后面步骤中，均需要用到公章或财务章。

（10）办理企业组织机构代码证。凭营业执照到技术监督局办理组织机构代码证。技术监督局会首先发一个预先受理代码证明文件，凭这个文件就可以办理后面的税务登记证、银行基本户开户手续。

（11）去银行开基本户。凭营业执照、组织机构代码证，去银行开立基本账号。开基本户需要营业执照正本原件、身份证、组织机构代码证、公章、财务章、法人章。

（12）办理税务登记。领取执照后，30 日内到当地税务局申请领取税务登记证。一般的公司都需要办理两种税务登记证，即国税和地税。公司设立流程见图 7－3。

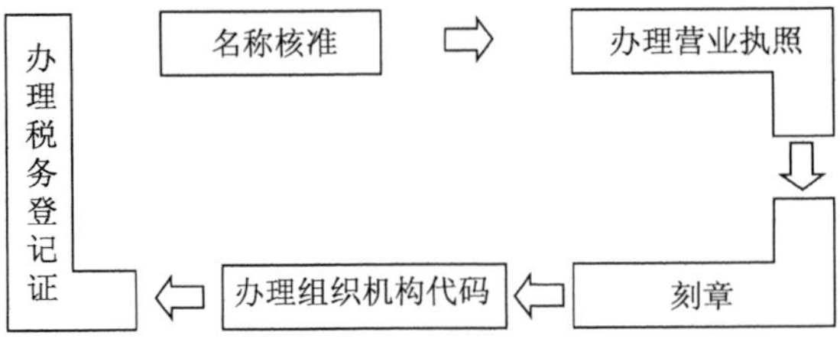

图 7-3　公司设立流程

（13）申请领购发票。如果你的公司是销售商品的，应该到国税部门去申请发票，如果是服务性质的公司，则到地税部门申领发票。

（14）开始营业。注意每个月按时向税务部门申报纳税，即使没有开展业务不需要缴税，也要进行零申报，否则会被罚款。

第六节　企业运营管理

一、安东尼结构

1. 安东尼结构的层次

1965 年，美国人安东尼（Anthony）等企业管理专家通过对欧美制造型企业长达 15 年的大量实践观察和验证，创立了制造业经营管理业务流程及信息系统构架理论，即著名的“安东尼模型”，该理论认为经营管理业务活动，即企业管理系统可分为战略规划、战术决策和业务处理三个层次（见图 7-4）。把这种经营管理层次结构称为“安东尼结构”（Anthony Structure）。

（1）战略规划层。战略规划层（Strategic Planning Layer，SPL）为最高管理层，是指诸如企业组织目标的设定与变更、为实现该目标所采取的资源政策等计划、规划、预算过程。考虑的是组织的全局性、方向性以及涉及与目标有关的大政方针问题，这些都是一个组织的最基本的决策问题。注重实现企业发展战略和经营层面的经营计划规划、财务预算审计控制、企业决策分析体系等方面的管理支撑。

（2）战术决策（计划）层。战术决策（计划）层（Tactics Decision Layer，TDL）又叫管理控制层，为中间管理层，是为实现企业目标，使企业能够有效地获得并利用资源的具体化过程。主要考虑的是在既定方针下怎样组织和安排，注重企业内部管理的管理效率和水平的提高，实现企业对内部人、财、物、活动、过程、流程等要素进行精细化、系统化地控制。

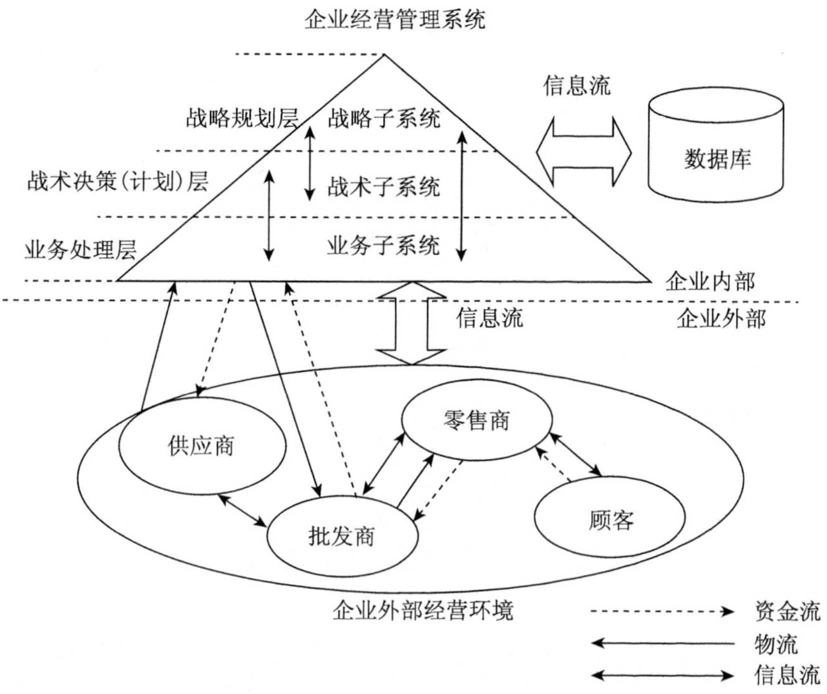

图 7-4 安东尼模型示意

(3) 业务处理层。业务决策层(Business Treatment Layer, BTL)又叫运行控制层，为下层管理层，是为确定某特定业务能够被有效地、高效地执行的全过程。关心的是怎样干好工作，即具体实行计划、组织生产主要任务。注重企业核心生产过程控制及业务过程执行，立足于企业生产效率提高、运营能力提升，促进企业开源节流能力的提高。

安东尼结构的三个层次见图 7-5。

在“安东尼模型”中，首次将制造型企业管理系统视为一个以经营资源为基本元素的企业经营业务活动的整体，系统化地描述出了企业内外信息流、资金流、物流的传递和接收过程，见图 7-6。

安东尼等通过对以组装加工业务为主的制造型企业进行大量的观察分析发现，其管理系统业务流程包括了物流、资金流和信息流的双向流动及其基本规律。首先，物流的流程一般体现在从采购部件到产品销售出去的整个过程之中，是自上游向下游方向流动，先从供应商流到企业，再到批发商、零售商和顾客，即企业需要经过零部件采购、调拨、生产加工、发送、销售等业务流程，同时，在企业进行上述调拨或采购零部件流程之前，零部件制造商及原材料加工商等供应商也在进行销售活动；在企业进行销售活动之前，批发商和零售商也在进行采购活动。而资金流的流程与物流相反，

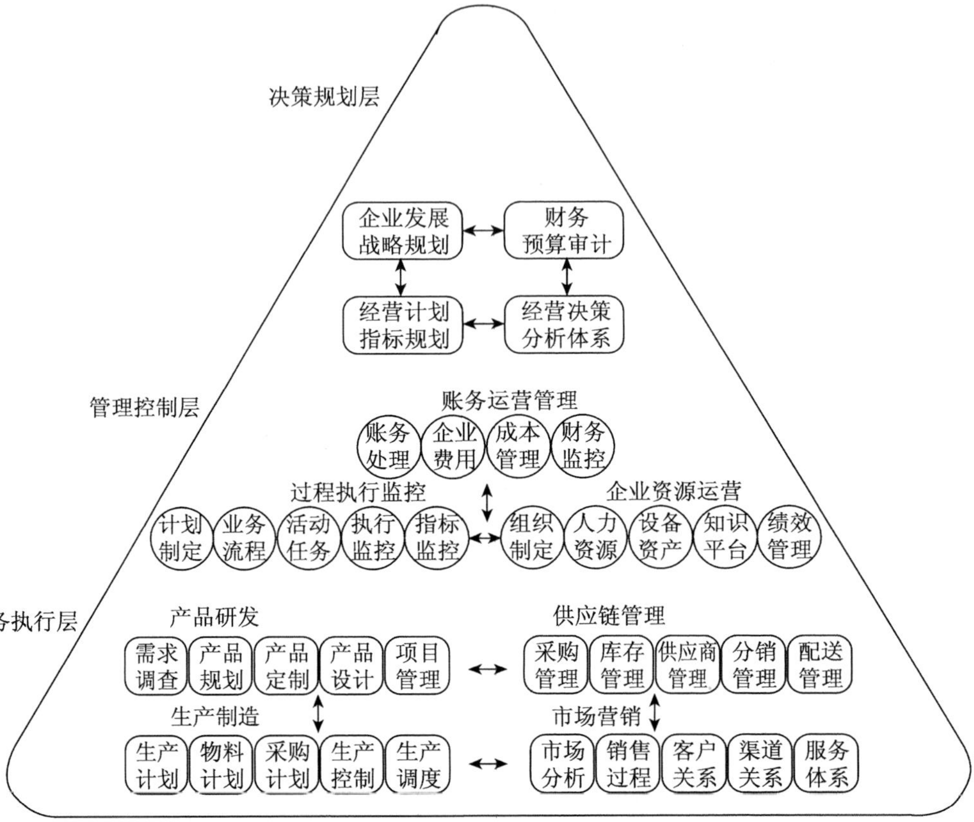

图 7－5　安东尼结构的三个层次

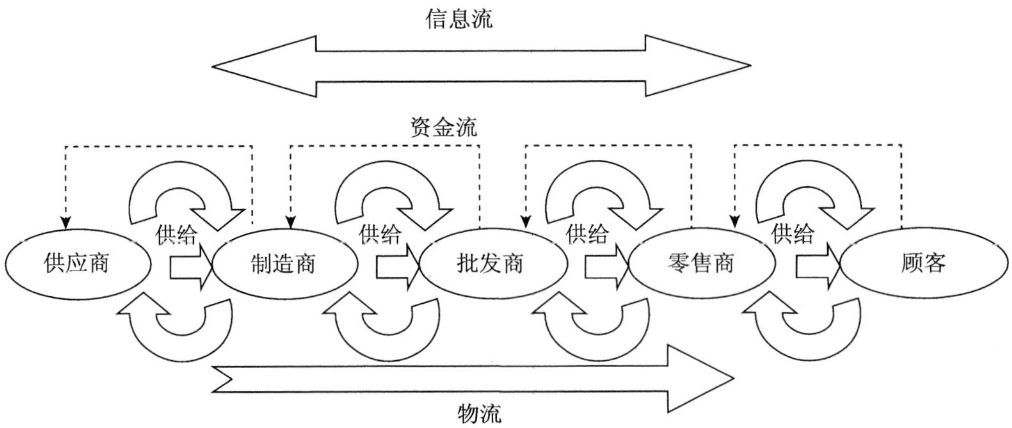

图 7－6　信息流、资金流、物流的基本流程示意图

是从下游向上游方向流动，即从顾客流到零售及批发商，然后到企业（或直接到企业），再流到供应商。再者，信息流与物流、资金流等相比较，其流动过程要复杂得多。企业信息主要包括订货信息、发货信息、收支信息等，信息流在与物流、资金流互补的同时，又起着管理企业整体活动的作用。不难看出，其实安东尼所描述的正是一幅供应链全景图。

2. 安东尼模型的作用

安东尼模型的作用在于，它对管理控制的定义及它同政府管理系统的联系，对管理控制中货币数据的强调，集中在预算的评价作用上，显而易见，预算数据资料同其他资料信息一样，被用于战略计划、管理控制和业务控制中，但是，对于大量的政策制定及更专业性的管理控制来说，预算只是一个评价机制。

3. “安东尼模型”的应用与发展

“安东尼模型”是现代企业管理信息系统的雏形，很显然在“安东尼模型”中已经体现出了现代企业管理系统新理念，这与在此之前的其他管理信息系统定义的本质区别就在于它是已包含和考虑了企业内外部环境因素的相互关联和影响的管理系统，正确反映了企业内外供应链的物流、资金流、信息流的真实流向，反映了企业管理的本质。

随着时代的进步、信息技术和管理科学的发展，企业管理信息系统功能已经在“安东尼模型”基础上不断加以扩展与完善，时至今日已发展为第 5 代基于电子计算机网络技术和电子商务技术的现代管理信息系统，但是，无论怎样发展其理论核心仍然还基于“安东尼模型”的理论基础。

二、企业实用管理工具简介

管理是指在特定的环境下，管理者通过执行计划、组织、领导、控制等职能，整合组织的各项资源，实现组织既定目标的活动过程。它有三层含义：

（1）管理是一种有意识，有目的的活动，它服务并服从于组织目标。

（2）管理是一个连续进行的活动过程，实现组织目标的过程，就是管理者执行计划组织领导控制等职能的过程。由于这一系列职能之间是相互关联的，从而使得管理过程体现为一个连续进行的活动过程。

（3）管理活动是在一定的环境中进行的，在开放的条件下，任何组织都处于千变万化的环境之中，复杂的环境成为决定组织生存与发展的重要因素。

有效的管理必须应用管理的工具，“工欲善其事，必先利其器”。管理工具目的是高效率地解决问题。常用的管理工具有如下几种：

1. 职责界定工具

管理的核心是对人和事的管理，即通过岗位对人实施管理和通过流程对事进行管理。而职责清晰是管理的基本准则之一，任何管理都是从管理岗位开始的，其基本要求就是职责清晰，权责明确。

工作职责界定的方法是 6W3H1S。Who——责任者是谁？Whom——服务对象和汇报对象是谁？Why——为什么要做这个工作？What——具体的工作是什么？Where——工作地点与场所在哪里？When——工作的时间期限？How——如何工作？（完成工作的方法和程序）How much——工作的数量？How much cost——需要的成本？Safety——安全性？

2. SWOT 分析

SWOT 是一种战略分析方法，通过对被分析对象的优势、劣势、机会和威胁等加以综合评估与分析得出结论，通过内部资源、外部环境有机结合来清晰地确定被分析对象的资源优势和缺陷，了解对象所面临的机会和挑战，从而在战略与战术两个层面加以调整方法、资源以保障被分析对象的实行以达到所要实现的目标。SWOT 分析法又称为态势分析法，是一种能够较客观而准确地分析和研究一个单位现实情况的方法。SWOT 分别代表：Strengths（优势）、Weaknesses（劣势）、Opportunities（机会）、Threats（威胁）。

SWOT 是企业内外部分析工具，是企业（部门、项目、产品、个人）竞争态势的常用分析方法。其中：优势、强项（Strengths）、劣势、弱项（Weaknesses）、机会、机遇（Opportunities）、威胁、挑战（Threats）。要认真分析思考优势是共有优势，还是独有优势；劣势是可克服劣势，还是不可克服劣势；机会是市场机会，还是企业机会；威胁是直接威胁，还是间接威胁。优势的建立需要多长时间？可以获得的优势有多大？对手作出反应要多久？一定要对公司、部门、产品、个人进行 SWOT 分析。如图 7－7 所示。

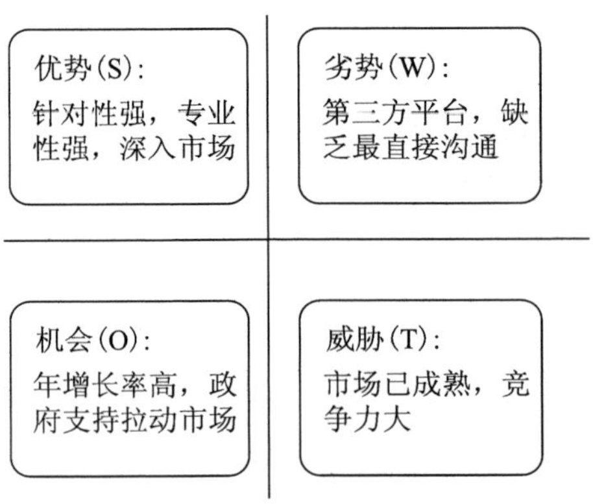

图 7－7　SWOT 分析示意

3. PDCA 循环

PDCA 循环又叫质量环，是管理学中的一个通用模型，最早由休哈特于 1930 年构想，后来被美国质量管理专家戴明博士在 1950 年再度挖掘出来，并加以广泛宣传和运用于持续改善产品质量的过程。是质量管理的常用工具。

PDCA 是英语单词 Plan（计划）、Do（执行）、Check（检查）和 Action（总结处理、改正）的第一个字母，PDCA 循环（也称戴明环）就是按照这样的顺序进行质量管理，并且循环不断地进行下去的科学程序，最终实现持续改进、质量提升的目标。如图 7－8 所示。

P（计划）阶段，可分为四个步骤：分析现状，找出存在的质量问题；分析产生质量问题的各种原因；找出影响质量的主要原因；针对影响质量的主要原因制定措施，提出改进计划，定出目标。

D（执行）阶段：按照制订计划目标加以执行。

C（检查）阶段：检查实际执行结果看是否达到计划的预期效果。

A（总结处理）阶段，可分为两个步骤：总结成熟的经验，纳入标准制度和规定，以巩固成绩，防止失误；把本轮 PDCA 循环尚未解决的问题，纳入下一轮 PDCA 循环中去解决。

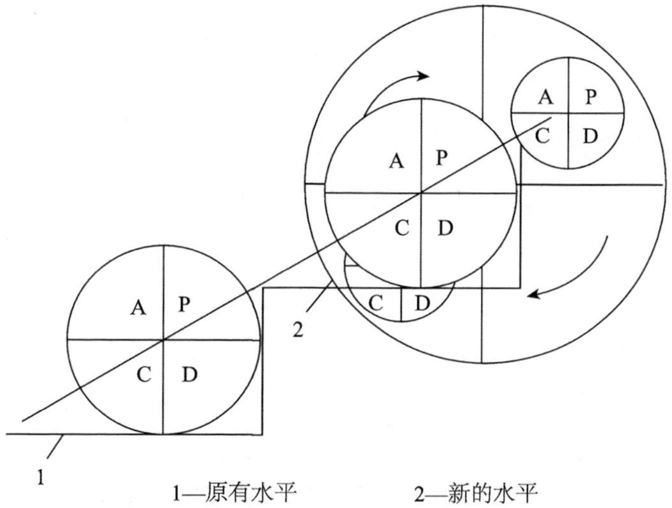

图 7－8　PDCA 循环

对 PDCA 循环的深入理解：PDCA 是一个完整的循环，是一个闭环；PDCA 循环要求每一项工作都要 PDCA，都有 P—D—C—A；PDCA 循环是逐步上升的循环，即每次循环应当有新的目标和内容；PDCA 循环是大环套小环的循环，即按企业组织层次形成多个包容支持和保证的环。见图 7-9。

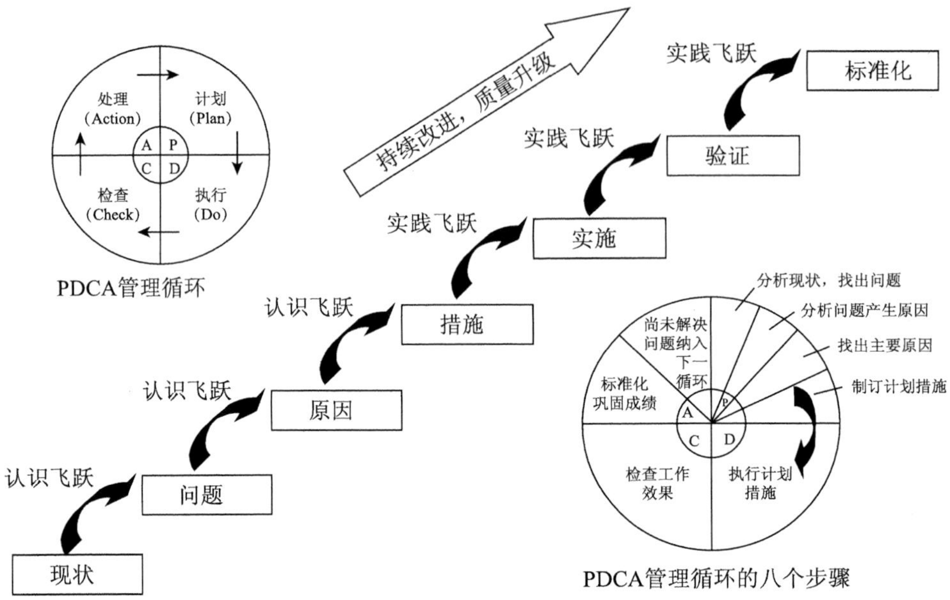

图 7-9　PDCA 循环的深入理解

4. 鱼刺图

鱼刺图（鱼骨图）也叫因果分析图，是一种发现问题“根本原因”的分析方法，它能帮助我们整理问题，追查真正原因，寻找对策。鱼刺图是一种常用的问题（对策）分析工具。

鱼刺图有三种类型：整理问题型、原因型、对策型。

(1) 整理问题型鱼刺图。各要素与特性值间不存在原因关系，而是结构构成关系，鱼头部分写问题。如图 7-10 所示。

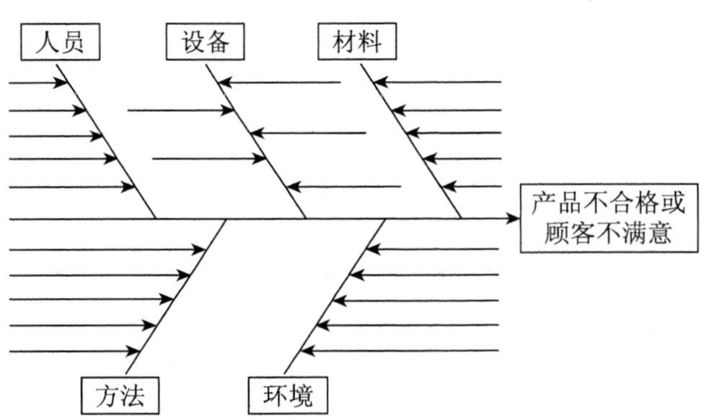

图 7-10　整理问题型鱼刺图

(2) 原因型鱼刺图。鱼头在右，特性值通常以“为什么……”来写。鱼头部分写结果。如销售下滑通常的主要原因有：营销问题原因，市场、产品、竞争、团队、公司战略、策略等；管理问题原因，人员、方法、外部环境、对象、时间、地点等。如图 7 - 11 所示。

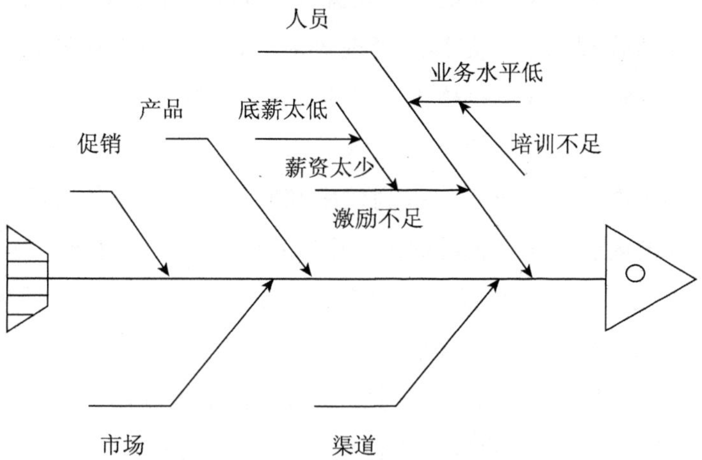

图 7 - 11　原因型鱼刺图

(3) 对策型鱼刺图。鱼头在左，特性值通常以“如何提高/改善……”来描述。如图 7 - 12 所示。

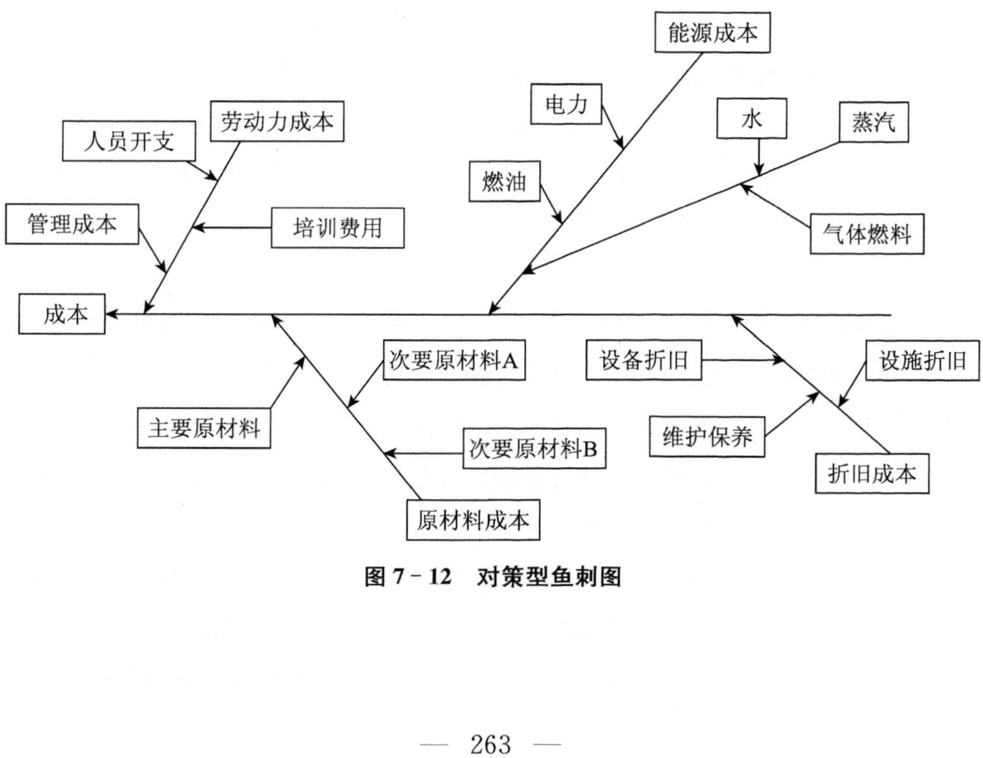

图 7 - 12　对策型鱼刺图

5. 表格化管理工具

表格化运营管理体系，是一种采用系统思维的创新管理方法，通过运营体系建设，深入分析和辩识“职能”和“职责”的关系，杜绝职能分配的管理“真空”。运用流程控制的工作方法，规范职能运作，理顺业务流程，消灭管理“盲区”和“死角”。以表格为载体，用表格化工作语言固化职能、优化流程、提高工作效率，实现管理创新。

表格化管理是提高管理水平，尤其是管理效率，做到“事有所知，物有所管。人尽其职，物尽其用”的较好方式。表格化管理的工具是日报表。

(1) 日报表的要求。对日报表的要求有以下几点：①日报表不一定是表，但一定要报；②日报的目的是推动自我管理，提高效率和效益；③日报的内容可以根据岗位的不同要求设置具体的内容；④日报的形式（格式）应尽可能相对统一。

(2) 常用的日报表，常用的日报表主要有：工作日报表；销售日报表；生产日报表；车间日报表；出纳日报表；采购日报表等。

(3) 销售业绩表的应用。销售业绩表是将公司考核个人（团队）业绩的具体指标（销量、销售额、回款额、进货客户数、新客户数等）完全公开化的一种做法；由财务人员负责每日编制；业绩上墙让业务人员知己知彼，激发业务人员工作积极性；业绩上墙让管理人员一目了然；但需注意某些数据是否需要保密。

6. 客户管理工具

20/80 原理是按事情的“重要程度”编排行事优先次序的准则，是建立在“重要的少数与琐碎的多数”原理的基础上。这个原理是 19 世纪末期与 20 世纪初期的意大利经济学家兼社会学家帕累托所提出。20/80 原理是客户关系管理的主要工具。

20/80 原理的大意是：在任何特定群体中，重要的因子通常只占少数，而不重要的因子则占多数，因此只要能控制具有重要性的少数因子即能控制全局。这个原理经过多年的演化，已变成当今管理学界所熟知的“20/80”原理，即 80％的价值是来自 20％的因子，其余的 20％的价值则来自 80％的因子。

20/80 原理对所有人的一个重要启示是：避免将时间花在琐碎的多数问题上，因为就算花了 80％的时间，也只能取得 20％的成效；应该将时间花在重要的少数问题上，因为掌握了这些重要的少数问题，花 20％的时间，即可取得 80％的成效。

可利用 20/80 原理对客户档案进行管理，通过客户档案的内容，客户档案的建立，客户档案的维护等环节，对重点客户、大客户、优质客户进行重点管理。

客户金字塔模型就是根据客户盈利能力的差异为企业寻找、服务和创造能盈利的客户，以便企业把资源配置到盈利能力产出最好的客户身上，也就是说细分出客户层级（铂金客户、黄金客户、钢铁客户、重铅客户）。这种方法比以往根据使用次数来细分市场更好一些，因为它跟踪分析客户细分市场的成本和收入，从而得到细分市场对企业的财务价值。界定出盈利能力不同的细分市场之后，企业向不同的细分市场提供不同的服务。设想客户按盈利能力不同而一层一层地排列起来，盈利能力最强的客户层级位于客户金字塔模型的顶部，盈利能力最差的客户层级位于客户金字塔模型的底部。如图 7－13 所示。

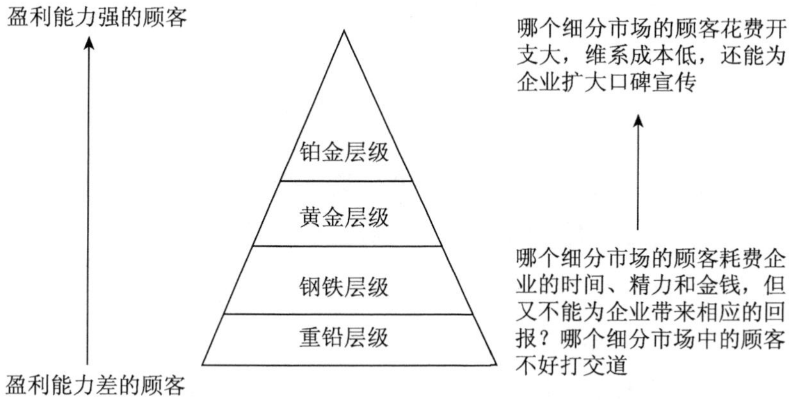

图 7－13　客户金字塔：铂金客户、黄金客户、钢铁客户、重铅客户

7. 安索夫矩阵

安索夫矩阵（Ansoff Matrix）产品/市场方格也往往被称作产品市场扩张方格(Product Market Expansion Grid)、成长矢量矩阵（Growth Vector Matrix)。

策略管理之父安索夫博士于 1975 年提出安索夫矩阵。以产品和市场作为两大基本面向，区别出四种产品/市场组合和相对应的营销策略，是应用最广泛的营销分析工具之一。安索夫矩阵是以 2×2 的矩阵代表企业企图使收入或获利成长的四种选择，其主要的逻辑是企业可以选择四种不同的成长性策略来达成增加收入的目标。

安索夫矩阵是产品与市场策略管理的主要工具，企业营销的主要工作就是把产品卖向市场，市场是面向现有市场还是新开拓市场，产品是销售现有产品还是新开发产品，可通过安索夫矩阵的分析来确定。如图 7－14 所示。

8. 头脑风暴法

头脑风暴法出自“头脑风暴”一词。所谓头脑风暴（Brain－storming）最早是精神病理学上的用语，指精神病患者的精神错乱状态而言的，如今转而为无限制的自由联想和讨论，其目的在于产生新观念或激发创新设想。

在群体决策中，由于群体成员心理相互作用影响，易屈于权威或大多数人意见，形成所谓的“群体思维”。群体思维削弱了群体的批判精神和创造力，损害了决策的质

	现有产品或服务	新产品或服务
现有市场	市场渗透	产品开发
新市场	市场开发	多元化

图 7－14　安索夫矩阵

量。为了保证群体决策的创造性，提高决策质量，管理上发展了一系列改善群体决策的方法，头脑风暴法是较为典型的一个。头脑风暴法是企业管理中日常问题求解的重要工具。如图 7－15 所示。

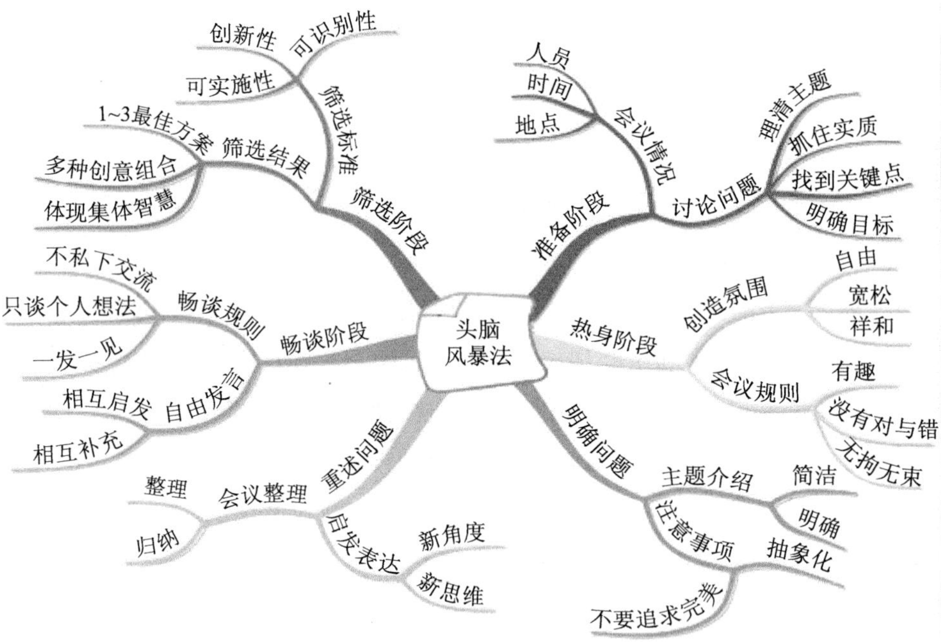

图 7－15　头脑风暴法示意

头脑风暴法提倡自由想象，追求建议的数量；不得批评。头脑风暴法应遵守如下原则：

(1) 庭外判决原则（延迟评判原则）。对各种意见、方案的评判必须放到最后阶段，此前不能对别人的意见提出批评和评价。认真对待任何一种设想，而不管其是否适当和可行。

（2）自由畅想原则。欢迎各抒己见，自由鸣放，创造一种自由、活跃的气氛，激发参加者提出各种荒诞的想法，使与会者思想放松，这是智力激励法的关键。

（3）以量求质原则。追求数量。意见越多，产生好意见的可能性越大，这是获得高质量创造性设想的条件。

（4）综合改善原则。探索取长补短和改进办法。除提出自己的意见外，鼓励参加者对他人已经提出的设想进行补充、改进和综合，强调相互启发、相互补充和相互完善，这是智力激励法能否成功的标准。

（5）突出求异创新，这是智力激励法的宗旨。

（6）限时限人原则。

实践课程　撰写创业计划书

完成时间：一周。

作业形式：交 A4 纸打印稿和电子稿各一份。

要求字数：3000 字以上。

参考文献

[1] ALAN HARRISON，REMKO VAN HOEK. 物流管理 [M]. 李严峰，李婷，译. 北京：机械工业出版社，2013：9.

[2] DAVID BLOOMBERG，STEPHEN LEMAY. 物流学 [M]. 北京：清华大学出版社，2004.

[3] MARTIN CHRISTOPHER. Logistics and supply chain management [M]. 北京：电子工业出版社，2003.

[4] PAUL R MURPHY JR，DONALD F WOOD. Contemporary logistics [M]. 北京：中国人民大学出版社，2004.

[5] 毛禹忠. 物流管理 [M]. 北京：机械工业出版社，2009.

[6] 彭云飞，邓勤. 现代物流管理 [M]. 北京：机械工业出版社，2009.

[7] 彭志忠. 物流管理学 [M]. 济南：山东大学出版社，2005.

[8] 王之泰. 新编现代物流学 [M]. 北京：首都经济经贸大学出版社，2005.

[9] 王之泰，沈慧民. 物流基础 [M]. 北京：高等教育出版社，2005.

[10] 韦恒，熊健. 物流学 [M]. 北京：清华大学出版社，2007.

[11] 吴彬，孙会良. 物流学基础 [M]. 北京：首都经济经贸大学出版社，2006.

[12] 周启蕾. 物流学概论 [M]. 北京：清华大学出版社，2005.

[13] 王刚，梁军. 物流学 [M]. 北京：人民邮电出版社，2012.

[14] 王辉. 物流学 [M]. 北京：中国铁道出版社，2010.

[15] 陈春花，杨忠，曹洲涛. 组织行为学 [M] . 2 版. 北京：机械工业出版社，2013.

[16] 刘平青. 职业生涯规划 [M]. 北京：高等教育出版社，2011.

[17] 孙德林，黄林，黄小萍. 创业基础教程 [M]. 北京：高等教育出版社，2012.

[18] 唐丽艳，王国红，武春友. 创业管理 [M] . 2 版. 北京：高等教育出版社，2013.

[19] 张晓梅. 创业管理 [M]. 北京：高等教育出版社，2011.